Harold Rocha

2000 AÑOS DE GRUPOS PEQUEÑOS

D1384257

2000 AÑOS DE GRUPOS PEQUEÑOS

Una historia del Ministerio Celular en la Iglesia

JOEL COMISKEY, PH.D.

CCS Publishing

www.joelcomiskeygroup.com

Diseño por Jason Klanderud
Editado por Scott Boren
Traducido por Evelyn de Guély
ISBN: 978-1-935789-70-3
Todas las citas bíblicas, a menos que se indique lo contrario, son de la Santa Biblia, Nueva Versión Internacional, Copyright © 1973, 1978, 1984 por Sociedades Bíblicas Internacional. Usados con permiso.

CCS Publishing es una parte del ministerio de Joel Comiskey Group, un ministerio dedicado a ofrecer recursos y asesoramiento a líderes e iglesias del movimiento celular mundial.
www.joelcomiskeygroup.com

ELOGIOS PARA
2000 años de grupos pequeños

¡Dios ha bendecido el moderno Movimiento Celular en las Casas, con el corazón, la visión y las habilidades para escribir de Joel Comiskey! Este libro se convertirá en un clásico, en un documental que ha mantenido record del movimiento hasta la presente generación. Una de sus mayores contribuciones es guiar a los que participarán en el futuro crecimiento del movimiento. Ellos podrán edificar sobre los presentes fundamentos, levantando la superestructura para convertirse en la iglesia de los últimos días. Mientras revisaba el manuscrito, reflexionaba con frecuencia sobre lo importante que es poner esto en manos de los existentes líderes de grupos pequeños en muchos idiomas.

—El Dr. Ralph W. Neighbour, Jr., Autor, profesor y fundador de iglesias

Joel Comiskey nos ha dado un regalo —un punto de vista histórico y mundial del movimiento de los grupos pequeños. Él describe cómo la vida de grupo no es una moda, sino más bien ha sido una expresión esencial de la vida de la iglesia durante 2.000 años, sin la cual no podemos hacer discípulos centrados en Cristo.

—**Dr. Bill Donahue,** profesor y autor del best seller *Leading Life-changing Small Groups (Dirigiendo Grupos Pequeños que Cambian la Vida)*

Este es el libro más investigado a fondo, cuidadosamente documentado y claramente escrito sobre este tema que haya visto jamás. El Dr. Comiskey demuestra con razón, que los grupos pequeños y las reuniones fraternales basadas en células han sido y son aspectos intemporales, centrales, esenciales, e integrales de la vida de la Iglesia. En este día de entusiasmo por grandes y espectaculares mega-iglesias, tenemos que prestar atención a la palabra profética y sabia de Comiskey. Esta es una lectura obligatoria para cualquier persona interesada o involucrada en el ministerio basado en células o en pequeños grupos en cualquier parte del mundo.

—**Dr. Chuck Van Engen,** *Arthur F. Glasser Profesor de Teología Bíblica de la Misión en el Seminario Teológico Fuller, Escuela de Estudios Interculturales*

Qué extraño que la mayoría de los cristianos asuman que las congregaciones deben reunirse para adorar cada domingo— pero no muestran la misma convicción acerca de la necesidad de que haya vida en los grupos pequeños de la iglesia. Sin embargo, la iglesia primitiva era sobre todo una red de reuniones de confraternización en los hogares de las personas.

En este oportuno libro, Joel Comiskey muestra de manera concluyente que los grupos pequeños son esenciales, no una innovación reciente. Dondequiera que la iglesia ha sido vital, creciente y seria en el tema del discipulado, han abundado grupos pequeños.

La reseña histórica de Comiskey, marcada por los breves resúmenes de las "lecciones aprendidas", es una valiosa adición a los debates actuales acerca de la iglesia y el discipulado. La iglesia a menudo sufre de amnesia histórica, hasta que duele. Este libro es un correctivo saludable. Al ir de regreso mucho antes de la Reforma Protestante, Comiskey aclara el vínculo clave entre la vitalidad de la iglesia y la comunidad cara-a- cara a lo largo de la historia.

Sin embargo, Comiskey advierte sabiamente del peligro de tomar cualquiera de los modelos de los grupos pequeños o de la iglesia celular como la solución perfecta para cada momento y lugar. Los principios perduran; las aplicaciones varían.

Me encanta recomendar este libro a los cristianos que quieren ver a la iglesia prosperar fielmente en nuestros días.

—Howard Snyder, *Autor; ex profesor en el Seminario Teológico de Asbury (Kentucky, EE.UU.) y del Seminario Tyndale (Toronto, Canadá)*

CONTENIDO

RECONOCIMIENTOS

Este libro resultó mejor debido a las muchas personas que contribuyeron con su realización.

Scott Boren, mi editor principal, hizo una vez más otro trabajo minucioso en la edición de este libro y me ofreció un asesoramiento sólido para su formación. Scott, vio el libro en las primeras etapas y me dio una perspectiva valiosa sobre el panorama completo, las ideas y los temas.

Anne White copió por completo el libro editado durante las etapas finales antes de su publicación. Dios Le ha dado un ojo para el detalle, y yo dependo de su experiencia. Ella me ofreció importante asesoramiento con las preguntas gramaticales serias y mejoró en gran medida este libro. Conocí a Anne durante mi doctorado en el Seminario Fuller, donde ella editaba las tesis de doctorado para estudiantes como yo. Estoy agradecido por su amistad y ayuda en el perfeccionamiento de este libro.

Quiero agradecer a Patricia Barrett por su ayuda en la copia y edición del texto en este libro. A ella le encanta la historia y pasó mucho tiempo mejorándolo.

Bill Joukhadar ha ofrecido voluntariamente sus habilidades de edición de textos para la mayoría de mis libros e hizo lo mismo para éste. Encontró errores que fueron pasados por alto por los demás. Le agradezco mucho su amistad y arduo trabajo.

Rae Holt ha ofrecido por mucho tiempo apoyo a Joel Comiskey Group, (Grupo de Joel Comiskey) y estoy muy agradecido porque una vez más se tomó el tiempo para ofrecer su crítica y sugerencias para este libro.

Jay Stanwood hizo un trabajo muy minucioso al revisar este libro y hacer sugerencias claves. Él siempre hace un gran trabajo al ayudarme a formular mis oraciones de una manera más precisa. Aprecio la forma en que sugiere nuevas frases y estructuras en la oración.

También quiero agradecer a mi buen amigo Jim Egli por permitirme utilizar partes de su excelente estudio sobre la historia de la iglesia celular en el último capítulo de este libro.

INTRODUCCIÓN

En una iglesia en crecimiento en Corea del Sur, un pastor colapsó mientras predicaba la Palabra de Dios. El agotamiento físico debido a su ministerio era demasiado para él de soportar. Sus doctores le dijeron que tendría que dejar de predicar y que sería confinado a su cama. Así que se acostó en la cama y mientras leía la Biblia, buscó alternativas para el ministerio. Él redescubrió información sobre las antiguas iglesias en las casas del Nuevo Testamento, en el libro de los Hechos, así como la estructura organizativa dada a Moisés de parte de su suegro Jetro, en Éxodo capítulo dieciocho. A partir de esta revelación vino el fundamento de lo que hoy se llama la iglesia celular o la iglesia basada en células. La crisis de fe de David Cho y la transformación resultante de su iglesia ha dado lugar a un movimiento mundial de iglesias que ponen a los grupos pequeños en el centro de la vida y el ministerio. A pesar que este modelo de vida de la iglesia comenzó en una iglesia de las Asambleas de Dios en Corea, que ha sido adoptado por iglesias de muchas denominaciones y en muchas naciones; su impacto ha sido de alcance tan extensivo que hoy en día muchas de las iglesias más grandes del mundo son iglesias basadas en células.

Por supuesto este nuevo movimiento no era realmente nuevo en absoluto. Simplemente había ondas progresivas del movimiento apareciendo y desapareciendo con el paso del tiempo. Comenzó con la iglesia primitiva, se movilizó a través de monacato, y continuó en un dinamismo cada vez mayor hacia el movimiento celular moderno. Algunos especulan que el movimiento celular que se inició a finales del siglo XX es el comienzo de una segunda reforma que terminará transformando la iglesia en una escala similar a la reforma que se inició en el siglo XVI.[1]

¿Pero, es acaso una segunda reforma demasiado optimista e incluso especulativa? La razón por la que la gente cree que es una segunda reforma, se debe a que el sacerdocio de todos los creyentes nunca se llevó a cabo plenamente en la primera reforma. Las formas de la iglesia y la construcción de estructuras que estaban profundamente arraigadas en Europa y más tarde en Norteamérica obstaculizaron la plena implementación del sacerdocio de todos los creyentes.

Algunos de los movimientos que trataron de reformar la Iglesia del Estado, como los Valdenses, Lolardos, Husitas, Anabaptistas y Pietistas, hicieron hincapié en los hogares como lugares de reunión para los creyentes, pero la iglesia del estado continuó siendo la norma para la mayoría de los creyentes. Sin

---

1. Esta especulación ha sido presentada por Carl George en su libro *Prepare Your Church for the Future* (Prepara Tu Iglesia para el Futuro), y por el autor Ralph Neighbour, Jr. en su libro *Where Do We Go From Here?* (¿Y Desde aquí Hacia Dónde Vamos?) El libro de Bill Beckham, *The Second Reformation* (La Segunda Reforma) junta esos argumentos en un solo libro.

embargo, a partir de los moravos, John Wesley, el movimiento
de la iglesia en las casas, y ahora el movimiento de los tiempos
modernos de la iglesia celular y el ministerio de grupos pequeños se ha convertido en la nueva norma en muchos lugares
alrededor del mundo.

La realidad es que Dios ha usado el ministerio de grupos pequeños a lo largo de la historia de la iglesia para discipular, revivir,
consolidar y evangelizar. Aunque los grupos pequeños jugaron
un papel importante en el Antiguo Testamento (Éxodo 18),
Jesús llevó al ministerio de grupos pequeños a un nuevo nivel
mediante la creación de su propio grupo de seguidores para
luego enviarlos a comenzar iglesias en las casas. Sabemos que
la iglesia primitiva era un movimiento de redes de iglesias en
las casas que se extendían por el mundo y triunfaban sobre la
espada. El historiador Herbert Butterfield captura la importancia histórica de los grupos pequeños.

La unidad de organización más fuerte en la historia
del mundo parece ser lo que llamamos una célula, ya
que es una implacable auto-multiplicadora; es excep-
cionalmente difícil de destruir; puede preservar su
intensidad de la vida local, mientras que vastas organizaciones se marchitan rápidamente cuando se debilitan
en el centro; puede desafiar el poder de los gobiernos;
es la palanca apropiada para conseguir la apertura de
cualquier status quo... esto parece el camino señalado
por el cual un puñado de gente puede abrir un nuevo
capítulo en la historia de la civilización.[2]

---

2. Tal como fue citado en el libro de William A. Beckham, *The Two Winged
Church Will Fly* (La Iglesia de Dos Alas Volará) (Houston, TX: Publicaciones Touch, 1993), p. 119.

Los grupos pequeños a lo largo de la historia de la Iglesia han ayudado a purificarla y a retornarla a sus raíces históricas. Algunos movimientos imitaban a la iglesia primitiva del Nuevo Testamento muy de cerca, mientras que otros sólo podían dar pasos de bebé, debido a la presión política externa o a debilitantes tradiciones de la iglesia. Al investigar estas épocas históricas y a los líderes asociados con ellas, adquirí una nueva compasión por los grupos pequeños y una cierta vinculación con sus ideas, persistencia y amor por la Iglesia de Jesucristo. Espero que tú también.

De hecho, tú muy probablemente estás leyendo este libro porque tienes un profundo interés en los grupos pequeños. Mi oración es que crezcas en tu apreciación y comprensión de los principios clave de los grupos pequeños de aquellos pioneros que han allanado el camino. Espero que puedas valorar de una manera nueva a aquellos que movieron los hilos y que se enfrentaron a mayores dificultades para implementar los grupos pequeños que las dificultades a las que se enfrentan en la actualidad los líderes de nuestro tiempo. Creo que te sentirás inspirado por innovadores como Saint Patrick (San Patricio), Peter Waldo (Pedro Valdo), Philipp Spener, John Wesley, y David Cho. También espero que adquieras una nueva confianza para seguir adelante frente a los obstáculos a medida que observes tu experiencia actual dentro de un contexto más amplio.

Recuerda que no estás solo. Muchos han luchado con las mismas cosas con las que tú estás batallando ahora. Y al igual que ellos encontraron soluciones en medio de la persecución y el juicio, Dios te ayudará a perseverar, a encontrar soluciones, y a finalmente llevar abundante fruto para su Reino y gloria.

Capítulo 1

GRUPOS PEQUEÑOS EN PERSPECTIVA BÍBLICA

Imagínate viajando por un camino romano, rumbo a una iglesia en una casa del primer siglo. Al caminar por las estrechas calles, notas que hay personas por todos lados. Estás consciente de la sobrepoblación de Roma— aproximadamente un millón de personas— donde la gran mayoría vive en apartamentos de una o dos habitaciones por encima o por detrás de tiendas y mercados. Admiras algunas de las casas más grandes mientras te haces camino por la estrecha calle, pero también notas que la mayoría de los lugares de residencia son pequeñas habitaciones.

Por fin llegas a la casa, que es en realidad un apartamento. Es una unidad residencial con un patio contiguo y te das cuenta que hay varias filas de apartamentos conectados entre sí. Te acuerdas de tus viajes anteriores a esta casa, que los vecinos son muy burlones respecto a la reunión, ya que pueden escuchar los cantos e incluso algunas de las conversaciones. Tú, una vez más reflexionas sobre las condiciones de hacinamiento de Roma debido a la afluencia constante de inmigrantes. La privacidad es casi imposible aquí.

Al entrar en la casa, el rico olor de la comida llena el aire. Te das cuenta de la cocción de los alimentos al aire libre mientras te acompañan al comedor, el lugar más grande de la casa. Al igual que la mayoría de los apartamentos de la zona, éste está hecho de madera y ladrillo de barro, haciéndolo propenso al fuego y al colapso. El apartamento también tiene un piso superior, pero como en la mayoría de los lugares, no hay calefacción central, agua, o baño.

Cuentas a trece personas en la reunión y todos han sido invitados a compartir la comida juntos —en memoria de Jesucristo. La historia de la última cena de Cristo con sus discípulos en el aposento alto hace que la presencia de Cristo sea tan real para ti. Amas los testimonios de las vidas cambiadas, y el amor de estas personas por este Jesús resucitado. Escuchas historias de aquellos que realmente vieron a Jesús después de su resurrección. Y dicen que Jesús les prometió regresar pronto. Se repiten otros relatos de los milagros de Cristo. Te encanta el ambiente natural que fluye libremente, los cantos, la lectura de la Escritura, y la expectativa de la presencia del Espíritu Santo.

Tu experiencia en la iglesia en la casa esa noche es emotiva y vibrante. Sientes el gozo del Señor a medida que hablas con creyentes de ideas afines, y recuerdas que Jesús también está presente en espíritu. Al reflexionar sobre haber nacido de nuevo un año antes durante tu primera reunión, te sientes agradecido de ser un seguidor de Cristo y de participar en un grupo tan amoroso de creyentes. Tu deseo supremo es difundir las buenas nuevas del Evangelio a todos los que conoces. Después de todo, Jesús viene pronto.

JESÚS Y EL MINISTERIO CASA POR CASA

La historia anterior ilustra cómo la iglesia primitiva se reunía, y refleja en gran parte la forma en que Jesús ministraba. Él podría haber construido una suntuosa sinagoga o incluso haber reformado el templo existente en Jerusalén, pero no lo hizo. Por otra parte, algunos ven a Jesús durmiendo en tiendas de campaña alrededor de las hogueras con sus discípulos, evocando imágenes de vaqueros en el salvaje, salvaje oeste.

La verdad es que Jesús ministró principalmente en un entorno doméstico. Al leer acerca de Jesús cuando iba de pueblo en pueblo sanando a los enfermos, en realidad estaba ministrando en los hogares. A continuación se ofrece un vistazo del ministerio de Cristo en los hogares:

- Jesús en la casa de Pedro (Mateo 8:14)
- Jesús en la casa de Mateo (Mateo 9:10)
- Jesús en la casa de Zaqueo (Lucas 19:1-10)
- Jesús en la casa de Lázaro y sus hermanas (Lucas 10:38-42)
- Jesús en la casa de Jairo (Marcos 5:35-38)
- Jesús sanando a dos ciegos en una casa (Mateo 9:28-30)
- Jesús en casa de Simón el Leproso (Mateo 26:6)
- Jesús enseñando a sus discípulos en una casa (Marcos 7:17-18; 9:33, 10:10)

- Jesús perdonando y sanando a una persona paralizada en una casa (Lucas 5:19)
- Jesús en el hogar de un fariseo (Lucas 14:1)
- Jesús instituyendo la cena del Señor en una casa (Mateo 26:18)
- Jesús enviando a sus doce y a sus setenta discípulos para sanar y enseñar de pueblo en pueblo y de casa en casa (Lucas 9:1-9; 10:1-11)

Jesús también tenía una base de iglesia en la casa, que era la casa de Pedro. En Lucas 4: 38-40 leemos:

"Cuando Jesús salió de la sinagoga, se fue a casa de Simón, cuya suegra estaba enferma con una fiebre muy alta. Le pidieron a Jesús que la ayudara, así que se inclinó sobre ella y reprendió a la fiebre, la cual se le quitó. Ella se levantó en seguida y se puso a servirles. Al ponerse el sol, la gente le llevó a Jesús todos los que padecían de diversas enfermedades; él puso las manos sobre cada uno de ellos y los sanó".

No sólo vivían allí Pedro y Andrés, sino que una red de contactos evangelísticos surgieron de ese hogar, incluyendo amigos de la familia. Lo más probable es que la casa de Pedro era un lugar donde Jesús y sus discípulos podían orar, disfrutar de la comunidad, y desarrollarse espiritualmente. También sirvió como sala de reuniones y lugar de sanidades y enseñanza. Puede ser que incluso se le llame el primer modelo de iglesia en la casa.[1]

---

1. Roger W. Gehring, *House Church and Mission: The Importance of Household Structures in Early Christianity (Iglesia en la Casa y Misión :La Importancia de las estructuras familiares en el Cristianismo Primitivo)* (Peabody, MA: Hendrickson, 2004), p. 47.

Además de la casa de Pedro en Capernaún, leemos acerca de Zaqueo en Jericó, el jefe de familia que se convirtió en un seguidor de Jesús (Lucas 19: 1-10). Es también probable que Jesús haya ganado a algunos de sus primeros discípulos a través del ministerio de casa en casa (Lucas 10: 5-6) quienes vivían en Galilea (Marcos 1: 29-31), Judea (Mateo 24:16), y en el región de Decápolis (Marcos 5: 19-20).

Una de las razones clave por las que Jesús escogió la casa como su base de operaciones era porque quería crear una nueva familia espiritual. Y para que esto sucediera, primero tenía que transformar a las personas donde vivían y donde se mostraban los principales valores del carácter. Jesús quiso infundir a la red familiar normal con una nueva visión del amor y sacrificio. Para ello, vivió entre sus discípulos en casas, mostrándoles prácticamente cómo amar y servirse unos a otros (Juan 13: 1-17). La enseñanza de Cristo sobre la verdadera grandeza (utilizando a los niños como ejemplo) se lleva a cabo en el contexto de un entorno de casa (Marcos 9: 33-36). Él quería que sus discípulos vieran la servidumbre como el principal estilo de liderazgo y la dependencia infantil como la luz de guía.[2]

Jesús no se limitó simplemente a reunirlos una vez por semana para una "clase de discipulado". Él vivía con ellos, compartía recursos financieros, y les enseñó acerca de los valores del reino. Él no sólo instruía a sus discípulos acerca de cómo orar, sino que les pedía que lo acompañaran a las reuniones de oración, para que pudieran verle orar. Cuando los discípulos finalmente le preguntaron lo que estaba haciendo, él aprovechó

---

2. Carolyn Osiek, Margaret Y. MacDonald, Janet H. Tulloch, *A Women's Place: House Churches in Earliest Christianity(El Lugar de la Mujer: Las Iglesias en las Casas en el Cristianismo Primitivo)* (Minneapolis, MI: Augsburg Fortress, 2006), Edición Kindle , p. 83.

la oportunidad para enseñarles acerca de la oración (Lucas 11: 1-4). Los discípulos aprendieron haciéndolo, pero también fueron guiados a reflexionar cuidadosamente sobre lo que hacían.

Cuando Jesús envió a sus discípulos a alcanzar a otros, él eligió el entorno del hogar pequeño para proclamar su mensaje del reino. Su objetivo era alcanzar a una ciudad entera y sus alrededores. Lucas 9 y 10 nos dicen que Jesús asignó a los doce y a los setenta y dos discípulos para ir de pueblo en pueblo y para entrar en los hogares, ofreciendo la paz a los habitantes. Observa cómo Jesús los envió de dos en dos. Él no quería que fueran solos. Cada discípulo necesitaba un compañero para tener confraternidad, apoyo, y efectividad en el ministerio. Jesús les dijo: "Cuando entren en una casa, digan primero: 'Paz a esta casa'. Si hay allí alguien digno de paz, gozará de ella; y si no, la bendición no se cumplirá" (Lucas 10: 5-6). Cuando se encontraban con un "hombre de paz" (uno que deseaba encontrar la paz), permanecían en esa casa, comiendo y bebiendo lo que les era puesto delante de ellos. Vivir en la casa fue una parte clave del ministerio de Cristo para alcanzar a los perdidos.

Este mensaje de paz es en realidad el mensaje del reino, y se les dio la bienvenida a todos los que recibieron la proclamación del Reino de Cristo. Cristo encargó a los discípulos sanar a los enfermos y predicar las normas y la autoridad de Dios, tal como él lo hizo. Al establecer los discípulos la base de operaciones, o punto de partida, podían entonces alcanzar y hacer más discípulos.

Se suponía que los discípulos debían entrar en una casa, convertir a los miembros de ese hogar en particular, y alcanzar a las otras casas desde esa base de ubicación— en lugar de dar testimonio de casa en casa (Lucas 10: 7). Tenía sentido permanecer en una casa sólo si más allá de la proclamación inicial del mensaje del Reino, los discípulos se quedaban a establecer una comunidad de fe. El proceso luego se extendió en círculos cada vez más amplios, alcanzando su clímax una vez que toda la ciudad había escuchado el mensaje del Reino.

Cristo envió a sus discípulos sin comida y ropa diciéndoles, "No lleven monedero ni bolsa ni sandalias... Quédense en esa casa, y coman y beban de lo que ellos tengan, porque el trabajador tiene derecho a su sueldo". (Lucas 10: 4, 7) Los discípulos dependían de la hospitalidad práctica de los anfitriones, tanto para la ropa y el alojamiento y la comida. Roger Gehring, experto en el tema de las iglesias primitivas en las casas, escribe: "El encargo radical de entrar en el trabajo de las misiones sin el equipo y sin el equipamiento, a renunciar a todas sus pertenencias, y por lo tanto a ser dependientes de la hospitalidad de las casas seguramente es algo que corresponde con la actitud y la práctica de Jesús".[3]

La estrategia de Cristo de las iglesias en las casa fue el punto de partida para el ministerio de los discípulos después de la resurrección. Las instrucciones de Cristo tal como se registran en Lucas 9 y 10 impulsan a la iglesia primitiva hacia el ministerio de casa por casa. Después de Pentecostés, tal como se registra en Hechos 2, los discípulos de Cristo siguieron su estrategia de alcanzar la estructura del hogar familiar (oikos) con el mensaje del evangelio y luego alcanzar a toda la ciudad. Una de las principales razones por la que la iglesia primitiva era tan efectiva fue porque se infiltraba en el tejido básico de la sociedad— las familias que vivían en los hogares. El estudioso de renombre del Nuevo Testamento, Gerhard Lohfink, escribe:

> Las casas en las que los discípulos entraron iban a convertirse en las bases para el movimiento de Jesús. Una red de hogares en los que la paz escatológica había

---

3. Gehring, p. 53.

entrado estaba por extenderse a lo largo de toda la
tierra. Por todas partes en Israel habría de haber personas que fueran cautivadas por el reino de Dios y por
lo tanto confiaban el uno en el otro para compartir y
cuidarse unos a otros. De este modo se crearía una
base viviente que apoyaría el trabajo de proclamación
de los discípulos.[4]

A pesar que los primeros discípulos sabían sobre el consejo
que Jetro dio a Moisés como está registrado en Éxodo 18 en
relación con el establecimiento de grupos de diez, ellos establecieron principalmente grupos en las casas porque estaban
siguiendo la estrategia casa-por-casa de su Maestro, que les
había sido dada tal como se registra en Lucas 9 y 10.

DENTRO DE UNA IGLESIA EN UNA CASA
DEL NUEVO TESTAMENTO

Sabemos que después que el Espíritu descendió en Pentecostés, los discípulos formaron iglesias en las casas, modelando
la estrategia que Jesús les había dado. El ministerio basado en
una casa se hizo tan común que a lo largo del libro de los
Hechos, cada mención de una iglesia local o de una reunión de
la iglesia, ya sea para el servicio o para tener comunión, es una
referencia a una reunión de la iglesia en un hogar. Los hombres
y las mujeres, ardiendo con el Espíritu de Dios, comenzaron
a difundir el mensaje del evangelio de casa en casa (Hechos
20:20). Las iglesias en las casas tuvieron un papel esencial en
el rápido crecimiento y en el triunfo final del cristianismo, y
sería acertado decir que los tres primeros siglos pertenecieron
al movimiento de las iglesias en las casas.

---

4. Gerhard Lohfink, *Does God Need the Church?(Necesita Dios a la Iglesia)*
(Collegeville, MN: Editorial The Liturgical (El Litúrgico) 1998), p. 167.

La actividad en la iglesia en la casa era variada y espontánea, pero siempre era centrada en torno a la creencia del Jesús resucitado. Sabemos que partían el pan juntos, siguiendo las instrucciones de su Maestro de recordar su muerte y resurrección (por ejemplo, Lucas 22: 7-38). El conocido comentarista William Barclay escribe: "La Cena del Señor comenzó como una comida familiar o como una comida de amigos en una casa privada. . . Fue allí que nació la Cena del Señor en la iglesia". Fue como la Pascua judía, que es una fiesta familiar en la que el padre y el jefe de la familia es el celebrante.[5] "Todos llevaban comida y la compartían. Recordaban la muerte de Cristo en la cruz, esperando su segunda venida y la fiesta de las bodas del Cordero". (Hechos 2:46; 1 Corintios 11: 20-26)[6] ¿Celebraban la Cena del Señor cada vez que se reunían? No lo sabemos con certeza, pero sí sabemos que era una práctica muy común.

Más allá de compartir la Cena del Señor juntos, la agenda para las reuniones de la iglesia en la casa era flexible. Pablo escribió a la iglesia en la casa en Colosas, "Que habite en ustedes la palabra de Cristo con toda su riqueza: instrúyanse y aconséjense unos a otros con toda sabiduría; canten salmos, himnos y canciones espirituales a Dios". (Colosenses 3:16) Pablo quería que los creyentes de las iglesias en las casas se animaran los unos con los otros, compartieran de forma transparente, y se regocijaran en la bondad de Dios. No vemos una agenda rígida. Más bien, la reunión era un tiempo para ministrarse los unos a los otros y satisfacer necesidades.

---

5. William Barclay, *The Lord's Supper (La Cena del Señor)* (SCM: Londres, 1967), p. 101, citado en el libro de Robert y Julia Banks, *The Church Comes Home: A New Base for Community and Mission (La Iglesia llega al Hogar: Una Nueva Base para la Comunidad y la Misión)* (Australia: Libros Albatross, 1986), p. 59.

6. Lohfink, pp. 147-148.

El escritor de Hebreos nos da una idea de la actividad que se llevaba a cabo en esas reuniones de la iglesia primitiva en las casas, "Mantengamos firme la esperanza que profesamos, porque fiel es el que hizo la promesa. Preocupémonos los unos por los otros, a fin de estimularnos al amor y a las buenas obras. No dejemos de congregarnos, como acostumbran hacerlo algunos, sino animémonos unos a otros, y con mayor razón ahora que vemos que aquel día se acerca". (Hebreos 10: 23-25) El Espíritu Santo convirtió a cada miembro en un instrumento para animarse y edificarse mutuamente.

Los miembros disfrutaban de la presencia del otro, se reían juntos, y se acercaban juntos a Jesús. Robert Banks escribe: "No encontramos ninguna cosa que nos sugiera que estas reuniones se llevaran a cabo con el tipo de solemnidad y formalidad que rodea a la mayoría de reuniones cristianas en la actualidad". [7]

La iglesia primitiva se veía a sí misma como la nueva familia de Dios. Su intenso amor familiar se impregnaba en las reuniones. Como hermanos y hermanas en la nueva familia de Cristo, querían servirse los unos a los otros como Jesús sirvió a sus propios discípulos. Esta es la razón por la que la frase los unos a los otros aparece más de cincuenta veces en el Nuevo Testamento. Estas frases instruyeron a los primeros creyentes sobre la forma de cultivar las relaciones entre ellos.

Pablo enseñó a las primeras iglesias en las casas que cada miembro tenía un papel esencial de acuerdo con sus dones (1 Corintios 12-14; Romanos 12; Efesios 4). Él ponía un gran énfasis en la participación, ya que cada persona tenía algo que

---

7. Robert y Julia Banks, *The Church Comes Home: A New Base for Community and Mission (La Iglesia llega al Hogar: Una Nueva Base para la Comunidad y la Misión)* (Australia: Libros Albatross , 1986), p. 39.

aportar. Al escribir a la iglesia en la casa de Corinto, Pablo dice, "Que cuando se reúnan, cada uno puede tener un himno, una enseñanza, una revelación, un mensaje en lenguas, o una interpretación. Todo esto debe hacerse para la edificación de la iglesia". (1 Corintios 14:26) Pablo asume que se ministrarían entre sí de manera energética. Su preocupación era que "todo debe hacerse de una manera apropiada y con orden". (1 Corintios 14:40) Ritva Williams escribe: "La actividad central de la ekklesía parece haber sido una comida—la Santa Cena— seguida de profecías, enseñanza, sanidad, y hablar en lenguas". (1 Corintios 11-14) [8]

Sabemos que las primeras iglesias oraban juntos. Después de que Pedro fuera liberado de la cárcel de manera sobrenatural, leemos en Hechos 12:12, "Cuando cayó en cuenta de esto, fue a casa de María, la madre de Juan, apodado Marcos, donde muchas personas estaban reunidas orando". Ellos estaban orando específicamente para que Pedro fuera liberado de la prisión, pero podemos suponer que la oración caracterizaba a las reuniones de las iglesias en las casas. La mayoría de los estudiosos coinciden en que las primeras iglesias destacaron los siguientes elementos: [9]

• Adoración

• Práctica de los dones espirituales

• Enseñanza

• Oración

• Confraternización

---

8. Ritva H. Williams, *Stewards, Prophets, Keepers of the Word (Mayordomos, Profetas,- Guardianes de la Palabra)* (Peabody, MA: Editorial Hendrickson, 2006), p. 17.

9. Gehring, p. 27.

- Evangelismo
- La Santa Cena o comunión
- Bautismo

Lucas describe viviendas siendo utilizadas para reuniones de oración (Hechos 12:12); para una noche de compañerismo cristiano (Hechos 21: 7); para servicios de Santa Cena (Hechos 2:46); para toda una noche de oración, adoración e instrucción (Hechos 20: 7); para reuniones evangelísticas improvisadas (Hechos 16:32); para reuniones planificadas para escuchar el evangelio (Hechos 10:22); para reuniones de seguimiento (Hechos 18:26); y para la instrucción organizada (Hechos 5:42).[10]

La comunicación de la información era otra actividad esencial en las primeras iglesias en las casas. Noticias de visitantes, enviando cartas de una ciudad a otra (por ejemplo, las cartas de Pablo, 2 y 3 de Juan), las advertencias de persecución, y relatos de persecuciones eran un tipo de información importante que se pasaba entre las iglesias en las casas. [11] Las iglesias en las casas también servían como centros de servicios sociales para aquellos miembros que estaban en necesidad. Las viudas jóvenes y los miembros de las familias más pobres veían en las iglesias en las casas un medio de subsistencia. Al parecer, hubo algunos intentos de parte de las familias de evitar sus propias responsabilidades (1 Timoteo 5: 4, 5, 8, 16). [12]

---

10. Michael Green, *Evangelism in the Early Church* (Evangelismo en la Iglesia Primitiva) (Grand Rapids, MI: Eerdmans, 2003), Localización Kindle 3776-3778.

11. Osiek, MacDonald, Tulloch, p. 14.

12. Ibid., p. 14.

REDES DE IGLESIAS EN LAS CASAS

Las iglesias en las casas en el Nuevo Testamento no eran independientes entre sí. Más bien, eran parte de una unidad mayor. La iglesia en la casa y la reunión más grande de varias iglesias en las casas coexistían en el cristianismo primitivo. En otras palabras, los creyentes e iglesias en las casas se consideraban parte de una iglesia mayor en toda la ciudad. Gehring escribe:

> La prueba de una pluralidad de iglesias en las casas junto a toda la iglesia en un lugar arrojaría luz sobre la cuestión controvertida en cuanto a la clarificación de la relación entre las iglesias individuales y toda la iglesia local, y entre la iglesia local y la iglesia universal. [13]

Pablo dice específicamente que él enseñó públicamente y de casa en casa (Hechos 20:20). En 1 Corintios 16:19 Pablo dice: "Las iglesias de la provincia de Asia les mandan saludos. Aquila y Priscila los saludan cordialmente en el Señor, como también la iglesia que se reúne en la casa de ellos". La reunión del grupo grande se ve en el saludo de Pablo de todas las iglesias en Asia, pero luego menciona específicamente a la iglesia en la casa de Aquila y Priscila y su saludo particular a las iglesias. En otras palabras, había cristianos en Éfeso que no se reunían en la casa de Priscila y Aquila. La evidencia apunta a una pluralidad de iglesias en las casas allí.

A veces toda la iglesia se reunía en lugares no identificados para hacer ministerio público. En Hechos 15: 4, Lucas escribe: "Al llegar a Jerusalén, fueron muy bien recibidos tanto por la iglesia como por los apóstoles y los ancianos, a quienes informaron de todo lo que Dios había hecho por medio de ellos".

---

13. Gehring, p. 26.

Más tarde en Hechos 15:22 leemos: "Entonces los apóstoles y los ancianos, de común acuerdo con toda la iglesia, decidieron escoger a algunos de ellos y enviarlos a Antioquía con Pablo y Bernabé". Las iglesias en las casas individuales estaban vinculadas por medio del liderazgo que de vez en cuando reunía a la iglesia para estar todos juntos. Al escribir sobre este vínculo de liderazgo, Ken Giles dice:

> A menudo se asume que en la era del Nuevo Testamento no existían estructuras institucionales que vincularan a las congregaciones o iglesias locales a la comunidad cristiana más amplia, pero esto no es cierto. Las formas institucionales que se necesitaban y eran apropiadas para este período comenzaron a aparecer muy temprano. En el libro de los Hechos, Lucas sostiene que un grupo de ancianos con la supervisión general de la comunidad cristiana de Jerusalén se encontraba ya en el lugar y en el momento en que se estableció la iglesia de Antioquía. [14]

En la iglesia de Jerusalén, esas asociaciones de liderazgo se presentan claramente porque leemos: "Y día tras día, en el templo y de casa en casa, no dejaban de enseñar y anunciar las buenas nuevas de que Jesús es el Mesías". (Hechos 5: 42) En la iglesia de Jerusalén, el liderazgo apostólico reunía a las diversas iglesias en las casas.

Hechos 2: 46-47 dice: "No dejaban de reunirse en el templo ni un solo día. De casa en casa partían el pan y compartían la comida con alegría y generosidad, alabando a Dios y disfrutando de la estimación general del pueblo. Y cada día el Señor añadía al grupo los que iban siendo salvos". Vemos aquí tanto

---

14. Giles, 1995, p. 188.

las reuniones de las iglesias en las casas, así como aquellas iglesias en las casas que se reunían para escuchar la enseñanza de los apóstoles. Gehring escribe:

> La iglesia primitiva se reunía para dos tipos diferentes de servicios de adoración, que pueden distinguirse unos de otros sobre la base no sólo de su localización, sino de su arreglo organizacional. El énfasis principal en la casa estaba en partir el pan. Los primeros cristianos probablemente participaron en las oraciones del templo, celebradas en el patio del templo, y de allí pasaban al salón de Salomón para una reunión de toda la congregación, poniendo énfasis en la proclamación misionera y la instrucción bíblica.[15]

Los tamaños de las casas diferían, y realmente no sabemos cuántas iglesias en las casas existían en la zona de Jerusalén.[16] Sólo sabemos que se reunían bajo el liderazgo de los apóstoles para escuchar sus enseñanzas, y para celebrar la resurrección de Cristo, así como dice Hechos 5:42. David Shenk e Irvin Stutzman analizan la actividad de la iglesia primitiva aún más:

> Las primeras congregaciones eran iglesias en las casas que se reunían en pequeños grupos en toda la zona metropolitana de Jerusalén. Dado que la mayoría de

---

15. Gehring, pp. 81-82.

16. Doy una descripción más detallada del tamaño de la iglesia primitiva en mi libro *Biblical Foundations for the Cell-based Church (Fundamentos Bíblicos para la Iglesia Basada en Células)* (pp. 92-95). Después de detallar los tamaños físicos de las Iglesias en los hogares y en los apartamentos, concluí que la mayoría de iglesias primitivas no habrían tenido más de quince o veinte personas. También cito a varios estudiosos e historiadores que han llegado a las mismas conclusiones.

los hogares en la zona de Jerusalén eran pequeños, podemos suponer que de diez a veinte personas se reunían en cada una de estos grupos celulares para tener compañerismo o confraternizar. Probablemente de 100 a 200 de estas pequeñas congregaciones, reunidas en salas de estar en toda la zona de Jerusalén, se formaron a los pocos días de Pentecostés. Sin embargo, nunca funcionaron independientemente una de la otra. Estos grupos celulares en los hogares conformaron los grupos de que se componía la iglesia en Jerusalén, una congregación que re reunió por un tiempo alrededor de la zona del templo para realizar eventos de celebración.[17]

También vemos reunirse a toda la iglesia en Corinto. Pablo dice: "Así que, si toda la iglesia se reúne y todos hablan en lenguas, y entran algunos que no entienden o no creen, ¿no dirán que ustedes están locos?" (1 Corintios 14:23). Pablo da a entender que en otras ocasiones los cristianos de Corinto se reunieron por separado en iglesias en las casas más pequeñas. Sin embargo, ambas fueron consideradas la *iglesia*. Arthur G. Patzia, catedrático del Nuevo Testamento en el Seminario Fuller, escribe:

> La referencia de Pablo a "la iglesia de Dios en Corinto" (1 Corintios 1: 2) y de los creyentes que se reunían "como iglesia" (1 Corintios 11:18), junto con la implicación de que Gayo estaba de anfitrión de toda la (huecos) iglesia (romanos 16:23), también sugieren

---

17. David W. Shenk y Ervin R. Stutzman, *Creating Communities of the Kingdom: New Testament Models of Church Planting (Creando Comunidades del Reino: Modelos del Nuevo Testamento de Plantación de Iglesias)* (Scottdale, PA: Editorial Herald, 1988), p. 92.

que en ocasiones todos los creyentes se reunían en
Corinto. Con el tiempo, estas cartas fueron compar-
tidas con otras iglesias de la ciudad y fueron leídas en
sus servicios de adoración antes que un redactor las
coleccionara y editara en su formato actual como 1ra.
y 2da. Corintios.[18]

Pablo se dirigió en cierto lugar a toda la congregación como
iglesia y también utilizó la misma palabra *iglesia* para describir
los grupos en las casas (1 Corintios 1: 1; 16:19). El uso de esta
palabra la primera vez no fue visto como que menoscabara
su estatus al ser utilizada la segunda vez. Dondequiera que los
creyentes se reunieran, eran "la iglesia de Dios.", Escribe James
Dunn,

> La implicación que hace 1 Corintios 16:19 junto con
> el 14:23 (en referencia a que toda la iglesia se reunían
> juntos) es, probablemente, que las reuniones de la
> iglesia consistían en más reuniones de grupos peque-
> ños regulares en las casas intercalados con menor
> frecuencia (¿semanal, mensual?) con las reuniones de
> "toda la iglesia".[19]

Si había quinientos mil creyentes a finales del siglo I, tal como
lo han sugerido algunos, deben haber habido un sin número de
iglesias en las casas. Dios diseñó una estrategia de crecimiento
para las primeras reuniones que incluía el uso de las propieda-
des donde vivían los creyentes. Sólo aquellos transformados

---

18. Arthur Patzia, *The Emergence of the Church: Context, Growth, Leadership and
Worship (El surgimiento de la Iglesia: Contexto, Crecimiento, Liderazgo y Adoración)*
(Downers Grove, IL: InterVarsity, 2001), p. 192.

19. James D.G. Dunn, *The Theology of Paul the Apostle (La Teología de Pablo el
Apóstol)* (Grand Rapids, MI: Eerdmans, 1998), p. 541.

por el mensaje del evangelio tomaban el riesgo de abrir sus hogares. Sin embargo, todos los que lo hacían ejemplificaban el amor y el poder de Dios hacia sus vecinos y amigos para que ellos no sólo lo vieran sino también lo experimentaran. En el proceso, muchos más fueron convertidos, y la iglesia primitiva continuó extendiéndose casa por casa.

LECCIONES APRENDIDAS

- Jesús escogió establecer las primeras iglesias en las casas, sabiendo que su mensaje tenía que penetrar primero en las familias

- Después de Pentecostés, los discípulos de Cristo continuaron el ministerio de casa por casa. En el ambiente de las casas pequeñas, fueron formados los discípulos y vidas fueron transformadas.

- En el primer siglo las redes de iglesias en las casas o iglesias celulares fueron el tipo normal de iglesia. La iglesia primitiva nunca fue dueña de un edificio hasta aproximadamente doscientos años después de la muerte de Cristo.

- Las iglesias en las casas estaban conectadas en red. Los escritores del Nuevo Testamento utilizaron la palabra ecclesia (iglesia) para describir tanto las reuniones individuales de las iglesias en las casas, así como las reuniones más grandes de iglesias en las casas. Ambos tipos de reuniones fueron igualmente reconocidas como la Iglesia de Jesucristo.

Capítulo 2

LA DESAPARICIÓN DE LA IGLESIA EN LA CASA

El 28 de octubre del año 312, Constantino se enfrentó a Majencio, que entonces estaba en control de Roma. Constantino estaba convencido que necesitaba una ayuda más poderosa de la que sus fuerzas militares podrían proporcionar, sobre todo porque los soldados en el ejército de Majencio superaban su propio ejército cuatro a uno. Buscó ayuda divina, pero tuvo problemas para elegir qué dios entre la amplia variedad de dioses griegos y romanos.

Vino a su mente que, de los muchos emperadores que le habían precedido, los que habían puesto su esperanza en una multitud de dioses y servido con sacrificios y ofrendas, estos fueron engañados por las halagadoras predicciones y oráculos que no se cumplieron.

Mientras reflexionaba sobre este dilema, un signo extraordinario se le apareció desde el cielo. Constantino informó haber visto una cruz de luz, con la inscripción: "Por este símbolo vencerás". Fue golpeado con asombro por lo que vio, y mientras reflexionaba sobre esto, llegó la noche. En su sueño, se le apareció Cristo con la misma cruz y le mandó reproducir este símbolo como una salvaguardia para ser usado en todos los combates con sus enemigos.

Él fue sorprendido con esta visión y decidió adorar a ningún otro Dios que el que se le había aparecido. Mandó llamar a los seguidores de Jesús para que le explicaran el significado de esta visión. Le dijeron a Constantino que la cruz que había aparecido era la victoria de Cristo sobre la muerte. Le dijeron sobre el nacimiento y la encarnación de Cristo. Constantino sintió temor de Dios por la manifestación que había visto.

Al día siguiente, los dos ejércitos se enfrentaron, y Constantino ganó una victoria decisiva, a pesar que fue en gran medida superado en número. Este acontecimiento cambió la vida de Constantino. A partir de ese momento en adelante, él promovió el cristianismo como la única religión verdadera.

Mientras que los historiadores todavía debaten si él se dedicó al cristianismo con fines políticos o por una sincera convicción, sí sabemos que el fomento del cristianismo por parte de Constantino cambió el curso de la historia. Hizo de los sacerdotes sus asesores e invitó a los ministros de Dios a pasar tiempo con él. Él les colmó de cada posible honor, tratándolos como dignatarios y les permitió a algunos cristianos que se le unieran en su mesa. Estos lo acompañaron en sus viajes, creyendo que el Dios al que servían les ayudaría en la batalla. Él entregó grandes cantidades de dinero de su propio tesoro para construir iglesias y para decorar sus santuarios.

LA LEGALIZACIÓN DEL CRISTIANISMO

Hasta la llegada del poder de Constantino (312 d.C.), la iglesia cristiana enfrentó períodos de persecución ardiente. El primer caso documentado comenzó con Nerón (37-68 d.C.), quien inculpó a los cristianos del incendio del año 64 d.C. en Roma. Durante la mitad del siglo segundo, turbas a menudo apedreaban a los cristianos.

La primera persecución en todo el imperio tuvo lugar bajo Maximino el Tracio (173-238 d.C.), que tuvo como objetivo el clero. Bajo el reinado del emperador Decio (201-251 d.C.), se extendió una persecución de los cristianos laicos por todo el imperio. Todos tenían que ofrecer un sacrificio público al emperador como el único dios verdadero y luego recibir los certificados escritos de haberlo hecho. Decio entonces autorizó comisiones itinerantes para garantizar que sus decretos se llevaran a cabo. Aquellos que no obedecían se enfrentaban con el arresto, el encarcelamiento, la tortura, e incluso la ejecución.

Las persecuciones culminaron en lo que se conoce como la gran persecución en el tercer y cuarto siglo. Comenzaron con una serie de cuatro decretos que prohibían las prácticas cristianas y ordenaban el encarcelamiento del clero cristiano. La persecución se intensificó hasta que todos los cristianos en el imperio eran obligados a sacrificar a los dioses o enfrentar la ejecución inmediata. Más de veinte mil cristianos murieron durante el reinado de Decio (245-311 d.C.).

Pero entonces Constantino llegó al poder en el año 312 d.C. y legalizó el cristianismo. Constantino se comprometió a renunciar a la persecución y hacer del cristianismo la religión del estado. El viejo orden fue invertido repentinamente. El cristianismo se convirtió en la religión dominante favorecida. Se esperaba que los que no fueran cristianos se sometieran al salvador y al Estado. En una sociedad orientada al grupo, la norma era someterse, y la gente lo hizo.

Mientras que muchos se convertían verdaderamente, otros sólo se sometían y eran cristianos de nombre. Ellos decían que sí con la boca, pero no con el corazón. El historiador Joseph Lynch escribe:

> La conversión del emperador Constantino fue un punto de inflexión en la historia del cristianismo. En una época la iglesia cristiana pasó de una posición de ilegalidad y feroz persecución a una posición de favor. El historiador de la Iglesia Eusebio de Cesarea (c. 260-339) había sido encarcelado durante la persecución de Diocleciano y había visto a amigos, incluyendo a su amado maestro, ser muerto. Sin embargo, en sus últimos años fue conocido personal y huésped ocasional del emperador Constantino. La iglesia pasó rápidamente de ser una asociación de personas desconocidas a tomar una posición central en la sociedad romana.[1]

Constantino esperaba que el cristianismo fuera una fuerza unificadora, por lo que premiaba a los que se unían a la iglesia y se aseguró que el Imperio Romano se volviera íntimamente involucrado con sus asuntos. Como resultado, la iglesia heredó

---

1. Joseph Lynch, *The Medieval Church: A Brief History (La Iglesia Medieval: Una Historia Breve* (Grupo London: Longman UK Limited, 1992), p. 10.

grandes sumas de riqueza y tenía una posición privilegiada en la sociedad. Constantino construyó impresionantes iglesias en los lugares santos del cristianismo. [2] Los grandes edificios sagrados se volvieron más apreciados que las reuniones íntimas de compañerismo en las casas. [3] Constantino reconoció públicamente y recompensó a ciertos líderes que podían trazar su linaje hasta los apóstoles. La iglesia comenzó a apreciar este tipo de *herencia* más que los dones espirituales y la piedad. En las principales ciudades, los obispos comenzaron a crecer en poder. Su palabra era respetada y obedecida.

DE LO SIMPLE A LO RITUALISTA

Con el ascenso de Constantino, las iglesias en las casas ya no eran el lugar de reunión principal para los creyentes. Había poca interacción entre los sacerdotes y el pueblo, y la iglesia se fue haciendo progresivamente ritualista. La Eucaristía sustituyó el compartir individualmente, tan común en las primeras iglesias en las casas. Los primeros creyentes del Nuevo Testamento celebraban la Cena del Señor como una comida, pero por el siglo II ya se había convertido en un ritual. En lugar de ejercitar los dones espirituales en un ambiente propicio para el ministerio, la gente venía a la misa, realizaban rituales cristianos, y se retiraban sin la intimidad espiritual y emocional que una vez habían tenido con otros creyentes en las iglesias en las casas.

Cuando el cristianismo era una religión extranjera despreciada, sólo los verdaderos creyentes participaban en los asuntos de la iglesia. Ahora, todo el mundo abrazaba el cristianismo. Ejércitos enteros eran bautizados. La gente se convertía de las

---

2. Ibíd., p. 16.

3. Jim y Carol Plueddemann, *Pilgrims in Progress* (Peregrinos en Progreso) (Wheaton, IL: Editorial Harold Shaw, 1990), p. 4.

religiones paganas al cristianismo porque era lo que se aceptaba culturalmente. El mundo se volvió parte de la iglesia, y la iglesia se volvió parte del mundo. Antes en las humildes iglesias en las casas, se esperaba que todos se convirtieran en discípulos y que vivieran la fe cristiana. Con el ascenso de Constantino y la legalización del cristianismo, la iglesia se fue erosionando desde adentro hacia afuera.

GRUPOS PEQUEÑOS ENTRE EL CLERO

Aunque no hay constancia de que se establecieran estructuras de grupos pequeños para cuidar de las emergentes necesidades de las congregaciones en crecimiento, sí sabemos que había grupos pequeños entre el clero. Ambrosio, obispo de Milán (339-397 D.C.) vivió durante la época de Constantino, y él y sus colegas recurrieron a los grupos pequeños para llenar sus propias necesidades espirituales. Al parecer, varios padres de la iglesia, como Ambrosio, encontraron una enorme fortaleza en la interacción con comunidades pequeñas. San Agustín de Hipona, por ejemplo, fue significativamente influenciado por estos grupos pequeños bajo el control de Ambrosio. Estos grupos pequeños no se extendían a los laicos porque la participación laica no era fomentada en esa fecha. Como escribe Herbert T. Mayer, "Este fue el patrón común por muchos siglos: la verdadera fortaleza y vitalidad de la iglesia yacía en los grupos pequeños del clero que se reunían alrededor de una catedral y del obispo o en el grupo pequeño de monjes que se reunían en torno a un fuerte influyente líder".[4]

---

4. Herbert T. Mayer, "Pastoral Roles and Mission Goals," ("Roles Pastorales y Metas Misioneras") *Currents in Theology and Missions (Corrientes en la Teología y las Misiones)*, Vol. 3 (Chicago, IL: Lutheran School of Theology (Escuela Luterana de Teología), 1976), p. 298.

LIDERAZGO JERÁRQUICO

En las cartas del Nuevo Testamento, no existía jerarquía en el liderazgo. La palabra obispo, pastor y anciano son intercambiables y apuntan a la misma función. Un *obispo / supervisor* también era llamado *pastor* y un *presbítero / anciano*, ya que los tres términos en griego se refieren al mismo grupo de personas en Hechos 20:17, 28 y 1 Pedro 5: 1-5. Lo más probable es que estos títulos representaban a líderes de las iglesias en las casas o supervisores de diferentes iglesias en las casas. Al escribir acerca de estos roles de liderazgo, Gehring dice lo siguiente:

Todo parece indicar que eran supervisores de las iglesias que se reunían en sus casas, al igual que Estéfanas en Corinto; en otras palabras, eran líderes de iglesias en las casas individuales. Juntos como un grupo, tales supervisores podrían haber formado el equipo de liderazgo o consejo para toda la iglesia local en esa ciudad. [5]

Las iglesias en las casas eran el vivero para el liderazgo en la iglesia primitiva y los primeros obispos dirigían iglesias en las casas locales y también funcionaban en el papel de supervisores. Arthur G. Patzia escribe: "Los obispos fueron los supervisores de las iglesias en las casas locales y eran asistidos por un grupo de personas identificadas como diáconos". [6]Pero todo cambió con Constantino. Él colocó sacerdotes del gobierno a sueldo y fomentó una visión jerárquica de liderazgo. La gente buscaba al clero y a santos especiales para obtener revelación y dirección.

---

5. Gehring, p. 206.

6. Patzia, p. 171.

UN CAMBIO GRADUAL

Aunque el cambio de liderazgo sencillo de las iglesias en las casas
hacia la autoridad de inmenso alcance de los obispos culminó
con el ascenso de Constantino, el cambio real fue muy gradual
y casi imperceptible. Este cambio se inició en el siglo II, cuando
la gente estaba pidiendo a gritos autoridad debido a las falsas
religiones y cultos. Con la creciente herejía del gnosticismo y de
numerosos cultos propagándose rápidamente, la gente buscaba
una voz cristiana con autoridad. Los que parecían tener más
autoridad eran los que podían demostrar que su linaje estaba
directamente relacionado con el apóstol Pedro. Este vínculo les
dio a ciertas personas una autoridad sin precedentes y credibili-
dad. Ireneo (130-202 d.C.) fue uno de los primeros padres de la
Iglesia que promovió la sucesión de ciertos apóstoles. El historiador de la iglesia Kenneth Scott Latourette explica lo siguiente:

> Él [Ireneo]. . . fue enfático al decir que los apóstoles
> habían designado como sucesores a los obispos a quie-
> nes habían encargado las iglesias. . . . Estos obispos
> habían sido seguidos por otros en línea ininterrum-
> pida quienes también eran guardianes y garantes de
> la enseñanza apostólica. Él sugiere que él podría, si
> hubiera espacio, dar las listas de los obispos de todas
> las iglesias, pero señala a los de la Iglesia de Roma. . . [7]

Debido que sólo unos pocos podían realmente rastrear su
linaje hasta el apóstol Pedro, los que podían se volvieron res-
ponsables de grupos de creyentes más y más grandes. [8] Gérald
Vallée escribe lo siguiente:

7. Kenneth Scott Latourette, *A History of Christianity*, Vols. 1 and 2 *(Una
Historia de Cristiandad)* (Editorial New York: Harper & Row, 1975), p. 131.

8. Osiek and Balch, p. 35.

Poco a poco, el obispo se convirtió en el director de la congregación local y fue llamado "sacerdote", mientras que los ancianos fueron vistos como para compartir el ministerio del obispo y de llevar a cabo la liturgia con una función de enseñanza / predicación; más tarde también fueron llamados sacerdotes. El obispo nombraba u ordenaba a los diáconos y ancianos por la imposición de las manos, lo que significa el otorgamiento de un poder espiritual en una sociedad jerárquica.

Algunos padres de la iglesia primitiva, como Tertuliano (160-220 d.C.), se resistieron a la idea de dar autoridad especial a aquellos que podían demostrar su vinculación con los apóstoles del pasado. Tertuliano fomentó el sacerdocio de todos los creyentes y se opuso a la creciente tendencia hacia la autoridad jerárquica. [9] Sin embargo, su voz fue ahogada en cuanto el pueblo clamó por liderazgo

Por el siglo III, esta línea de sucesión, junto con los distintivos cargos de la iglesia, se había vuelto bastante desarrollada en la Iglesia. [10] En las principales ciudades, los obispos crecieron en poder, evolucionando para ser patriarcas y papas. Su palabra se convirtió en la palabra de Dios. Ellos fueron los que establecie-

---

9. George Huntston Williams, Frank Forrester Church, Timothy Francis George, *Continuity and Discontinuity in Church History: Essays Presented to George Huntston Williams on the Occasion of His 65th Birthday (Continuidad y discontinuidad en la Historia de la Iglesia: Ensayo presentado por George Huntston Williams en ocasión de su Cumpleaños 65)* (Boston, MA: Editorial Brill: 1979) pp. 59-60.

10. Algunos de los materiales de apoyo utilizados en este capítulo derivan de las conferencias del Dr. Rosell, 1995, conferencista en la Universidad Internacional de Columbia. El curso de Rosell sobre la historia de la iglesia primitiva cubría el período desde el nacimiento de la iglesia hasta Lutero y La Reforma.

ron la doctrina correcta y condenaron a los que no estaban de acuerdo. Ya para el cuarto siglo el celibato se convirtió en un requisito para los sacerdotes y obispos para demostrar dedicación a su tarea. La iglesia progresó y pasó de ser una reunión de la familia de Dios en los hogares a ser una religión institucionalizada. La Iglesia pasó de la simplicidad y creció en complejidad. Los autores de *Home Cell Groups and House Churches* (Grupos Celulares en los Hogares e Iglesias en las Casas) escriben lo siguiente:

> Por generaciones después de los apóstoles, la iglesia continuó siendo el espontáneo testigo laico (pueblo de Dios) en las ciudades y a lo largo de las grandes rutas comerciales del imperio. Sin embargo, algunos cambios ideológicos estaban teniendo lugar, los cuales alteraban la teología del Nuevo Testamento de la iglesia. La pluralidad y la igualdad de liderazgo estaba dando paso a una disposición jerárquica con los obispos convirtiéndose en la figura central, seguidos de los presbíteros (que más tarde se convirtieron en sacerdotes) y diáconos. Luego se añadieron papeles como los de los exorcistas y acólitos. Parece que después de los apóstoles, los obispos, quienes fueron primero pastores, asumieron un papel de autoridad, así como de liderazgo. El obispo habría sido pastor de una iglesia en la casa; pero con el tiempo su congregación llegó a ser la más importante, y las otras congregaciones en las casas de una ciudad determinada serían entonces pastoreadas por presbíteros, bajo la autoridad del obispo. En una determinada ciudad, sobre todo en la iglesia occidental, sólo un pastor en una ciudad podría ser obispo. [11]

11. C. Kirk Hadaway, Francis M. DuBose, Stuart A. Wright, *Home Cell Groups and House Churches (Grupos Celulares en los Hogares e Iglesias en las Casas)*

La Iglesia cambió, de la figura de un obispo como siervo-pastor que cuidaba de una iglesia en la casa o de grupos de iglesias en las casas, a un gobernante administrativo. La espontaneidad, que una vez estuvo tan presente en las iglesias en las casas locales, quedó bajo el estricto control de los obispos electos. [12]

ANIMANDO LA PASIVIDAD

Al pasar de los años la pasividad se convirtió en la norma. El historiador Richard Vallée escribe: "La diferencia entre el clero (obispos y sacerdotes) y los laicos fue muy enfatizada, puesto que se le daba una autoridad exclusiva al obispo (entiéndase sacerdote, profeta y maestro), y los laicos eran reducidos a un papel pasivo". [13] William Brown escribe sobre esta pasividad:

. . . la reversión a un sacerdocio o ministerio "oficial". . . arrojó a los laicos principalmente hacia un papel de oidores de la ley y espectadores del misterioso cuadro de los sacrificios. Este papel pasivo en la adoración se convirtió una vez más en la experiencia normal del pueblo de Dios a medida que se desarrollaba la iglesia. [14]

(Nashville, Editorial TN: Broadman, 1987), pp. 69-70.

12. Garth Rosell, *Birth of the Church to the Reformation (Nacimiento de la Iglesia a la Reforma)*, Series de nivel de graduado de 24 grabaciones y anotaciones (Columbia, South Carolina, Universidad Internacional de Columbia, 1995), grabación 5.

13. Gérard Valleé, *The Shaping of Christianity: The History and Literature of Its Formative Centuries (La Configuración del Cristianismo: La Historia y Literatura de sus Centurias de Formación) (100-800)* (Mahwah, New Jersey: Editorial Paulist, 1999), p. 132.

14. William Brown, *Growing the Church through Small Groups in the Australian Context,(Haciendo Crecer la Iglesia a través de los Grupos Pequeños en el Contexto*

La estructura externa de la iglesia reflejaba la geografía administrativa civil, a menudo utilizando la misma terminología para su organización (por ejemplo, diócesis, vicarios). [15] El Ministerio se convirtió en el papel exclusivo y personal de ministros selectos y el resto quedó reducido con el papel de oyente.

Se esperaba que el cristiano común y corriente obedeciera. La Biblia fue retirada de las manos de la gente, y les fue dada a esos hombres sabios que la iban a estudiar y ofrecer sus juicios. Este sistema de reparto de la jerarquía mató la iniciativa laica. La innovación y la libertad personal fueron desmotivadas. Se motivó a la sumisión y obediencia. Mientras la jerarquía crecía en fuerza, se utilizaron métodos de tortura para prevenir a los laicos de exponer sus ideas bíblicas.

Cuando la estructura de la iglesia en la casa estaba funcionando correctamente, había libertad para que los laicos ministraran. El sacerdocio de todos los creyentes estaba en funcionamiento con toda fuerza y se satisfacían las necesidades de la iglesia. Sin embargo, mientras la historia de la Iglesia continuaba, los derechos de algunos titulares de cargos incluían usurpar los derechos de los ministros laicos comunes. [16] No obstante, muchos laicos estaban tan insatisfechos por las estructuras de la Iglesia y la jerarquía, que decidieron reformar la iglesia mediante la creación de una nueva estructura propia, como veremos en el siguiente capítulo.

---

*Australiano),*Disertación D.Min, (Pasadena, CA: Fuller Theological Seminary /Seminario Teológico Fuller/ , 1992) p. 37.

15. Valleé, p. 132.

16. Paul Johnson, *A History of Christianity (Una Historia del Cristianismo)* (New York: Editorial Atheneum, 1976), p. 81.

LECCIONES APRENDIDAS

- A principios del siglo II, hubo una tendencia gradual, la cual floreció a su máxima expresión bajo Constantino. El cambio en dirección a poner autoridad en manos de pocos fue un cambio gradual y lento.

- Constantino creó la primera iglesia-estado que honró a los que podían rastrear su linaje hasta Pedro. Durante la época de Constantino los rituales religiosos, símbolos y catedrales adornadas eran comunes.

- El punto de vista jerárquico de la iglesia separaba el trabajo de los clérigos de los laicos, lo cual trajo como resultado la pasividad entre los laicos.

- La historia de la iglesia primitiva muestra una tendencia a eliminar el ministerio que sostenían laicos ordinarios y colocarlo en manos de unos pocos— lo cual terminó impidiendo el desarrollo del sacerdocio de todos los creyentes y el libre fluir de los dones del Espíritu.

Capítulo 3

GRUPOS PEQUEÑOS
Y EL MONACATO

San Antonio el Grande (251-356 d.C.), también llamado "la estrella del desierto" ciertamente no fue el primer cristiano en dejar las ciudades para vivir una vida de soledad. Pero él era probablemente el más famoso por su espiritualidad cristiana austera y rigurosa, que él difundió a lo largo de Palestina, Siria, Grecia, y por todo el mar Mediterráneo hasta Italia. Todo comenzó cuando se dirigía hacia la región desértica del norte de África, a unas sesenta millas al oeste de Alejandría, Egipto.

Según Atanasio, un padre de la iglesia primitiva, el diablo atacó a San Antonio afligiéndolo con aburrimiento, pereza, y fantasmas de mujeres, los cuales venció por el poder de la oración. Después de eso, se trasladó a una tumba, donde se encerró y dependía de los pobladores locales para que le llevaran comida. Cuando el diablo percibió su vida ascética y su intensa adoración, se puso envidioso y lo golpeó sin piedad, hasta dejarlo inconsciente. Cuando sus amigos de la aldea local vinieron a visitar a San Antonio y lo encontraron en esta condición, lo llevaron a una iglesia.

Después de haberse recuperado, hizo un segundo esfuerzo y volvió al desierto donde vivió estrictamente encerrado en una antigua fortaleza romana abandonada por unos veinte años. Según Atanasio, el diablo nuevamente reanudó su guerra contra San Antonio, sólo que esta vez los espíritus eran en forma de bestias salvajes, lobos, leones, serpientes y escorpiones. Aparecían como si estuvieran a punto de atacarlo o cortarlo en pedazos. Pero el santo se reía de ellos y les decía: "Si alguno de ustedes tiene alguna autoridad sobre mí, sólo uno habría sido suficiente para pelear conmigo". Con estas palabras, desaparecían, y Dios le daba la victoria sobre los demonios.

Mientras tanto en la fortaleza sólo se comunicaba con el mundo exterior a través de una grieta por medio de la cual se le hacía llegar la comida y él diría unas palabras. No permitía que nadie entrara en su celda. El que llegaba donde él, se quedaba afuera y escuchaba su consejo.

Luego, un día salió de la fortaleza. Para entonces, la mayoría esperaba verlo consumido, o que se hubiera vuelto loco en su celda de aislamiento, pero emergió sano, sereno, e iluminado. Todo el mundo estaba sorprendido que él hubiera atravesado por esas pruebas y hubiera emergido espiritualmente rejuvenecido. Fue aclamado como un héroe, y desde esa época hasta ahora la leyenda de San Antonio comenzó a extenderse y crecer. [1]

Muchos siguieron el ejemplo de San Antonio y fueron conocidos como monjes. La palabra monje significa solo (del griego *monos* = solo, solitario) y, por definición, un monje vivía aparte alejado de los demás. El ejemplo de San Antonio movió a muchos a buscar a Dios solos, pero al final los monjes decidieron que sería más eficaz reunirse en monasterios para tener comunión y por motivos de protección. Aunque la historia de San Antonio es una de las primeras y de las más famosas, todos los monjes tenían una cosa en común: el deseo de un compromiso de sacrificio a otro nivel por Jesucristo, que fuera más allá del status quo.

RESISTIENDO AL ESTATUS QUO

Los que optaron por la vida monástica renunciaron a sus búsquedas mundanas y se dedicaron plenamente a la obra de Dios. Los monjes estaban dispuestos a negarse a sí mismos y a vivir por las normas espirituales establecidas que iban más allá de las exigencias religiosas para laicos y otros líderes espirituales.

Los monjes se resistieron a las ganancias suntuosas de la iglesia bajo Constantino. Se dieron cuenta de que los beneficios políticos de la iglesia estaban hundiendo la causa de Cristo. Ellos vieron la iglesia tibia y comprometida con el mundo. Joseph Lynch escribe: "Algunos de ellos, en su mayoría hombres, abandonaron la vida urbana y sus carreras ordinarias y buscaron lugares remotos, donde vivían vidas de auto negación

---

1. Athanasius Jerome Sulpicius Severus Gregory The Great, *Early Christian Lives(Vidas Cristianas Primitivas)*. Carolinne White (Penguin Classics (Clásicos Pingüino): New York 1998), pp. 1-70.

sistemática y severa, aunada con oración y meditación en las Escrituras. Estos fueron los primeros monjes"[2]

Muchos de estos monjes laicos fueron atraídos por una vida de aislamiento con el fin de buscar su propia salvación. Se mantenían completamente abstraídos. Judith Herrin escribe:

> Mientras esta característica organizada y más visible del cristianismo continuó creciendo, una forma muy diferente de la expansión estaba en marcha en el campo, en las partes más salvajes y más desiertas del imperio, más lejos de la civilización urbana. Surgió de un deseo de huir del mundo y de todos sus males, para escapar al desierto y estar en comunión solo con Dios. La práctica tenía raíces pre-cristianas antiguas, que fueron retomadas por los cristianos que buscan vivir de acuerdo con el mandato de Cristo: "deja todo lo que tengas, y sígueme".[3]

Salieron al desierto para buscar solo a Dios, para negarse al placer del matrimonio y para practicar el ascetismo extremo. Esta total abstracción se hizo bastante común a final del tercer siglo. Sin embargo, el equilibrio entre el aislamiento individual y la comunidad cristiana comenzaron a ocurrir. Sabemos que del año 300-700 d.C. muchos monjes se reunieron para practicar la vida de auto negación. Parte de la razón por la que estos individuos que se aislaban no podían practicar su fe estando solos, eran los repetidos ataques hostiles de las fuerzas paganas, tanto de las que se encontraban cerca de Roma como de las de África. Algunos monasterios incluso construyeron defensas para mantener fuera a los intrusos.[4]

---

2. Lynch, p. 18.

3. Judith Herrin, *The Formation of Christendom (La Formación de la Cristiandad)* (Princeton, New Jersey: Princeton University Press, /Prensa de la Universidad de Princeton/ 1987), p. 59.

4. Ibid., p. 71.

DESCUBRIENDO LA NECESIDAD POR LA COMUNIDAD

Muchos de los monjes formaron monasterios en las orillas de las ciudades con el fin de evitar el aislacionismo. Estos monjes conectaban la relación con Dios, con la necesidad de relacionarse con otros creyentes.[5] Por ejemplo, Basilio (329-379 d.C.) estableció un monasterio en Asia Menor, donde se promovía el amor y el cuidado hacia los hermanos. Brown escribe:

> Poco a poco algunos de estos ermitaños descubrieron que si se agrupaban en pequeñas comunidades, experimentarían beneficios espirituales y beneficios prácticos. Con el tiempo muchas de las características de la comunidad cristiana en Hechos 2 fueron reincorporadas a la vida monástica, no obstante, todavía hubo una separación de las personas.[6]

Incluso cuando vivían juntos, la castidad y la obediencia fueron estrictamente practicadas. Se impusieron restricciones en la dieta y se requirió el trabajo duro.

Algunos monasterios pedían un compromiso de por vida, mientras que otros, como el monacato celta, practicaban la *permeabilidad*. Es decir, la gente podía moverse libremente dentro y fuera del sistema monástico en diferentes puntos de su vida. Los jóvenes (hombres y mujeres) entraban en el sistema en busca de becas para aprender latín. Los estudiantes a veces viajaban desde tierras lejanas para entrar en los monasterios irlandeses. Cuando estos estudiantes se convirtieron en adultos, dejaban el monasterio para vivir sus vidas. Con el tiempo,

---

5. Brian Patrick McGuire, *Friendship and Community (Amistad y Comunidad)* (London: Cornwell University Press /Londres: Prensa de la Universidad de Comwll/, 2010), pp. 38-60.

6. Brown, p. 37.

estas personas se retiraban de nuevo a una comunidad segura proporcionada por el monasterio y permanecían en ella hasta su muerte. No obstante, algunos permanecían a largo plazo en el monasterio y se convertían en líderes. El Monaquismo Permeable popularizó el uso de la lengua vernácula y ayudó a engranar las normas de los laicos con las de los religiosos, a diferencia de otras partes de Europa, donde los monasterios eran más aislados.

La mayoría de los monasterios desarrollaron sus propias reglas y estrategias, junto con sus costumbres y tradiciones.[7] Sin embargo, la regla de San Benito fue cada vez más adoptada por los monasterios debido a la forma cómo balanceaba las disciplinas espirituales, el trabajo y la comunidad.[8] La regla de San Benito es una colección de preceptos escritos por San Benito de Nursia (c. 480–547) para monjes que vivían en comunidad bajo la autoridad de un líder espiritual llamado Abbot. Durante los mil quinientos años de su existencia, se convirtió en la guía del cristianismo occidental para la vida monástica en comunidad. Los dos principios clave de la Regla de San Benito son los siguientes:

1. Paz (*pax*)

2. Oración y trabajo (*Ora et labora*)

En comparación con otras órdenes monásticas, la regla de San Benito proporcionaba un camino moderado entre celo individual e institucionalismo. Se hizo muy popular debido a este terreno neutral. Las preocupaciones de San Benito se centraban

---

7. Edward A. Wynne, *Traditional Catholic Religious Orders (Órdenes Religiosas Tradicionales del Catolicismo)* (Oxford, UK: Transaction Books /Libros de Transacción/, 1988), p. 24.

8. David Knowles, *Christian Monasticism (El Monacato Cristiano)* (Nueva York: World University Library /Biblioteca Universidad Mundial/ , 1977), p. 40.

en suplir las necesidades de los monjes en un ambiente de comunidad, para establecer orden, para fomentar la comprensión de la naturaleza relacional de los seres humanos, y para proveerles un padre espiritual que apoyara y fortaleciera el crecimiento espiritual de la persona. Organizaba el día monástico en períodos regulares de oración privada y en comunidad, sueño, lectura espiritual, y trabajo manual. En siglos posteriores, el trabajo intelectual y la enseñanza tomaron el lugar de la agricultura, las artesanías y otras formas de trabajo manual.

EL MONACATO Y LAS MISIONES

San Patricio, nació alrededor del año 385 d.C. en la Gran Bretaña Romana, una provincia del Imperio Romano desde el año 43 hasta el 409 d.c. Cuando era un niño de catorce años, fue capturado durante una incursión y fue llevado a Irlanda como esclavo para que apacentara y atendiera a las ovejas. Irlanda en ese tiempo era tierra de los Druidas y paganos. San Patricio aprendió el lenguaje y prácticas de las personas que lo mantenían cautivo. Durante este tiempo, se volvió a Dios en oración, y Dios se le reveló. San Patricio escribió:

El amor de Dios y su temor creció en mí más y más, al igual que la fe, y mi alma fue despertada, a tal punto, que en un día, he dicho tantas como cien oraciones y durante la noche casi igual cantidad. Oré en los bosques y en las montañas, incluso antes que cayera la noche. No me dolió la nieve, ni el hielo o la lluvia. [9]

---

9. Citado en un artículo titulado: "St. Patrick (San Patricio)," *Catholic Online*, Accesado en http://www.catholic.org/saints/saint.php?saint_id=89 el martes, 1 de abril de 2014.

San Patricio estuvo cautivo hasta sus veinte años. Luego, él escapó después que Dios le mostrara en un sueño que debía dejar Irlanda e ir hacia la costa. Ahí encontró algunos marineros quienes lo regresaron a Bretaña donde se reunió con su familia. Después tuvo otro sueño en el cual la gente de Irlanda le clamaba diciendo: "Te suplicamos, juventud santa, que vengas y camines entre nosotros una vez más".

Antes de regresar a Irlanda, estudió para el sacerdocio, fue nombrado como obispo por San Germán alrededor del año 430 d.C. y luego fue enviado oficialmente a establecer la iglesia de Cristo en Irlanda. Arribó a Irlanda el 25 de marzo del 433 d.C. Una leyenda dice que San Patricio conoció al jefe de una de las tribus quien intentó matarle. Más tarde este jefe, Dichu, fue convertido después de no poder mover su brazo hasta que se hizo amigo de San Patricio.

San Patricio comenzó a predicar el evangelio por toda Irlanda, convirtiendo a muchos. Él y sus discípulos predicaban, hacían discípulos y sembraban iglesias por toda la región. Reyes, sus familias y reinos enteros se convirtieron al cristianismo cuando escucharon el mensaje de San Patricio. Dios obró muchos milagros a través de San Patricio y él escribió acerca del poder y el amor de Dios en su autobiografía titulada *Confesiones de San Patricio*.

El modelo de San Patricio de alcanzar a otros era altamente relacional, hospitalario y orientado a la comunidad. Él y sus seguidores se mudarían a una región pagana y luego se convertirían en parte de la comunidad. Ellos tomaron muy en serio el pasaje en el libro de los Salmos que dice: "Prueben y vean que el SEÑOR es bueno; dichosos los que en él se refugian". San Patricio creía que la verdad primero se aprende y luego se enseña, así que trataron de hacer a la iglesia accesible para todas las personas.

Ellos modelaban lo que querían que otros siguieran. Vivían la vida en comunidad, pero esto nunca fue su objetivo como tal. Nunca perdieron de vista el compartir su comunidad. En realidad, su estrategia Evangelística se parecía a la oración de Jesús en Juan 17 donde Él les dice a sus discípulos que el mundo le conocería y creería por su unidad. El grupo de creyentes de San Patricio hablaba mucho del amor y la unidad dentro de la Trinidad y utilizaba un trébol de tres hojas para explicar la Trinidad. Después, ellos demostraban el amor de la Trinidad en sus comunidades. Los grupos evangelísticos sabían que sus propias vidas necesitaban reflejar el carácter de Dios si querían ganar a los irlandeses que aún no habían sido alcanzados.

Aquellos que se unían al grupo veían vidas transformadas, el amor en acción y cómo se suponía que los discípulos debían actuar. Luego, estos que buscaban de Cristo eran invitados a convertirse en sus discípulos. Como resultado de esta estrategia, muchos recibieron a Jesús, nuevos grupos se multiplicaron y grupos misioneros se infiltraron en áreas que no habían sido alcanzadas.

Inspirados por el modelo de San Patricio, olas de bandas misioneras fueron enviadas por todo el continente. Una comunidad de monjes (de diez a doce) se situaría en un área que no era cristiana y establecería una iglesia cristiana. Ellos predicarían hasta que un número de ellos fueran convertidos y luego instruirían a los nuevos convertidos. Una vez establecida la iglesia, se irían a otra parte de Europa, creyendo que su propósito era establecer la comunidad monástica por toda la región.

Utilizando la misma estrategia de pequeños grupos, Columbano y doce acompañantes fueron a Galia (actualmente Francia) alrededor del 590 d.C. Ellos predicaban y enseñaban, viviendo con cualquiera que se mostrara hospitalario con

ellos.[10] Columbano fue tan exitoso que comenzó tres monasterios y continuó trabajando con los bárbaros incivilizados,
intentando convertirlos al cristianismo. Esto iba en contra de
las prácticas de los obispos locales quienes preferían quedarse
en pueblos y ciudades más grandes. Los obispos le ordenaron
a Columbano que suspendiera sus actividades, pero él se negó;
en lugar de eso, les envió una carta en la que les decía que no
estaban haciendo su trabajo. Columbano sentía que un obispo
debía vivir en la campiña y así alcanzar a los paganos.

El espíritu Celta del evangelismo y las misiones continuó
con hombres como Bernardo de Claraval (1090-1153),
Santo Domingo de Guzmán (1170-1221) y San Francisco de
Asís(1181-1226). Estos hombres fueron santos dedicados que
siguieron fervientemente a Dios, pues le entendían.[11] Los primeros grupos misioneros monásticos fueron muy similares al
evangelismo en la iglesia primitiva, donde los vecinos podían
ver y escuchar lo que sucedía dentro de las iglesias en las casas.
Sobre el impulso interno que motivó a estos misioneros celtas,
Hardings escribe:

> La respuesta individual a un impulso interno divino
> para esparcir su fe, en solitario o en grupos, incitó a
> los misioneros celtas a seguir adelante. Sin credencia-
> les o material de apoyo, independientes y confiando
> en Dios, ellos lograron más de lo que las probabilida-
> des hubiesen garantizado. La espontaneidad, la falta

---

10. Como está citado en Paul Pierson, *Historical Development of the Christian Movement (Desarrollo Histórico del Movimiento Cristiano)*, MH520 notas de
estudio para la admisión doctoral (Pasadena, CA: Fuller Theological Seminary, School of World Mission /Seminario Teológico de Fuller, Escuela de
Misión Mundial/, 1989), p. 11.

11. Brown, p. 37

de tradicionalismo y la individualidad fueron características de ese movimiento.[12]

En su mayoría, el monacato fue un elemento purificador para la
Iglesia Católica Romana, así como un poderoso alcance evangelístico. Sin embargo, éste no unió la brecha entre el laicado
y el clero. El clero continuó teniendo sus grupos pequeños,
mientras que el movimiento laico monástico se reunió por
separado. Brown escribe:

> Al principio, este movimiento se desarrolló separada-
> mente de la Iglesia Católica dominada por el clero.
> Aun así, al término del siglo V, el monacato se había
> extendido tanto que se convirtió en una característica
> de la Iglesia Católica.[13]

Uno de los grupos monásticos que intentaron reformar la
iglesia se reunían en casas y tuvieron un impacto significativo,
durante su tiempo fue un movimiento llamado Los Hermanos
de la vida Común.

HERMANOS DE LA VIDA COMÚN

Este movimiento monástico se originó en Holanda bajo el liderazgo de Gerardo Groote (1340-1384). Groote nació durante
un período de crisis papal en el cual habían dos papas rei-
nando y eventualmente tres que reclamarían el trono de Pedro.
Aquellos que vivieron durante la última parte del siglo XIV
expresaron su descontento a través de la literatura así como

---

12. Como es citado en Pierson, p. 10.

13. Latourette, p. 222.

a través de la rebelión.[14] Ellos querían un cambio económico
y espiritual y percibían una nueva libertad para comunicarse a
través de la literatura. Gerardo Groote ejemplificó esta nueva
disposición.

Groote se convirtió en un exitoso educador. Dios lo convirtió
y lo impulsó a predicar el Evangelio y a vivir un sencillo estilo
de vida. John Neale, quien escribió una extensa historia sobre
este movimiento, dice: "El primer efecto de su conversión fue
su intenso entusiasmo para retornar a sus compatriotas a la real
y vital religión".[15] Él pasó dos años en un monasterio pero luego
se fue a predicar el evangelio. Groote fue de lugar en lugar llamando a hombres y mujeres al arrepentimiento, proclamando
la belleza del amor Divino y señalando la degradación del clero.
Frecuentemente predicaba sermones de tres horas y las personas se aferraban a cada palabra.[16] Cuando el clero se levantó
en su contra, Groote humildemente se sometió y no incitó a
las personas a ir en contra del clero. En 1380, Groote escogió
a doce discípulos que se reunían regularmente con él en una
casa. Él los preparó para predicar la palabra de Dios. Aunque,
los discípulos de Groote eran también muy intelectuales, estudiando los textos antiguos y preparándose espiritualmente.

Miembros del clero incluso se inscribieron en su hermandad,
la cual eventualmente fue aprobada por el Papa. Ellos se dedicaron a hacer obras de caridad, a cuidar al enfermo, a copiar las

14. Margaret Aston, *The Fifteenth Century: The Prospect of Europe (El Siglo XIV: La Expectativa de Europa)* (Nueva York: W. W. Norton and Company /Norton y Compañía/, 1968), p. 144

15. John M. Neale, *A History of the So-called Jansenist Church of Holland (Una Historia de la Llamada Iglesia Jansenista de Holanda)* (Nueva York: Cosimo Classics /Clásicos Cosimo/, 2007), p. 76.

16. Ibid., p. 76.

Escrituras y a predicar el Evangelio. Después ellos hicieron un uso exhaustivo de la imprenta para publicar escritos espirituales. También obtuvieron maestros calificados para sus escuelas, y avivaron la vida espiritual e intelectual de la Iglesia Católica. Los libros y el aprendizaje eran centrales para las comunidades de la Hermandad, cuyas escrupulosas copias de trabajos sobre la piedad mantenían sus casas.

Cuando Groote comenzó, la educación en Holanda era escasa. Muy pocas personas aparte del clero habían estudiado en las universidades y en las escuelas de las catedrales en París o en Colonia, así que había muy pocos eruditos en la región. La expectativa de muchos era simplemente asegurarse que sus hijos pudiesen leer y escribir al graduarse de la escuela. Groote y los Hermanos de la Vida Común se determinaron a cambiar esto. Abrieron un número de escuelas que serían famosas por sus altos estándares de aprendizaje. Muchas personas conocidas asistieron a sus escuelas incluyendo a Nicolás de Cusa (filósofo, teólogo, jurista y astrónomo Alemán), Tomás de Kempis (autor de *The Imitation of Christ* /*La Imitación de Cristo*/), y Erasmo de Róterdam (erudito clásico, crítico social, maestro y teólogo).

Para el año 1475, el movimiento se había expandido a unas cien casas para mujeres y más de treinta hogares para hombres.[17] Cada casa de la Hermandad estaba compuesta por cuatro o más sacerdotes, junto con algunos laicos quienes se reunían voluntariamente.[18] La hermandad nunca tomó votos monásticos, así como los votos o promesas de pobreza, castidad y obediencia, los cuales eran votos comunes que otras órdenes

---

17. Kenneth Strand, *A Reformation Paradox* (Una Paradoja de la Reforma) (Ann Arbor, MI: Ann Arbor Publishers /Publicaciones Ann Arbor/, 1960), p. 22.

18. Neale, p. 96.

monásticas se comprometían a cumplir. Ni pedían o recibían
limosna. En cambio, ellos trabajaban por el pan diario. Su objetivo principal al unirse era cultivar la vida interna, lo cual ellos
lograban a través de compartir bienes y practicar las disciplinas
espirituales, como orar y meditar en las Escrituras.[19]

Ellos intentaban vivir como sus prójimos y practicaban su
estilo de vida comunitario en las casas comunes y corrientes
de la vecindad. Sus estilos de vida se diferenciaban a los de
su projimo, no porque ellos fueran parte de una orden religiosa, sino porque eran seguidores de Jesús. John Van Engen
señala: "Hermanos o hermanas vivían en calles ordinarias de
la ciudad, caminaban con personas a la iglesia o al mercado,
mantenían relación con sus familias y amigos; y aun así, vivían
una vida apartada en la práctica religiosa, en sus vestimentas y
en la estructura social".[20]

La Hermandad multiplicó sus casas cuando había aproximadamente de quince a veinte personas. Carol Geisler escribe:

> Mientras que la reputación piadosa de los Herma-
> nos y Hermanas se extendía, el pequeño y modesto
> comienzo de dieciséis pobres mujeres viviendo en

---

19. Ibid., p. 97.

20. John Van Engen, "Conversion and Conformity", ("Conversión y Con-
formidad") 50-51. En un medio orden en la sociedad medieval, véase el
"Apéndice: *Mediocres (Mediani, Medii)* en la Edad Media", en Giles Constable,
Three Studies in Medieval Religious and Social Thought (Tres Estudios en el Pensamiento Medieval Religioso y Social) (Cambridge: Cambridge University
Press /Prensa de la Universidad de Cambrige/, 1995): 342-60 como es
citado en Carol Geisler, *An Obedient Defense of Disobedience: The Brothers of the
Common Life and the Boundaries of Religion (Una Obediente Defensa a la Desobediencia: Los Hermanos de la Vida Común y los Límites de la Religión)* . Ph.D. disertación
para Concordia, Seminario (Concordia, St. Louis, MO, 2008), p. 37.

la casa de Geert Grote comenzó a desarrollarse en un cuantioso sistema de comunidades. John Brincke-rink, quien se convirtió en rector de la casa de Grote en 1392, tuvo que rechazar el ingreso de mujeres a la primera pequeña casa ya que no había suficiente espacio, por lo que las envió para que comenzaran fundaciones en otras partes de la ciudad. Para 1391, la comunidad de Hermanos establecida por Florens Radewijns, había crecido aun más que su propia vica-ría por lo que se había mudado a una casa más grande. Los visitantes, impresionados por el estilo de vida de los Hermanos y Hermanas, pidieron ayuda para esta-blecer hogares devotos en sus propios pueblos.[21]

Ellos no le llamaban convento o monasterio a su comunidad, sino que le llamaban *domus,* casa.[22] Albert Hyma describe este movimiento como una ". . .protesta en contra del formalismo de la Iglesia en el siglo XIV."[23] Ya que la Hermandad no ope-raba como una orden oficial, muchos sacerdotes y obispos le atacaban. Como respuesta, la Hermandad escribió *El Tratado de la Vida Común.* Este documento señala que la Hermandad eran simplemente hombres piadosos que habían decidido reunirse en la privacidad de los hogares, para compartir cosas en común y para exhortarse unos a otros.[24] No querían llegar a ser parte

---

21. Carol Geisler, *An Obedient Defense of Disobedience: The Brothers of the Com-mon Life and the Boundaries of Religion (Una Obediente Defensa a la Desobediencia: Los Hermanos de la Vida Común y los Límites de la Religión)* . Ph.D. desertación para Concordia, Seminario (Concordia, St. Louis, MO, 2008), p. 54

22. Ibid., p. 187.

23. Albert Hyma, *The Brethren of the Common Life* (Los Hermanos de la Vida Común)(Grand Rapids /Grandes Rápidos/, MI: Eerdmans Publishing Company /Editorial Eerdmans, 1950), p. 7.

24. Ibid., p. 73.

de la organización. Sencillamente querían vivir la vida cristiana y seguir a Dios de todo corazón.

LECCIONES APRENDIDAS

- El Monacato fue una respuesta al formalismo y al ritualismo en la iglesia. Las características comunes monásticas fueron un compromiso total a Jesucristo y el deseo de vivir apartados del mundo.

- Eventualmente, los monjes que estaban por solos sintieron la necesidad de unirse para formar una comunidad, por protección y para ser más efectivos.

- Algunas órdenes monásticas estaban desequilibradas, enfatizando la abstinencia de cosas normalmente consideradas buenas (i. e. el matrimonio, la familia, el sueño, entre otros). La familia nuclear era subestimada por el monacato.

- Los bandas misioneras celtas eran ejemplos de pequeños grupos vivificantes que evangelizaban y ganaban vidas a través del alcance comunitario. Muchos siguieron su ejemplo al plantar vibrantes Iglesias orientadas a la comunidad por toda Europa.

- Los Hermanos de la Vida Común fue un movimiento monástico que enfatizó la espiritualidad, la erudición y la predicación de la Palabra de Dios. Ellos se reunían en hogares normales de la vecindad y comenzaron nuevas casas comunitarias cuando los grupos crecían en gran manera.

Capítulo 4

GRUPOS PEQUEÑOS DURANTE LA PRE-REFORMA

En el siglo XII, el derecho canónico gobernaba a las personas. Todos estaban obligados a obedecer una serie de reglas que exponían derechos, deberes y leyes religiosas. Este derecho canónico se hacía cada vez más complejo cuando los papas y obispos individualmente le agregaban reglas, las cuales luego eran incorporadas como parte de las reglas oficiales para la vida dentro de la iglesia. Joseph Lynch escribe:

> Ya en el siglo VI, la acumulación de diversos textos hizo al derecho canónico complejo e incluso contradictorio.

De vez en cuando, los eruditos intentaban ordenar el derecho canónico al seleccionar textos y ponerlos de forma sistemática bajo encabezados. Tal colección canónica, la cual podía ser un solo volumen grueso, era utilizada por un obispo para dirigir su iglesia.[1]

Una de las reglas religiosas prohibía a las personas predicar el evangelio a menos que recibiesen aprobación explícitamente de las autoridades de la iglesia Romana. Algunos predicadores no obedecían esa regla y pagaban un alto precio por ello.

Peter Waldo (Pedro Valdo), por ejemplo, un próspero comerciante de Lyon, Francia, se sintió convencido por Dios de predicar el Evangelio cuando presenció la muerte de un ciudadano conocido y luego escuchó la balada de un músico que hablaba sobre la fugacidad de la vida. Dios le habló diciendo que todo lo que importaba era la preparación para el Cielo, y él se convirtió en un dedicado seguidor de Jesucristo, comprometido a predicar el Evangelio en todas partes y a todo el mundo.

Sin embargo, él tenía un gran problema. Él no tenía permiso. Las autoridades de Lyon le dijeron que cesara hasta que recibiera una bendición especial de Roma. El entusiasmo de Valdo le condujo a Roma para obtener ese permiso.

Él y otros seguidores aparecieron ante el Tercer Concilio de Letrán de 1179 para pedir permiso del Papa. El comité papal especial les preguntó si creían en las personas de la Trinidad y ellos contestaron: "sí." Y "¿en la Madre de Cristo?" a lo que ellos también respondieron "sí." El comité rompió en carcajadas al ver su ignorancia porque no era apropiado creer por creer, sino en su existencia. El comité los rechazó por ser hombres indoctos e ignorantes y les prohibió predicar. Valdo y sus

---

1. Lynch, p. 68.

seguidores continuaron predicando el Evangelio, creyendo que su autoridad venía de los Cielos.

ANHELANDO EL CAMBIO

Otros predicadores que no habían sido autorizados comenzaron a predicar la Palabra de Dios basados en las Escrituras. Algunos eran laicos; otros eran sacerdotes. Aunque su enfoque era distinto, el denominador común era el deseo de retornar al cristianismo primitivo y el compromiso de vivir una vida sencilla basada solamente en la Palabra de Dios. Algunos vivían descalzos o usaban sandalias y predicaban a todo aquel que escuchase. Sus predicaciones eran perjudiciales al orden establecido. Tres movimientos similares de predicación aparecieron durante la misma época y todos enfatizaban la importancia de los grupos pequeños, predicando el Evangelio, la obediencia a las Escrituras y el compromiso de la participación laica. Estos eran:

- Los Valdenses: un movimiento cristiano comenzado por Pedro Valdo en Lyon, Francia a finales de 1170. Para el año 1215, los valdenses fueron declarados herejes y fueron sometidos a persecución.

- Los Lolardos: un movimiento religiosos que existió a mediados del siglo XIV. El término *lolardo* hace referencia a los seguidores de John Wyclif (Juan Wiclef), un teólogo prominente que fue expulsado de la Universidad de Oxford en 1381 por criticar a la Iglesia. Las demandas de los lolardos eran principalmente sobre la reforma de la cristiandad.

- Los Husitas: un movimiento cristiano que seguía las enseñanzas del reformista checo Jan Hus (Juan Huss) (c. 1369–1415), quien se convirtió en uno de los precursores de la Reforma Protestante. Después de la ejecución de Huss por su supuesta herejía el 6 de julio de 1415, los husitas continuaron promoviendo la reforma de la Iglesia.

La siguiente tabla da un resumen de las enseñanzas de estos movimientos:[2]

ENSEÑANZAS DE LOS VALDENSES, LOLARDOS Y HUSITAS

VALDENSES 1175 d.C.	LOLARDOS 1375 d.C.	HUSITAS 1400 d.C.
-Conformidad con el Nuevo Testamento -Compromiso con el vernáculo -La iglesia de Roma era corrupta -El Papa no era el líder de la Iglesia -Las misas y oraciones por los muertos no tenían garantía alguna -Las mujeres podían ministrar -Los Sacramentos administrados por sacerdotes indignos no eran válidos -Laicos podían administrar la Eucaristía -Desarrollaron su propia formación para el clero laico	-Los papas pueden errar y un papa terrenal es un hereje -La verdadera Iglesia está formada por aquellos elegidos por Dios; ninguna iglesia visible puede controlar el ingreso o rechazar la afiliación de alguna persona –Ni los papas ni obispos pueden saber quiénes son miembros de la verdadera Iglesia. -La salvación no depende de la relación con la iglesia -Cada elegido es un sacerdote -Condenaron el culto a los santos, a las reliquias y a las peregrinaciones -Atacaron la transubstanciación -Los laicos pueden oficiar la Eucaristía -Repudiaron las indulgencias -Repudiaron las misas para los muertos -Tradujeron la Biblia de la vulgata al vernáculo	-Denunciaron los males de la iglesia -Cristo, no Pedro, fue el fundador de la iglesia -Muchos papas eran herejes y podían errar. -Deseaban una reforma moral más que una revolución eclesiástica -El laicado podía participar en la Santa Cena -La Biblia es la autoridad definitiva

---

2. Latourette, pp. 451-453; 662-669.

Estos tres movimientos llevaron a la Reforma Protestante la cual encarnaba el compromiso y la obediencia únicamente a la Palabra de Dios. A pesar que la Iglesia Católica tuvo algo de éxito en reprimir las voces de estos profetas pre-reformistas, ellos plantaron las semillas ideológicas que motivaron e inspiraron a sus sucesores.

VALDENSES

Ya conocimos a Pedro Valdo en la introducción. Valdo convenció a un compasivo sacerdote para que tradujera grandes secciones del Nuevo Testamento del latín a la lengua regional, lo cual avivó su predicación. Muy pronto, ya se había memorizado los Evangelios. Luego anduvo por todo Lyon, Francia, predicando el mensaje de Cristo a quien quisiera escucharlo. Un número de hombres jóvenes, impresionados por su inteligencia y sinceridad, lo siguieron regalando sus posesiones, encontrando un nuevo gozo y libertad al vivir una vida simple

A pesar que él nunca obtuvo un permiso oficial para predicar el evangelio, organizó un grupo de seguidores en la ciudad de Lyon quienes fueron conocidos como "los hombres pobres de Lyon". Así como Valdo, ellos estaban dedicados a la palabra de Dios, a la pobreza, y a predicar el evangelio. Valdo y sus seguidores escudriñaban la biblia, encontrando la autoridad para predicar la palabra de Dios, pero también descubrieron cómo la biblia contradecía el papado en muchos otros aspectos. Se dieron cuenta que la iglesia católica estaba equivocada, no sólo por reclamar su derecho a restringirles su predicación, sino también por el rol de los sacerdotes como mediadores entre Dios y los seres humanos, cuando Mateo 23:8 señala, ". . . y todos ustedes son hermanos".

Ellos también cuestionaron la justificación y el alcance de la autoridad papal, y la interpretación de muchos pasajes

bíblicos. Giorgio Tour escribe: "Su llamado era estar presente
en las iglesias, en las plazas y en los hogares donde su mensaje
pudiera ser oído. Ellos eran y querían seguir siendo ciudadanos
de Lyon, una de las grandes ciudades de Europa occidental". [3]

A principios del 1180 Valdo y sus seguidores fueron excomulga-
dos y expulsados de Lyon. [4] El rechazo hacia ellos por parte de
la Iglesia Católica radicalizó el movimiento. Se hicieron anti-cató-
licos, rechazando la autoridad del clero, declarando que cualquier
voto era pecado, declarando que cualquiera podía predicar, que
sólo la Biblia era todo lo que se necesitaba para la salvación, y
rechazando el concepto del purgatorio, junto con la adoración de
reliquias e iconos. Pronto el movimiento se movía principalmente
de casa en casa. Su movimiento basado en la casa fortaleció a sus
seguidores y promovió su mensaje. [5] Rad Zdero escribe:

> Ellos extendieron su trabajo por toda Europa, tanto
> así que el canon de Notre Dame creía que un tercio
> de toda la cristiandad había asistido a las reuniones
> valdenses. Sus reuniones se llevaban a cabo normal-
> mente al aire libre después que caía la noche, bajo la
> dirección de un hermano itinerante. Después de una
> oración de apertura y del sermón, regresaban a sus
> hogares para sostener reuniones al momento de la
> cena, para orar, discutir, y tomar la Cena del Señor. [6]

---

3. Giorgio Tour, *You are My Witnesses: The Waldensians across 800 Years(Tour,
Tu eres mi Testigo: Los Valdesianos durante 800 años)* (Torino, Italia: Claudiana,
1989), p. 16.

4. Ibid., p. 16. Los Valdesianos fueron declarados cismáticos por el papa III
en 1184 y herejes en 1215 por el IV Concilio de Letrán.

5. Latourette, p. 453.

6. Rad Zdero, *The Global House Church Movement (El Movimiento Mundial de la
Iglesias en las Casas* (Pasadena, CA: Librería William Carey, 2004), p. 63.

Giorgio Tour escribe, "El terror de la Inquisición hizo de la predicación pública como de la que participaban los primeros Valdenses, algo imposible". [7] Aunque ellos ya no podían predicar al aire libre, continuaron ministrando de casa en casa.

Valdo y sus seguidores desarrollaron un sistema a través del cual entraban en una ciudad y se reunían en secreto con pequeños grupos de valdenses. Ellos se ministraban los unos a los otros en los grupos en las casas, los cuales les proveían hospitalidad a los predicadores que iban de paso, e hicieron planes para que el ministerio de casa en casa pudiera continuar. A menudo se reunían en las zonas periféricas pobres, que llamaron *Scholas* o escuelas. Un inquisidor escribió la confesión de un valdense a quien estaba a punto de torturar, quien le dijo: "En nuestra casa, las mujeres enseñan, así como los hombres, y el que ha sido un estudiante por una semana enseña a otro".[8]

En estas reuniones en las casas, se reunían a comer, orar juntos, y luego participar en la Cena del Señor. Después de la comida, todos se ponían de pie, se tomaban de las manos y levantaban sus ojos mientras el líder repetía el versículo de Apocalipsis, capítulo siete, "La alabanza, la gloria, la sabiduría, la acción de gracias, la honra, el poder y la fortaleza son de nuestro Dios por los siglos de los siglos. ¡Amén!".[9] Ellos adoraban como comunidad y leían las Escrituras juntos. Al describir una reunión Valdesiana en un hogar, Alan Kreider escribe:

> Estas células valdenses, que se reunían por lo general por la noche, en casas y en graneros, estuvieron marcadas por una actividad intensa. Los presentes

---

7. Tour, p. 41.

8. Tour, p. 41.

9. Ibid., p. 41.

eran laicos, a menudo "personas con ocupaciones más sencillas", como sastres, zapateros y herreros. Las mujeres se encontraban allí y representaban una fuerza desproporcionada. Eran excluidas en gran medida del uso de sus dones en la iglesia; pero estaban encontrando entre los "herejes" libertad de enseñar y predicar. Todos participaban: "Viejos y jóvenes, hombres y mujeres, de día y de noche, no se detenían en su aprendizaje y en enseñar a otros". Los analfabetos estaban aprendiendo a leer: "Aprendan más que una palabra al día", se amonestaban entre sí "y después de un año sabrá trescientas, y entonces progresarás". La Biblia era memorizada y recitada. En Austria un crítico se encontró con un "rústico indocto que podía recitar el Libro de Job palabra por palabra, y con muchos otros que conocían todo el Nuevo Testamento a la perfección". Después de recitaciones, la Biblia era comentada y aplicada.[10]

En 1211 más de ochenta fueron quemados como herejes en Estrasburgo y siglos de severa persecución siguieron.[11]

Muchos ven a los valdenses como los primeros protestantes porque estos proclamaron la Biblia como la única regla de fe y vida. Ellos rechazaron la autoridad papal, las indulgencias, el purgatorio y la doctrina de la transubstanciación. Tour escribe:

---

10. Alan Kreider, "Protest And Renewal: Reformers before the Reformation" ("Protesta y Renovación: Reformadores antes de la Reforma") *Christian History Institute (Instituto de Historia Cristiana)*, Vol. 9, Worcester, PA: Christian History Institute (Instituto de Historia Cristiana), 1986), p. 1.

11. *Martyrs' Mirror Book 1* (Libro 1 del Espejo del Mártir), página 339: Burning of about 80 Waldensians (Aproximadamente 80 Valdenses Quemados), Estrasburgo, 1215 (Eeghen 700).

"El problema que los pobres [valdenses] crearon para la Iglesia no yacía en su práctica de la vida cristiana, sino en su compromiso de predicar y de una auténtica comunidad cristiana".[12]

J. A. Wylie, quien escribió un libro sobre los Valdenses, dice:

> La iglesia de la Reforma se encontraba en los lomos de la era de la Iglesia Valdense antes del nacimiento de Lutero. . . los valdenses plantaron las semillas de ese gran avivamiento espiritual que, a partir de los días de Wiclef, y avanzando en los tiempos de Lutero y Calvino, espera su plena consumación en los siglos venideros.[13]

Unos cuatro siglos después, los valdenses sobrevivientes finalmente aceptaron las doctrinas de la Reforma. Estuvieron de acuerdo con las enseñanzas y la doctrina de Juan Calvino, quien estableció la teología sistemática en Ginebra, que se encontraba a unos setenta kilómetros de distancia de Lyon. Mientras que muchos grupos valdenses fueron absorbidos por otras denominaciones cristianas protestantes, existen congregaciones activas que permanecen en Europa, América del Sur y América del Norte bajo el sello de la Iglesia Evangélica Valdense. Existen organizaciones como la Sociedad Americana Valdense para mantener la historia de este movimiento

LOLARDOS

El origen exacto del término *Lolardo* sigue siendo incierto, pero es creído por muchos etimólogos que viene de la palabra

---

12. Tour, p. 15.

13. J. A. Wylie (2011-05-25) *The History of the Waldenses (La Historia de los Valdenses)* (pp. 19-20). Kindle Edition.

holandesa *lollaerd*, que significa *murmullo*. A mediados de la
década de 1400, la palabra se había convertido esencialmente
en sinónimo de *hereje*.

Los orígenes del Lolardismo se pueden remontar a los escritos de Juan Wiclef quien era un hombre de iglesia, escritor
y teólogo, que nació en algún momento en los años 1320 y
murió en 1384. Muchos consideran a Wiclef como el padre
de la Reforma Inglesa. Sus ideas sirvieron de plataforma sobre
la cual edificaron los reformadores posteriores. Pero los que
siguieron las enseñanzas de Wiclef a menudo pagaron un alto
precio.

William Sawtrey fue el primer Lolardo en afrontar el sacrificio
más grande. El 12 de febrero 1401 el arzobispo Thomas Arundel le ordenó a William Sawtrey comparecer en la Catedral
de San Pablo en Londres para dar cuenta de sus enseñanzas.
Sawtrey fue un sacerdote Inglés quien se retiró del sacerdocio
creyendo que la Biblia, no un dogma de la iglesia, era la autoridad principal.

Arundel interrogó a William cuidadosamente. Sawtrey se mantuvo firme en su convicción de que era más importante adorar
a Cristo crucificado que a la propia cruz. Sawtrey también
declaró que se hacía un mejor uso del tiempo al predicar a los
perdidos que recitar oraciones religiosas. Dijo que el dinero gastado en peregrinaciones para salvar el alma de sí mismo estaría
mejor invertido ayudando a los pobres. Sin embargo, fueron
sus creencias sobre la misa las que finalmente le condenaron.
Dijo que el pan de la Eucaristía después de la consagración
era de hecho el pan de vida, pero insistió en que era sólo pan.
La enseñanza romana afirmaba que el pan se convertía literalmente en el cuerpo de Cristo.

Arundel lo interrogó durante tres horas y trató de convencer a William a cambiar de opinión, pero él se negó y el 26 de febrero 1401 William fue condenado y entregado a las autoridades seculares para morir. Después de serle negada su apelación, fue quemado hasta morir en Smithfield en frente de una multitud de espectadores. Él fue el primer mártir "Lolardo" en Inglaterra.

Los Lolardos han sido llamados "la primera herejía de Inglaterra". Nunca fue un movimiento organizado en el sentido de una organización religiosa o secular moderna. No hubo un "Cabecilla Lolardo" o una jerarquía de la organización de los Lolardos. Más bien, los Lolardos eran simplemente personas unidas entre sí por un conjunto de creencias. Esas creencias variaban en el enfoque y en la intensidad de una persona a otra, pero algunas de las creencias más comunes fueron las siguientes:

- El papa no tenía ningún rol qué jugar en la política
- La iglesia era demasiado mundana
- El monacato había dado un giro en torno a su fundamento espiritual
- La biblia debía estar disponible para todos en su propio lenguaje
- El verdadero poder es de Dios, e intentar usar el poder de Dios para obtener ganancia personal está mal.

Wiclef enseñó que la iglesia se había alejado de sus fundamentos espirituales. Criticó la influencia papal en la vida secular y trató de hacer accesible la enseñanza bíblica para todos. Pensó que la Biblia debía estar disponible en el idioma de la gente común, para que todos pudieran leerla y comprenderla, no sólo esos miembros de la élite de la iglesia que habían aprendido latín.

Wiclef tradujo la Biblia al Inglés, lo cual fue un acto de valentía extrema, y uno que lo puso en conflicto directo con la iglesia de Roma. En ese momento, ya había porciones de la Biblia disponibles en inglés, pero no una traducción completa. "La Biblia de Wiclef", como se le llamó, fue ampliamente distribuida en toda Inglaterra, y tuvo una gran influencia en ese momento. Como era de esperar, fue denunciada por la iglesia como una traducción no autorizada e inexacta.

Los Lolardos creían que la Iglesia Católica había sido corrompida y que su pretensión de ser la verdadera iglesia no estaba justificada por la Escritura o su herencia. Ellos sentían que era anti-bíblico para la iglesia decir oraciones para los muertos y permitir que se cobrara por cantar o decir la misa.[14] Creían en un sacerdocio laico y desafiaron la autoridad de la iglesia para hacer uso o negar la autoridad divina que convertía en sacerdote a un hombre. Ellos creían que la confesión a un sacerdote era innecesaria ya que los sacerdotes no tienen la capacidad de perdonar pecados. Ellos desafiaron la práctica del celibato clerical y creían que los sacerdotes no debían ocupar cargos de gobierno, lo que les mezclaba con asuntos temporales.

Su creencia en el sacerdocio de todos los creyentes les movió a la rendición de cuentas mutuas en las reuniones—justo como en las primitivas iglesias en las casas. Sin embargo, sus reuniones en las casas subterráneas también eran necesarias debido a la feroz persecución que experimentaron. Shannon McSheffrey examinó las pruebas judiciales contra los Lolardos para determinar su estructura de grupo en las casas. Ella se percató

---

14. La donación para cantar la misa (Chantry) era una dotación para cubrir los gastos por decir las misas y las oraciones, por lo general, por el alma del que entregaba la donación.

que los Lolardos tendían a congregarse según la homogeneidad de los grupos. Ella escribe:

Estos grupos relajados se pueden distinguir a partir de las pruebas del libro de la corte: grupos de hombres, grupos de matrimonios y grupos de mujeres. Aunque estas categorías no eran en modo alguno inflexibles, es natural que las tendencias generales de las interacciones sociales en la sociedad medieval se duplicaran dentro de las comunidades Lolardas. [15]

Robert Lutton notó cómo eran las interconectadas relaciones familiares de los Lolardos y cómo estaban conectados los grupos pequeños a través de la familia extensiva. La mayoría de los condenados por herejía estaban conectados a través de una red de grupos de la familia extensiva. Estas relaciones eran una reminiscencia de la evangelización de la iglesia primitiva que se extendió a través del *oikos* o evangelismo de la familia extensiva. Lutton dice: "Las relaciones de todos los días o las ocasionales ayudaron a mantener los geográficamente dispares grupos de Kentish Lolardo juntos en los círculos más cerrados de las reuniones de los hogares o los conventículos". [16] Lutton ilustra cómo las enseñanzas Lolardas se propagaron a través de un carpintero que trabajaba en la casa de alguien y compartía su sistema de creencias.

La expansión del movimiento se debió por las visitas casa por casa, por el evangelismo en las tabernas, las predicaciones en las ferias y mercados, las conversaciones durante las comidas

---

15. Shannon McSheffrey, *Lollards of Coventry(Lolardos de Coventry), 1486-1522* (Cambridge, England: Imprenta de la Universidad de Cambridge, 2003), p. 37.

16. Robert Lutton, *Lolardismo y Religión Ortodoxa en Inglaterra Pre-reformada: Reconstruyendo la Piedad* (Suffolk, England: Boydell & Brewer, 2006), p. 182.

en los hogares, repartir tratados, y las invitaciones a los círculos de lectura. Los líderes lolardos se trasladaban de un lugar a otro con el fin de supervisar los grupos existentes y establecer otros nuevos. Alan Kreider escribe:

> La actividad principal de estas células era leer la Biblia en Inglés. Un grupo en Buckinghamshire pidió a un muchacho de quien no estaban seguros poder confiar que los dejara solos para que este no "los oyera ni contara" sobre ellos. Luego el líder "les recitó algunos pasajes de las Epístolas de Pablo y de los Evangelios". Estas Escrituras, por supuesto que sólo estaban disponibles en manuscritos, y eran muy caros para comprar; al igual que otros libros en inglés, también eran peligrosos de poseer. Así que de la misma manera como algunas personas tenían buenas colecciones ("un libro de Lucas y uno de Pablo. Y unas anotaciones del Apocalipsis"), muchos otros sólo podían poseer la Biblia memorizándola. Los grupos de creyentes se quedaban toda la noche haciendo esto. Algunos de ellos tomaron clases privadas para practicar seriamente las Bienaventuranzas del Sermón del Monte.[17]

Las células lolardas, hasta donde sabemos, no administraban los sacramentos. Ellos asistían a sus parroquias para recibir los sacramentos, a pesar de que ellos no creían que el pan se convertía en realidad en el cuerpo de Jesucristo. Las células no incluían listas de miembros, ya que no querían llamar una innecesaria atención hacia ellos y sólo se reunían en hogares dignos de confianza o en lugares alejados, como los graneros.[18]

---

17. Kreider, p. 1.

18. Stuart Murray Williams, *The Lollards,(Los Lolardos)* www. anabaptistnetwork.com. Accesado el día miércoles 2 de abril de 2014.

HUSITAS

La sentencia final de Juan Huss llegó el 6 de julio de 1415. Fue colocado en un alto taburete en medio de la iglesia y condenado a la muerte. El cronista del evento señaló que le colocaron una capucha en la cabeza, con imágenes del diablo y la palabra hereje (un líder de los herejes), posteriormente encomendaron su alma al diablo. Huss respondió: "Y yo me encomiendo al más lleno de gracia Señor Jesús".

En una carta escrita la noche antes de ser sentenciado, Huss oró que si su muerte contribuiría en algo para la gloria de Dios, entonces él deseaba enfrentarla sin temor. Con las manos atadas a la espalda, Huss fue encadenado a la estaca. Madera y heno fueron apilados hasta su barbilla. A los cuales les rociaron colofonia. Se le dio una última oportunidad para retractarse y ser puesto en libertad. Valientemente, se negó y dijo: "Moriré con gozo este día en la fe del evangelio que he predicado". A medida que se encendieron las llamas a su alrededor cantó dos veces, "Cristo Hijo del Dios vivo, ten misericordia de mí". Murió cantando y orando.

Huss nació en Husinec, Bohemia, en 1369. Para escapar de la pobreza, Huss se capacitó para el sacerdocio. Él escribe: "Yo había pensado convertirme rápidamente en sacerdote a fin de asegurar un buen nivel de vida y vestido y para ser de alta estima de los hombres".[19] Eventualmente se ganó el título de doctor, fue ordenado, y se convirtió en el predicador de la Capilla de Belén en Praga, que atendía a unas tres mil personas.

---

19. John Hus, *Christian History (Historia Cristiana)*, ChristianityHistory.net, www.christianitytoday.com/ch/131christians/martyrs/, p. 1. Acceso en abril 2014.

Esta muy conocida iglesia fue muy influyente, al encontrarse en una de las ciudades de mente más reformista de Europa.

Durante estos años, Huss pasó por un cambio al descubrir la Biblia. Muchos estudiantes checos, de hecho, estudiaron en Oxford, y se llevaron las ideas de Wiclef de vuelta a Praga. Huss, quien se convirtió en rector de la Universidad de Praga, leyó las enseñanzas de Wiclef, las aceptó y enseñó muchas de sus ideas. La predicación de Huss atrajo a un gran número de seguidores, incluidos los gobernantes de Bohemia.

Él trató de reformar la iglesia atacando desde su púlpito las fallas morales del clero, los obispos, e incluso del papado. Huss estaba desilusionado con el estado de la iglesia, especialmente del espectáculo que hacían dos y luego tres papas rivales a la vez. El arzobispo de Praga toleraba a Huss e incluso lo nombró predicador sínodo del clero. Algunos de los gobernantes se unieron a su causa porque estaban enfrascados en la lucha por la igualdad contra los poderes católicos del Sacro Imperio Romano. La Universidad de Praga ya se encontraba dividida entre checos y alemanes, y las enseñanzas de Wiclef sólo los dividió más.

Hus comenzó a confiar cada vez más sólo en las Escrituras, "deseando sostener, creer y afirmar lo que está contenido en ellas, mientras tenga aliento en mí". Siguió una lucha política con los alemanes quienes etiquetaban a Huss y a sus seguidores como herejes. Con el apoyo del rey de Bohemia, los checos ganaron la ventaja, y los alemanes se vieron obligados a huir a otras universidades. En 1405 el Papa Inocencio VII le exigió al arzobispo ir en contra de las enseñanzas heréticas, y el arzobispo lo hizo.

Aunque Juan Huss no estableció un sistema de grupos pequeños, forjó el camino a través de la predicación bíblica hacia lo que algunos han llamado la "Reforma husita" o la "Reforma Checa". [20] Estos husitas formaron la *Unitas Fratrum* (Unidad de los Hermanos) en 1457, y la iglesia creció a una membresía de doscientos mil, sobre todo a través del ministerio casa por casa en sus países de origen de Bohemia y Moravia. [21] Ellos crearon la primera iglesia verdaderamente voluntaria en la historia occidental. Craig Atwood escribe:

> Los [Hermanos de la Unidad] asociaban la iglesia-estado con el emperador Constantino, quien ellos creían había traído la opresión y la violencia del Imperio Romano a la iglesia. . . . Los Hermanos de la Unidad también enseñaron que no había verdadero cristianismo sin una comunidad de amor visible. Su comprensión sobre la comunidad cristiana fue inspirada por el ejemplo de la iglesia primitiva de los apóstoles. [22]

Los Husitas fueron obligados a reunirse clandestinamente en iglesias en las casas, especialmente durante la feroz persecución de la Guerra de Treinta Años (1618-1648). Estos husitas se aferraron a su apasionado deseo de volver al cristianismo primitivo. Ellos rechazaron todo lo que no tenía una base en la Biblia, como la veneración de los santos, imágenes, ayunos, días festivos superfluos, los votos, la intercesión por los muertos, la confesión auricular, y las indulgencias.

---

20. Craig D. Atwood, *The Theology of the Czech Brethren from Hus to Comenius (La Teología de los Hermanos Checos desde Hus hasta Comenio)* (Universidad Park, PA: Editorial Penn State, 2009), p. 5.

21. Tarunjit Singh Butalia, Dianne P. Small, *Religion in Ohio: Profiles of Faith Communities (Religión en Ohio: Perfiles de las Comunidades de Fe)* (Athenas, OH : Ohio Editorial University, 2004), p. 193.

22. Atwood, p. 5.

Los grupos celulares husitas continuaron reuniéndose hasta que fueron reubicados aproximadamente doscientos años más tarde en el estado del conde Zinzendorf— a quien conoceremos en el siguiente capítulo. Zinzendorf comenzó el movimiento misionero moderno, y los husitas que más tarde adoptaron el nombre de *Unitas Fratrum* (Hermanos Unidos), comprendían el grupo central que hizo que fuera posible el movimiento misionero moderno. [23]

LECCIONES APRENDIDAS

- Los movimientos anteriores a la Reforma, como los Valdenses, Lolardos y Husitas, creían en la Palabra de Dios como la base de su autoridad, se resistieron al dogma católico, e hicieron hincapié en un estilo de vida sencillo.

- Estos movimientos hicieron énfasis en el sacerdocio de todos los creyentes y en retornar al cristianismo primitivo, lo opuesto con el liderazgo jerárquico común en la Iglesia Católica Romana.

- Los grupos en los hogares eran el hábitat natural de estos movimientos anteriores a la Reforma.

- Estos movimientos fueron perseguidos severamente por la Iglesia Católica Romana, quien los vio como una fuente de división perturbadora del status quo.

- Estos movimientos anteriores a la Reforma señalaron los abusos de la iglesia que no estaban basados en la Palabra de Dios. Ellos prepararon el camino para la Reforma de Lutero.

---

23. Accesado en http://www.cob-net.org/docs/groups.htm el miércoles dos de abril de 2014.

Capítulo 5

LUTERO Y LOS GRUPOS PEQUEÑOS

En el siglo XVI, el mundo estaba dividido por Martín Lutero. Un católico pensaba que Martín Lutero era un "demonio con la apariencia de un hombre". Otro, quien primero cuestionó la teología de Lutero declaró después: "¡solamente él está en lo correcto!" Hoy en día, la mayoría afirmaría que no sólo estuvo en lo cierto sobre muchos temas, sino que también corrigió el curso de la historia occidental.

La mayor contribución de Martín Lutero fue el descubrimiento de la verdad de la justificación únicamente por la fe y la autoridad de las Escrituras. Él también recapturó el entendimiento que la iglesia ya no era una institución definida por la sucesión apostólica, sino que era la comunidad de fe. La salvación no provenía de los sacramentos, sino de la fe en Cristo. La fe ya no consistía en la aceptación de las enseñanzas de la iglesia, sino en confiar en las promesas de Dios y en los méritos de Cristo.

Lutero tuvo la suerte de evitar la persecución fatal de los grupos pre-reformistas. El gozaba de un grado de apoyo social y político que permitió que su teología penetrara profundamente dentro de las fibras de la iglesia y la sociedad. Sin embargo, Lutero reconoció su gratitud hacia aquellos que prepararon el camino e incluso se declaró "husita," junto con el apóstol Pablo.[1]

De hecho, aquellos que vivían en Bohemia veían en Martín Lutero una continuación de las reformas de Huss. Aún así, también había diferencias clave. Los husitas estaban más interesados en la santificación, en convertirse en la iglesia verdadera y en resistirse a las prácticas de la iglesia estatal. Por otro lado, Lutero destacaba las doctrinas teológicas de la gracia, la fe por sí sola, el sacerdocio de todos los creyentes y la autoridad de las Escrituras. A diferencia de los husitas, él también se aseguró de la protección política para mantener los cambios que había comenzado.

LUTERO CONSIDERA QUE LOS GRUPOS PEQUEÑOS PROMUEVEN LA SANTIDAD

Una de las doctrinas claves que Lutero enseñaba era el sacerdocio del creyente. Él pensaba que cada creyente podía leer la Biblia, entender el claro significado de las Escrituras, tener igual acceso a Dios, y estar activamente involucrado como ministro

---

1. Rudolf Rican, *The History of the Unity of the Brethren (La Historia de la Unidad de los Hermanos)* (Salem, NC: The Moravian Church in America /La Iglesia Morava en América/, 1992), p. 108.

del evangelio. Inicialmente, Lutero buscó maneras para implementar el sacerdocio de todos los creyentes y consideró la idea de utilizar grupos pequeños como parte de la reforma de la iglesia. Sin embargo, falló en implementar el uso de grupos pequeños por razones descritas en las siguientes secciones: *Cambio de Pensamiento Posterior, Tempestuosa Reunión Anabaptista.*

En muchos de sus tratados, Lutero expresó su preocupación por la Misa y la Liturgia, e incluso insinuó la necesidad de reunirse en las casas. En su prólogo de *The German Mass and Order of Service (La Misa Alemana y la Orden del Servicio)* él dijo:

> El tercer tipo de servicio deberá ser un verdadero servicio evangélico de la orden y no deberá realizarse en espacios públicos para todo tipo de personas. Pero todos aquellos que fervientemente deseen ser cristianos y que profesen el evangelio con sus acciones y sus palabras, deberán firmar sus nombres y reunirse en privado en alguna casa para orar, leer, bautizarse, recibir los sacramentos, y para hacer otras obras cristianas. . . Aquí uno podría designar un breve y sistematizado orden para el bautismo y los sacramentos y centrar todo en la Palabra, en la oración y en el amor. . .[2]

Lutero vio el potencial de las iglesias en las casas y tenía la visión de reunirse en los hogares para lograr una expresión de la fe más profunda, la cual faltaba en la iglesia institucional. Sabemos por los escritos de Lutero que él veía grandes posibilidades para el ministerio de las pequeñas iglesias en las casas, pero se negó a ir por ese camino debido a ramificaciones culturales.

---

2. Martin Luther, "Preface to the German Mass and Order of Service," "Prólogo de la Misa Alemana y la Orden del Servicio" *Luther Works (Los trabajos de Lutero)*, Vol. 53, Helmut T. Lehman, ed. (Philadelphia, PA: Fortress Press, /Editorial Fortress/ 1965), pp. 63-64.

CAMBIO DE PENSAMIENTO POSTERIOR

A pesar que Lutero hablaba de la importancia de los grupos pequeños, él nunca los implementó. La respuesta a por qué él no los implementó vino de una carta personal descubierta en 1982. Lutero le escribió el 14 de abril de 1529 a un sacerdote llamado Karl Weiss, diciendo que él había "cambiado de parecer" sobre la formación de grupos pequeños, diciendo que él ya no creía que los "cristianos fervientes" debían reunirse en casas para "orar, leer, bautizarse, recibir los sacramentos, y para hacer otras obras cristianas. . ."[3] Éstas son las razones descritas en la carta por las que Lutero cambió de parecer:

Primero, Lutero pensó que las personas se engañarían a sí mismas sobre quién es un cristiano ferviente. Él creía que un "cristiano ferviente" podría caer en el orgullo y tener una falta de entendimiento de la gracia. El escribió: "Él [Satanás] sería capaz de hacernos aislar a los más firmes cristianos y alejarlos de los más débiles. Después, los más firmes crecerían en orgullo, los más débiles se darían por vencidos, y todos irían al infierno en picada." [4]

Segundo, Lutero creía ". . . que aquellos autodenominados 'cristianos fervientes' comenzarían a creerse la única iglesia pura."[5] Lutero advirtió: "si permitimos que pequeños grupos de cristianos se separen del resto, para que lean la Palabra, que se bauticen, y que reciban los sacramentos, entonces habre-

---

3. Charles E. White, ed. "Concerning Earnest Christians: A Newly Discovered Letter of Martin Luther" ("Sobre los Cristianos Fervientes: Una carta recién descubierta de Martín Lutero") *Currents in Theology and Mission (Corrientes de la Teología y la Misión)*, 1983, 10 (5): p. 274.

4. Ibid., p. 278.

5. Ibid., p. 275.

mos establecido una nueva iglesia."[6] De esta cita podemos ver claramente que Lutero quería que todos en Alemania se acogieran bajo la única iglesia—bajo el único paraguas. Lutero temía el posible divisionismo de los grupos pequeños. Él escribió:

> Todos los elementos [de la iglesia verdadera] estarían presentes en estos grupos pequeños, y tan cierto como que Satanás busca destruir nuestras almas, así algún espíritu farisaico concluiría que su grupo pequeño es la iglesia, y que todos los demás afuera de su grupo están condenados. En efecto, esto ya ha ocurrido, si creo el rumor que he oído. Ciertos falsos hermanos se bautizan a sí mismos y luego se escabullen de la Iglesia de Dios para encontrarse con otros necios engañados en varios escondrijos y esquinas. Ellos dicen ser los únicos verdaderos cristianos y enseñan que deben separarse de toda iniquidad.[7]

Lutero no creía que fuera bíblico separarse de la iglesia para formar un grupo de cristianos fervientes. De hecho, para 1529 Lutero había llegado a la conclusión que no había ninguna garantía bíblica para esos grupos pequeños. Más bien, él cita pasajes que indican que la verdadera iglesia siempre mantuvo una mezcla de puros e impuros.[8]

---

6. Ibid.

7. Ibid., p. 275.

8. Ibid., pp. 276-277

TEMPESTUOSA REUNIÓN ANABAPTISTA

Cuando Lutero escribió por primera vez sobre las reuniones
de los cristianos fervientes en 1526, el movimiento anabaptista
comenzaba a llevarse a cabo. Sin embargo, fue en febrero de
1527 que los artículos de fe para el movimiento anabaptista
fueron escritos y declarados oficialmente. Tan sólo tres meses
después de la firma de dichos documentos, Michael Slater, uno
de los autores anabaptistas clave fue quemado en la hoguera.[9] A pesar que Lutero creía que los grupos pequeños serían
de ayuda para la iglesia (como se puede ver en su prólogo de
1526), su temor hacia el movimiento anabaptista y la división
que éste podía causar, le hicieron cambiar de parecer (como se
puede ver en la carta de 1529).

D.M. Lloyd-Jones señala que Lutero entró en depresión a
medida que la reforma continuaba, sabiendo que muchos
sentían que él no la había llevado lo suficientemente lejos. Lloyd-Jones escribe:

> Algo que empeoró esta sensación [de depresión] que
> se manifestó en él fue el fenómeno de la [enseñanza]
> anabaptista. . . Él tuvo que admitir que había una cali-
> dad de vida en sus iglesias la cual estaba ausente en las
> iglesias a las cuales él pertenecía. Así que él reacciona
> de dos maneras distintas con ellas; debe disciplinar a
> su gente en contra de ellas, pero aún así, desea tener
> en su iglesia lo que sea que funcionaba tan bien en las
> iglesias anabaptistas. Como resultado de esto, él sintió
> que lo único que quedaba por hacer era. . . reunir a las

---

9. Latourette, p. 782.

personas que eran verdaderos cristianos en una especie de iglesia interna.[10]

Lutero, junto con Zuinglio y los otros reformadores, no podían alentar por completo a otros a practicar el sacerdocio de todos los creyentes ya que necesitaban la protección del gobierno y la estabilidad de todo el estado para abrazar sus reformas. La habilidad de sostener su movimiento en contra de las autoridades católico-romanas requería que todos en el estado se convirtieran en seguidores de la causa revolucionaria de Lutero. El sacerdocio de todos los creyentes tenía poca aplicación práctica en una iglesia dirigida por el estado. Sabemos que Lutero se sentía responsable por la revolución que él estaba liderando, puesto que los gobernantes ya se habían salido de sus límites para apoyar y proteger a Lutero. Lutero le debió a esos gobernantes su lealtad.

Pero, repentinamente, este creciente movimiento anabaptista estaba desgarrando la estructura de la cultura y probablemente costándole a Lutero la revolución. En realidad, los anabaptistas simplemente estaban tomando la doctrina de Lutero a su conclusión lógica. Estaban siguiendo las Escrituras, las cuales enseñaban el sacerdocio de todos los creyentes, las reuniones en casas de la iglesia primitiva y una jerarquía más simple.

Las reuniones en las casas fueron la tesis no escrita de Lutero en la cual él creía, pero falló en implementar debido a un espíritu

---

10. D. M. Lloyd Jones, "Ecclesiola in Ecclesia," Approaches to the Reformation of the Church (Enfoques de la Reforma de la Iglesia), (Papers from the Puritan and Reformed Studies Conference /Documentos de la Conferencia de los Estudios Puritanos y Reformados/), 1965, pp. 60-61, como es citado en Bill Beckham, *The Second Reformation(La Segunda Reforma)* (Houston, TX: Touch Publications /Publicaciones Touch/, 1995), p. 116.

de precaución, a consideraciones políticas, y al temor de perder el movimiento debido a los anabaptistas.

LECCIONES APRENDIDAS

- Martín Lutero mostró una extraña combinación de brillantez intelectual igualada al increíble valor y compromiso de defender sus convicciones.

- Dios usó a Martín Lutero para empezar un nuevo tipo de iglesia basada en la Palabra de Dios, en lugar de basarse en las tradiciones de la iglesia.

- A pesar que Lutero transformó la teología, él nunca implementó el sacerdocio de todos los creyentes a través de grupos pequeños. Él falló en cambiar significativamente la estructura eclesiástica al bautizar a todos los infantes en la iglesia estatal.

- Lutero exageró los posibles peligros de los grupos pequeños en el movimiento anabaptista y en lugar de advertir sobre los posibles peligros y encontrar un punto de equilibrio, él terminó rechazando el énfasis de los grupos pequeños por completo.

Capítulo 6

MARTIN BUCER Y LOS GRUPOS PEQUEÑOS

Al escribir en 1539, Juan Calvino describió a Martin Bucer como un hombre "quien a causa de su profunda erudición, su abundante conocimiento sobre una amplia gama de temas, su agudeza mental, su exhaustiva lectura y muchas otras virtudes, aún permanece insuperado por nadie, puede ser comparado sólo con unos pocos, y sobresale a la gran mayoría."[1] Calvino escribió

---

1. Como es citado por Keith Anderson, blog de *Martin Bucer: A Reformer and His Times (Martin Bucer: Un Reformador y su Época)* (Ligonier Ministries /Ministerio Ligonier/, 24 de agosto de 2010). Visítese a través de http://www.ligonier.org/blog/martin-bucer-reformer-and-his-times.

estas palabras durante su estadía de tres años en Estrasburgo (1538-1541), donde Bucer se desenvolvió de manera prominente.

En 1538, Bucer invitó a Juan Calvino a dirigir una congregación de refugiados franceses en Estrasburgo. Bucer y Calvino tenían mucho en común teológicamente hablando y mantenían una larga amistad. A qué medida influenció Bucer a Calvino es una pregunta abierta entre los eruditos modernos, pero muchas de las reformas que Calvino después implementó en Ginebra, habían sido primero desarrolladas en Estrasburgo. Luego de su llegada a la ciudad, Calvino vivió por un tiempo en la casa de Bucer antes de mudarse a una casa cuyo patio trasero colindaba con el de Bucer. Durante ese tiempo, ambos reformadores se hicieron cercanos y Bucer influenció en gran manera u su joven colega. Sin embargo, a pesar de la cercana conexión entre Bucer y Calvino, Bucer permanece relativamente un desconocido para muchos cristianos reformados.

ESTRASBURGO: UN SEMILLERO DE LA REFORMA

Bucer se convirtió al cristianismo protestante en 1521, después de leer los trabajos de Lutero. Excomulgado por la Iglesia Católica Romana en 1522, se mudó a Estrasburgo donde se convirtió en un líder protestante. Estrasburgo, Francia en el 1500 era extremadamente anticlerical. La gente podía ver cómo los clérigos y monjes vivían libres de las restricciones y obligaciones de las leyes civiles y no tenían que ganarse la vida como todos los demás. Los clérigos vivían una vida se lujo y comodidad, no pagando impuestos más que una cuota en concepto de protección de la ciudad.[2] A medida que la reforma

2. Martin Greschat, *Martin Bucer: A Reformer and His Times (Martin Bucer: Un Reformador y su Época)* (Louisville, Kentucky: Westminster John Knox Press

siguió su curso y las personas podían leer sus Biblias, comenzaron a cuestionar el rol del clero.

Oficiales del gobierno tradujeron unas dieciséis publicaciones de Martín Lutero y las personas felizmente siguieron las enseñanzas de Lutero.[3] Bucer extrajo mucho de la teología de Lutero, pero enfatizaba más en una teología práctica y pastoral, al contrario del aprendizaje teológico de Lutero. A Bucer no le interesaba replantear una petición doctrinal única entre los reformadores. Más bien, a él se le recuerda principalmente por promover la unidad doctrinal y por luchar por la creación de una iglesia inclusiva, no por ganar discusiones doctrinales. Él veía a la sociedad ideal como una que era dirigida por un gobierno iluminado y guiado por Dios, donde las personas estaban unidas bajo la fraternidad cristiana.

REFORMA ECLESIÁSTICA A TRAVÉS DE GRUPOS PEQUEÑOS

Bucer se sintió cada vez más atraído al modelo de la iglesia primitiva el cual enfatizaba tanto los grupos grandes como los pequeños. Él sentía que los grupos pequeños harían a la iglesia en Estrasburgo ". . . más fiel a las iglesias primitivas y antiguas."[4] D.F. Wright comenta:

Al especificar cómo las comunidades pequeñas funcionarían, el reformador buscaba parecerse más al patrón de la organización y la vida de las comunidades

---

/Editorial John Knox de Westminster/, 2004), p. 50.

3. Ibid., p. 54.

4. D.F. Wright, *Martin Bucer: Reforming Church and Community (Martin Bucer: Reformando la Iglesia y la Comunidad)* (Cambridge, MA: Cambridge University Press /Imprenta de la Universidad de Cambrige/, 1994), p. 142.

apostólicas, como se describe en los Hechos del Nuevo Testamento y en las Epístolas. . . No sólo la confesión de la misma doctrina, sino también la demostración de la misma práctica deben atestiguar a esta fidelidad apostólica—de ahí, por ejemplo, la insistencia en el intercambio de bienes en el modelo de las comunidades descrito en Hechos 2 y 4.[5]

Él creía que la iglesia primitiva debía ser un modelo normativo, y constantemente se lamentaba de las deficiencias de la iglesia de Estrasburgo cuando la comparaba con las comunidades de la iglesia primitiva.[6] A pesar que él creía fervientemente en la justificación por la fe, él también sabía que la justificación debía ser vivida a través de la santificación, y no quería que una estuviera excluida de la otra. Los grupos pequeños eran una manera práctica de trabajar en la santificación.

Cuando él implementó su modelo de grupos pequeños, sólo permitía la entrada a fervientes creyentes. De hecho, un posible miembro debía ser entrevistado por el pastor y los ancianos de ese grupo en particular. La entrevista trataba temas como las creencias de los miembros sobre la doctrina, los sacramentos, el comportamiento cristiano y el arrepentimiento. A principios de 1547, él desarrolló su estrategia para grupos pequeños, la cual incluía:

• Aquellos que querían un compromiso más profundo estaban invitados a unirse a la comunidad de un grupo pequeño.

• Se formaba un grupo de liderazgo para guiar los grupos.

---

5. Ibid., pp. 142-143.

6. Ibid., pp. 136,137.

- El propósito era ayudar a los miembros a crecer en santidad, a confesar pecados y rendir cuentas el uno al otro.
- El objetivo era restaurar la cristiandad primitiva en la iglesia.
- Los grupos estaban conectados entre sí.
- Los líderes se reunían cada semana.
- Todos los grupos se reunirían para un encuentro más grande una vez cada dos meses.

IMPLEMENTACIÓN DE GRUPOS FRENTE A LA CRÍTICA

Bucer enfrentaba continua presión y crítica por su modelo de grupos pequeños. Como uno de los principales reformadores en Estrasburgo, se encontró en el meollo del debate[7] anabaptista. Por un lado, había muchos anabaptistas viviendo en Estrasburgo quienes promovían una iglesia separada voluntariamente. Sin embargo, Bucer había sido muy influenciado por la reforma más grande de Lutero en Alemania así que tuvo que caminar sobre la cuerda floja ya que también dependía de la protección de la élite política.

A mediados de 1540, el anabaptismo creció rápidamente en número y en influencia, y los grupos pequeños anabaptistas se reunían por todo Estrasburgo. A la luz de esto, era riesgoso para Bucer abogar por una reforma adicional y sugerir la posibilidad de formar grupos pequeños para discipulado y crecimiento espiritual. Wright señala:

> Mientras más presionaba Bucer la Magistratura para dedicar toda su energía a la introducción de una

---

7. Wright, p. 134.

"verdadera" disciplina eclesiástica, más parecía que las iglesias de Estrasburgo se condenaban a la degeneración y a la crítica. Lenguas repugnantes esparcían escándalos sobre la ciudad y sus reformadores. . .[8]

Él comprendió los puntos fuertes del movimiento anabaptista, pero debía asegurarse de tener suficiente apoyo para que sus reformas tuvieran éxito. Él tenía que dirigir la reforma en Estrasburgo, asegurarse que la iglesia le siguiera y reformar a la iglesia en el proceso. Wright dice:

> La creación de grupos y de otras reuniones las cuales. . . fácilmente podían ser ligadas a las organizaciones separatistas de los anabaptistas y de otros sectarios, lo expuso a la crítica insidiosa responsabilizándolo en parte por la fragmentación de la comunidad de la iglesia de Estrasburgo.[9]

Sin embargo, a pesar de toda la crítica, Bucer se vio obligado a seguir adelante. Se dio cuenta que la estructura de las iglesias en las casas no era un fenómeno anabaptista sino más bien un imperativo del Nuevo Testamento. Entendió que la cristiandad primitiva desafiaba a la reforma a dar pasos hacia el cambio.

LA REUNIÓN GRANDE Y LA PEQUEÑA

Para Bucer, no era cuestión de decidir entre apoyar la iglesia estatal inclusiva o la iglesia reunida en las casas. Más bien, sintió la necesidad de apoyar a ambas. Wright concluye: "Este motivo de doble eclesiología, al mismo tiempo tanto basados en la mayoría como en la confesión, jugó un rol importante

---

8. Ibid., p. 135.

9. Ibid., p. 140.

en la lenta maduración de sus planes para las pequeñas comunidades."[10] Él sentía que en verdad le hubiese sido infiel a las Escrituras si no promovía las reuniones de creyentes en grupos pequeños. Fue verdaderamente el primer precursor del ministerio basado en las células ya que deseaba ligar a la iglesia reunida con la iglesia diseminada.

Bucer explicó a sus críticos que en lugar de crear división, los grupos pequeños apuntaban específicamente a la promoción de la unidad entre los creyentes. El culto de adoración de los domingos por la mañana los reuniría a todos. De hecho, Bucer sentía que en la mesa de la Eucaristía los domingos por la mañana, era el momento perfecto para que la "verdadera" comunidad cristiana se reuniera.

Los anabaptistas querían separarse de la iglesia reunida mediante la promoción de reuniones independientes. Sin embargo, Bucer sintió la necesidad de mantener a la iglesia reunida pero también de promover los grupos pequeños de cristianos, así como la iglesia primitiva.[11] Peter Burton escribe:

> Su posición, sin embargo, no era la de los anabaptistas, quienes mantenían la noción de la iglesia del creyente. En esencia, era una especie de síntesis entre dos conceptos distintos de la iglesia, es decir la iglesia de la mayoría y la iglesia de la confesión; parecía que quería la combinación de ambas.[12]

---

10. Wright, p. 134.

11. Peter Bunton, *Cell Groups and House Churches (Grupos celulares e Iglesias en las Casas)* (Ephrata, PA: House to House Publications /Publicaciones de Casa en Casa/, 2001), p. 11.

12. Ibid., p. 11.

A medida que la resistencia a sus ideas se hacía más fuerte, Bucer se desanimó cada vez más.

REFORMAS DE CORTA DURACIÓN

La crítica se intensificó a medida que muchos sentían que Bucer promovía dos clases de cristianos: aquellos que estaban en los grupos pequeños y aquellos que eran parte de la iglesia convencional. El Estado sentía que les estaba dando mucho poder a los laicos. Él cedió ante la crítica y los grupos cesaron en 1548, después de haberlos implementado por tan sólo año y medio.[13] Después Bucer se mudó a Inglaterra para enseñar en Cambridge. Quizá su mayor contribución fueron los escritos que dejó atrás, los cuales después tuvieron una gran influencia en Spener y luego en Wesley. Después de su muerte, sus escritos siguieron siendo traducidos, impresos y esparcidos por toda Europa.

LECCIONES APRENDIDAS

• A pesar que estaba totalmente comprometido con las enseñanzas de la Reforma, Bucer también quería impartir esas enseñanzas a través de la implementación de grupos pequeños.

• Él continuó enfatizando en los grupos pequeños aun frente a la incesante crítica ya que creía en las bases Bíblicas del ministerio de casa en casa como se veía en los Hechos y en la iglesia primitiva.

• Las reformas de Bucer a través de grupos pequeños fueron de corta duración. No se escucha mucho sobre sus

---

13. Ibid., pp. 13-14.

reformas de grupos pequeños porque no pudo mantenerlas mucho tiempo para que los cambios perduraran.

- La filosofía y el estilo de vida del ministerio de los grupos pequeños requerían de un período largo de cambios transitorios para convertirse en parte de la iglesia y de la cultura. Usualmente, hay resistencia en el proceso, como fue el caso de las reformas de grupos pequeños de Martin Bucer.

Capítulo 7

LOS ANABAPTISTAS

Dirk Willems de Holanda fue bautizado nuevamente cuando se convirtió en creyente, rechazando el bautismo de infantes que se practicaba en la época. Esta acción y su continua devoción a su nueva fe, le condujeron a su arresto y a su martirio. Un oficial fue a arrestarle al pueblo de Asperen. Huyendo por su vida, Dirk se encontró con un estanque congelado. Después de cruzarlo a pesar del gran peligro, se dio cuenta que el que le seguía se había caído, atravesando el hielo y yendo a parar a la gélida agua.

Dándose la vuelta para salvar al oficial que ya estaba ahogándose, Dirk lo arrastró hasta la costa. El hombre quería dejar a Dirk en libertad, pero un magistrado, habiendo aparecido en la escena, le recordó que estaba bajo juramento de entregar a los

criminales a la justicia. Dirk fue llevado a prisión, interrogado
y torturado en un inútil esfuerzo para hacerlo renunciar a su fe.

Fue juzgado y encontrado culpable de haberse vuelto a bautizar, de tener reuniones en su casa y de permitir el bautismo
ahí—a todo eso, confesó libremente. "Persistiendo obstinada-
mente en su opinión," Dirk fue quemado en la hoguera cerca
de su ciudad natal el 16 de mayo de 1569—soportando todo
con gran firmeza.

BAUTISMO DE ADULTOS

Los anabaptistas creían en las enseñanzas sobre la reforma de
Zuinglio, Lutero y Calvino. Ellos concordaban con las doctrinas Bíblicas de la justificación por fe y que la Biblia era la
única autoridad en la vida cristiana. Sin embargo, tanto protestantes como católicos rechazaban a los anabaptistas e incluso
los perseguían. La afirmación del movimiento anabaptista más
distintiva y más odiada era el bautismo de adultos, el cual era
un crimen castigado con la muerte bajo los códigos legales de
esos tiempos.

Al vivir en una época de pluralismo religioso, nos preguntamos
por qué a las personas en el siglo XVI se les torturaba o aho-
gaba por el bautismo. La feroz resistencia a esta práctica estaba
ligada más a la cultura que al cristianismo. En otras palabras,
el ser bautizado era una cuestión de carácter civil, y aquellos
que se reusaban a ser bautizados de niños rasgaban las fibras
de la sociedad cristiana. Cuando Lutero, Zuinglio y otros alejaron sus movimientos del catolicismo, muchas prácticas fueron
cambiadas. Pero el bautismo de infantes, la forma de bautismo
aceptada durante la mayor parte de la historia cristiana, no
fue cambiada. Bautizar solamente a los adultos rompía con la
forma seguida tanto por la iglesia como por Estado.

Muchos preferían el término *reforma radical* cuando se referían al movimiento anabaptista. De hecho, aquellos dentro del movimiento rechazaban el título de *Anabaptista,* cuyo significado literal es *el que bautiza de nuevo.* Ellos repudiaban su propio bautismo de niños ya que lo consideraban una formalidad blasfema. Ellos consideraban que la confesión pública de pecado y de fe, sellada por el bautismo de adultos, era el único bautismo apropiado. Ellos sostenían la creencia que los infantes no eran castigados por el pecado hasta que estuviesen conscientes del bien y del mal y pudiesen ejercitar su propio libre albedrío, se arrepintiesen y aceptasen el bautismo.

A pesar que Felix Manz fue el primer mártir anabaptista en ser condenado a muerte por realizar bautismos ilegales; muchos otros mártires le siguieron. Latham señala: "El volverse a bautizar fue la acción que los puso en directa oposición a las autoridades seculares y religiosas."[1] Y la iglesia estatal reaccionó persiguiéndoles severamente. Latourette dice: "A finales de 1520 y a principios de 1530 cientos de anabaptistas fueron asesinados, a algunos se les ahogó, a otros se les decapitó y a otros se les quemó en la hogera."[2]

REFORMANDO LA IGLESIA

Los anabaptistas creían que la iglesia, la comunidad de aquellos que han hecho un compromiso público de fe, debía estar separada del Estado, el cual ellos creían existía sólo para el

---

1. Jane Holly Latham, "In Search of the True Church: An Examination of the Significance of Small Groups within Early Anabaptism and Pietism"("En Busca de la Verdadera Iglesia: Una Revisión al Significado de los Grupos Pequeños dentro de los Inicios del Anabaptismo y el Pietismo") (M.A. tesis, Acadia University /Universidad de Acadia/, 1992), p. 24.

2. Latourette, p. 782

castigo de los pecadores. Estaban determinados a restaurar las instituciones y el espíritu de la iglesia primitiva y a identificar su sufrimiento con los de los primeros mártires. Seguros de que estaban viviendo en los últimos tiempos, esperaban el inminente regreso de Jesucristo.

La seriedad de su cristiandad y su compromiso a discipular pueden ser vistos en el hecho que se reunían frecuentemente cuatro o cinco veces por semana.[3] Al escribir sobre su compromiso Jane Holly escribe:

> Cuando alguien seguía la doctrina anabaptista, se esperaba que él/ella se separara de este mundo y siguiera una nueva forma de vida. La nueva forma de vida le excluía de la mayoría de las funciones sociales de su comunidad.[4]

Los anabaptistas se aferraban al sacerdocio de todos los creyentes. Ellos resistían la tendencia de la iglesia magisterial de dictar quién debía de liderar la iglesia. John D. Roth dice:

> En contraste con las diferencias sociales y de clase que persistían en las iglesias magisteriales, los anabaptistas insistían en que dentro de la comunidad, ninguno debía mandar sobre otro. Al bautizarse, cada hombre prometía aceptar las responsabilidades de liderazgo, pero la selección final de líderes se dejaba a la providencia de Dios.[5]

---

3. Tan, p. 46.

4. Latham, p. 12.

5. John D. Roth, "Pietism and the Anabaptist," ("El Pietismo y el Anabaptista") *The Dilemma of Anabaptist Piety (El Dilema de la Piedad Anabaptista)*, capítulo 1, Stephen L. Longenecker, ed. (Bridgewater, VA: Penobscot Press /Editorial Penobscot/, 1997), p. 26.

Estos hermanos radicales ansiaban parecerse cada vez más al cristianismo del Nuevo Testamento y enfatizar en el sacerdocio de cada creyente.

CÉLULAS DIRIGIDAS POR LAICOS

En 1522, aquellos con tendencias anabaptistas se reunían en casas para pequeñas reuniones privadas. Estas reuniones se expandieron como una onda de grupos laicos de lectura, los cuales se reunían principalmente en Zúrich y en sus alrededores. Ellos se reunían para fortalecer su fe y crecer en conocimiento Bíblico. Llegó un punto en que incluso Zuinglio, el reformador de Zúrich, asistía y promovía estos grupos pequeños, diciendo que como resultado de estas reuniones, los laicos estaban más familiarizados con las Escrituras que algunos sacerdotes.[6]

Sus reuniones eran ejemplos claros de los grupos celulares dirigidos por laicos. Ellos se veían a sí mismos como la iglesia de Cristo reunida en las casas. Latham comenta:

> Los hermanos se reunían porque sentían que las limitantes de las reformas de Zuinglio estaban suprimiendo la verdad. Al reunirse en privado, los hermanos esperaban descubrir la verdad y obtener guianza espiritual para las reformas de la iglesia, las cuales creían estaban siendo suprimidas por Zuinglio y el Ayuntamiento.[7]

Ellos deseaban retornar al cristianismo primitivo y el reunirse en grupos pequeños les daba la gran oportunidad de poner en práctica el sacerdocio de todos los creyentes. Sin embargo, en 1523, los anabaptistas Conrad Grebel y Simon Stumpf

---

6. Latham, p. 15.

7. Ibid., p. 17.

propusieron que la iglesia se separara del resto de la sociedad para poder establecer una iglesia que consistiera solamente de verdaderos cristianos. Esta idea llevó sus reformas a otro nivel y provocó que Zuinglio, el líder oficial de la reforma en Zúrich, estuviera en completo desacuerdo e incluso se opusiera a los anabaptistas.[8]

LA NECESIDAD CIRCUNSTANCIAL PARA GRUPOS PEQUEÑOS

A pesar que los grupos pequeños jugaban un rol vital en el movimiento anabaptista a lo largo del siglo XVI, es difícil saber si los anabaptistas se reunían en casas por sus convicciones teológicas o por la necesidad circunstancial. Latham concluye su disertación sobre el movimiento anabaptista diciendo:

> Así como era usado como un medio eficaz para evan-gelizar y cultivar la fe anabaptista, el grupo pequeño también era utilizado por necesidad. Los anabaptistas se reunían en grupos pequeños porque toda actividad anabaptista era ilegal. El concepto anabaptista de la iglesia como una comunidad reunida se combinaba para producir la reunión de grupo pequeño como la principal forma de existencia del movimiento.[9]

¿Hubiesen construido los anabaptistas sus propios edificios si hubiesen podido hacerlo? O ¿Eran sus reuniones de grupos pequeños su propia elección? De acuerdo con Jim y Carol Plue-ddeman, incluso después que la persecución de anabaptistas menguó, ellos aún preferían reunirse en casas porque sentían

---

8. Ibid., p. 17.

9. Latham, pp. 110-111.

que era más apegado a la práctica de la iglesia primitiva.[10] Eventualmente, ellos llegaron a creer que estaban cumpliendo con las funciones de la verdadera iglesia (contrario a la iglesia estatal) y que sus grupos en las casas ayudaban a enfatizar a la iglesia como un grupo de adultos creyentes, bautizados.

LECCIONES APRENDIDAS

• Los anabaptistas, a diferencia de muchos de los primeros reformadores, creían que sólo los adultos bautizados debían reunirse como iglesia.

• Ellos rechazaban las instituciones eclesiásticas que bautizaban infantes, viendo esto como subversivo al verdadero cristianismo.

• Estuvieron dispuestos a resistirse a la iglesia estatal y a vivir conforme a las reformas de Lutero y de otros reformadores, aunque fueron perseguidos severamente por ello.

• El movimiento anabaptista puede ser comparado de la mejor forma con el movimiento primitivo de las iglesias en las casas en el cual libremente se reunían como creyentes devotos.

• Mientras que muchos reformadores sólo hablaban de la reforma de la iglesia y del sacerdocio de todos los creyentes, los anabaptistas pagaron por esta reforma con sus propias vidas.

---

10. Jim y Carol Plueddemann, *Pilgrims in Progress (Peregrinos en Progreso)* (Wheaton, IL: Harold Shaw Publishers /Publicaciones Harold Shaw/, 1990), pp. 6-7.

Capítulo 8

CONVENTÍCULOS PURITANOS

Cuando las personas piensan acerca de los primeros puritanos ingleses, a menudo se imaginan a legalistas amargados que intentaban prevenir que las personas hicieran lo que querían hacer. Esta perspectiva proviene de la historia americana posterior y de personas como Nathaniel Hawthorne, quienes se sentían aliviados de vivir bajo el unitarismo liberal de Nueva Inglaterra y consideraban el viejo puritanismo de sus antepasados como una falsa religión represiva.

No obstante, los primeros puritanos no eran de Nueva Inglaterra sino de Gran Bretaña y la palabra puritano describía a aquellos en Inglaterra que creían que la Reforma no había transformado verdaderamente la iglesia del estado en Inglaterra. Sólo después habrían de migrar a América muchos de los puritanos ingleses para empezar una nueva vida. Sin embargo los puritanos originales se sentían insatisfechos con el estigma del protestantismo llamado anglicanismo. Ellos querían purificar la iglesia anglicana.

Los puritanos eran el equivalente inglés de los reformadores continentales. C.S. Lewis dijo: "Debemos imaginarnos a estos puritanos como todo lo contrario a aquellos que llevan ese nombre hoy: como jóvenes, aguerridos, intelectuales progresistas, muy a la moda y actualizados. Ellos no eran abstemios; obispos, no a la cerveza, esta era su aversión especial. . .".[1]

Estos puritanos eran los "jovencitos" que querían llegar hasta el final con Dios y la biblia. Ellos estaban emocionados con la verdad bíblica y no podían imaginarse por qué alguien querría esconderla bajo la superstición y tradiciones humanas. Ellos sentían que la Reforma inglesa no se había extendido lo suficiente, y que la iglesia de Inglaterra era tolerante con las prácticas que ellos asociaban con la iglesia católica.

Los puritanos se juntaron y unieron fuerzas con varios grupos religiosos abogando por una mayor "pureza" de adoración y doctrina, así como de una mayor piedad personal y en grupo. Aquellos que permanecieron dentro de la iglesia de Inglaterra fueron conocidos como "Puritanos no-separados". Aquellos que sentían que la iglesia de Inglaterra estaba tan corrompida

---

1. Citado en el libro de Mark S. Ritchie, "The Protestant Reformation" ("La Reforma Protestante")(The Story of the Church - Part 4, Topic 7) (La Historia de la Iglesia-Parte 4, Tema 7), www.ritchies.net. Accesado en abril 2014.

que los verdaderos cristianos debían separarse de ella fueron conocidos como "Puritanos separados" o simplemente "Separatistas". "Puritano", en el sentido más amplio incluye a ambos grupos.

Al observar los puritanos, la espiritualidad y doctrina de la Iglesia de Inglaterra de los siglos XVI y XVII, se percataron de la maldad y la religiosidad. Aunque la teología fue reformada y la mayoría creía en las doctrinas de Calvino, estaba claro para muchos creyentes que había mucho, mucho más sobre la vida cristiana de lo que ellos estaban viendo. [2] Entonces, ¿cómo hicieron los puritanos para resistir el status quo? Muchos se separaron. Alan Simpson escribe:

> Llevado hasta las últimas consecuencias, significaba separación: la tarea de separarse de la contaminada masa de la humanidad. Grupos tan pequeños de santos sacados fuera de la iglesia nacional bajo la dirección de un ministro para reunirse a escondidas en las casas de cada uno, para emigrar a los Países Bajos si Inglaterra se les hacía demasiado incómoda para ellos, y para experimentar, donde quiera que fueran, las perplejidades así como los privilegios de su extraña aventura.[3]

Esta separación o santidad se llevó a cabo durante todo un siglo, seguido de cincuenta años de inmigración. Finalmente, los puritanos ingleses se extendieron a lugares como Nueva Inglaterra y, finalmente, al resto de América.

---

2. Alan Simpson, *Puritanism in Old and New England(Puritanismo en la Inglaterra Vieja y Nueva)* (Chicago, IL: Imprenta de la Universdad de Chicago, 1955), p. 10.

3. Simpson, p. 14.

¿EN QUÉ CREÍAN ELLOS?

Los puritanos en Inglaterra adoptaron una teología Reformada y, en ese sentido, eran calvinistas. Al describir la teología puritana, Peter Lewis escribe: "Enormemente calvinista en su tradición teológica, atesoraban un alto concepto de la soberanía de Dios en la providencia y en la gracia, y reflejaban esto con la tranquilidad con la que fueron capaces de conducirse a sí mismos a través de las experiencias más tormentosas". [4]

Los puritanos también tenían un concepto muy alto de la iglesia. Ellos deseaban volver al cristianismo del Nuevo Testamento y no iban a permitir que los reyes y monarcas dictaran cómo se suponía que iba a funcionar la iglesia. [5] A pesar de que los puritanos en Inglaterra fueron impedidos de cambiar la establecida Iglesia anglicana desde adentro, sus puntos de vista fueron transportados por la emigración a los Países Bajos, Nueva Inglaterra, Irlanda y Gales. Alrededor de 1630, muchos puritanos partieron a Nueva Inglaterra para iniciar la Colonia de la Bahía de Massachusetts y otros asentamientos. La emigración puritana a gran escala a Nueva Inglaterra cesó en 1641, con alrededor de veintiún mil instalados a través del Atlántico. Esta población puritana de habla Inglesa en Estados Unidos produjo más de dieciséis millones de descendientes.

La migración sacó a relucir muchas diferencias en el pensamiento y estilo de vida puritano. Tan pronto como los puritanos llegaron a las costas de América, sus puntos de vista sobre el gobierno de la iglesia divergieron de los de los puritanos que se quedaron en las islas británicas, quienes enfrentaron diferentes

---

4. Peter Lewis, *The Genius of Puritanism (La Genialidad del Puritanismo)* (Haywards Heath Sussex, Gran Bretaña: Publicaciones Carey, 1975), p. 12.

5. Ibid., p. 15.

problemáticas. Alexis de Tocqueville sugirió en *Democracy in America* (La democracia en América) que el puritanismo era precisamente lo que proporcionaba una base firme para la democracia estadounidense. Como Sheldon Wolin lo expone, "Tocqueville estaba consciente de la dureza y la intolerancia de los primeros pobladores". Por otro lado, los vio como "sobrevivientes arcaicos, no sólo en su piedad y disciplina, sino en sus prácticas democráticas".[6]

CONVENTÍCULOS

Los conventículos o reuniones de grupos pequeños, fue una de las prácticas a través de las cuales los puritanos maduraron como creyentes. La palabra *conventículo* hace referencia a una reunión religiosa ilegal y secreta. Durante el período de 1570-1620 también fue utilizado el término *"reuniones de profecía"*. Estas reuniones se basaban en 1 Corintios 14, el cual habla de la profecía en las primeras iglesias en las casas. Durante estas reuniones, los creyentes hicieron énfasis en la oración, en la lectura de las Escrituras, en la memorización de la biblia, y en la aplicación del sermón en las vidas diarias de los presentes.

Los conventículos se multiplicaron por toda Inglaterra llenando las necesidades de comunidad y crecimiento espiritual. Francis Couvares escribe, "Los puritanos ingleses—incluyendo a los que posteriormente emigraron al nuevo mundo— no habían alterado sus lazos intelectuales y sociales de ninguna manera ideológica fraudulenta sino sobre las llamas espirituales de innumerables reuniones emocionales privadas o 'conventículos' en

---

6. Tomado del artículo, "Puritan,"("Puritano") en la Wikipedia en http://en.wikipedia.org/wiki/Puritan. Accesado el miércoles 11 de diciembre de 2013.

toda Inglaterra.[7] "Ellos crecieron mientras discutían juntos las
Escritura y trataban de aplicarla a su vida cotidiana.

La corona Inglesa hizo todo lo posible para apagar esas llamas.
La reina Elizabeth vio las reuniones del grupo como sediciosas.
Sentía que la predicación de un sermón una vez al mes era suficiente. Cuando el arzobispo Edmund Grindal protestó por la
supresión de la profecía y se negó a cumplir con la orden real,
Elizabeth lo despojó de todas sus funciones y competencias
como oficial de la Corona y lo mandó secuestrar en su propio
palacio bajo arresto domiciliario hasta su muerte. Unos comisionados reales fueron nombrados para ejercer sus funciones y
competencias como ministro de estado. La ley oficial declaró:

> NINGÚN ministro deberá predicar o administrar
> la sagrada comunión o santa cena, en ninguna casa
> privada, a no ser en tiempos de necesidad, cuando
> cualquier ser sea tan impotente como para no poder
> ir a la iglesia, o cuando esté muy peligrosamente
> enfermo, y estén deseosos de ser partícipes del santo
> Sacramento, bajo pena de suspensión por la primera
> ofensa, y la excomunión por la segunda (Canon 71)

El Canon 72 lo aclara aún más, afirmando que "NINGÚN
ministro o ministros deberán, sin la licencia y la dirección del
obispo de la diócesis, obtenida primero y bajo su firma y sello,
designar o mantener cualquier tipo de ayunos solemnes, ya sea
públicamente [ortografía original] o en ninguna casa privada".[8]

---

7. Francis Couvares, *Interpretations of American History Vol. I: Patterns and
Perspectives(Interpretaciones de la Historia Americana)* (Nueva York: Simon y
Schuster, 2000), p. 54.

8. Robin G. Jordan , "The History of Home Fellowships," (La Historia de
las Confraternizaciones en el Hogar) (sitio web de los Anglicanos Ablaze,
www.anglicansablaze.blogspot.com). Accesado el jueves 3 de abril de 2014.

CRECIENDO JUNTOS

Muchos conventículos fueron llamados simplemente *reuniones de confraternidad*. Los puritanos creían que la transformación del evangelio no estaba completa hasta que una persona estuviera comprometida a confraternizar con otros creyentes. Los puritanos crecieron en su conocimiento experiencial de la Trinidad, mientras tenían comunión los unos con los otros en los conventículos. A pesar que los puritanos creían en la pasión y celo individual, ellos rechazaron el individualismo religioso, creyendo que Dios llama a los creyentes a una vida de comunidad.

Se suponía que la comunión espiritual tuviera lugar en la iglesia, en casa, y entre amigos. Richard Sibbes, uno de los primeros puritanos escribió: "La iglesia es como un hospital, las personas se necesitan las unas a las otras, un hospital común donde todos están en alguna medida enfermos, por lo tanto tenemos la oportunidad de ejercer mutuamente el espíritu de sabiduría y de mansedumbre". [9] Sibbes continúa diciendo: "Existe algo como la dulce comunión de los santos donde nos animamos y confortamos los unos a los otros en el camino de la santidad y atraemos a otros hacia las mejores cosas". [10]

Mientras la iglesia se reunía en los conventículos, los puritanos creían que crecerían más y más en el entendimiento de las Escrituras, y adquirirían un conocimiento experimental más rico de la obra del Dios Trino. Y todos participaban—no sólo los hombres. Walter E. Van Beek advierte lo siguiente:

---

9. Tal como está citado en, "The Historical Development of Conventicles," Thesis at Puritan Reformed Theological Seminary ("El Desarrollo Histórico de los Conventículos", Tesis del Seminario Teológico Reformado Puritano) de Hans Molenaar (Grand Rapids, MI: 2005), p. 17.

10. Ibid., p. 17.

En los conventículos, las mujeres no eran simples oyentes pasivas, ellas participaban en las discusiones de la misma y exacta manera que los hombres. El término 'Madres en Israel' denota el profundo respeto por las mujeres convertidas, y estas participaban a la par de los hombres. Por supuesto que las mujeres no pueden dirigir congregaciones como ministros o ancianos.[11]

La mayoría que participaba en los conventículos continuaron como parte de la iglesia anglicana del estado. Ellos simplemente querían más alimento espiritual y edificación para sus almas de la que les ofrecía la iglesia del estado. De acuerdo a Voetius, los conventículos eran una manera poderosa de equipar al pueblo de Dios y para crecer en gracia, o como él escribió, "para crecer en piedad". Un conventículo puritano incluía:

- Oración, el canto de Salmos e himnos (Santiago 5:13; Colosenses 3: 16; Efesios 5:19)

- Lectura de las Escrituras

- Discusión de los sermones recientes (Mateo 13:5 y Marcos 4:10)

- Discusión de lo que Dios les estaba mostrando a través de lo que leían y escuchaban de Dios

- Hablar sobre la obra de la soberanía de Dios

- Enseñar y aprender sobre la obra de Dios visible en las vidas de su pueblo

---

11. Walter E. Van Beek, *The Quest for Purity: Dynamics of Puritan Movements(La Busqueda por la Pureza: Dinámicas de Movimientos Puritanos)* (New York : Mouton de Gruyter, 1988) p. 100.

En la manera de pensar puritana, era importante que cada persona tuviera la frase "Santidad al Señor" escrita figurativamente en sus frentes. Los hombres y las mujeres eran llamados a huir del pecado y a caminar en el camino del Señor. El camino de Dios para caminar en santidad se traducía en asistir fielmente al servicio de adoración, dando prioridad a la familia, y en adorar en grupos.[12] La influencia de los conventículos puritanos se ve en esta cita de Francis Couvares:

> A partir de estas reuniones [conventículos], las cuales más que cualquier institución o idea proporcionaban a los puritanos una identidad de grupo, surgieron no sólo de la talla de John Winthrop, Thomas Hooker, Thomas Shepard, y de otros que se convirtieron en firmes partidarios de la no separación del congregacionalismo, sino también esos individuos quienes a mediados de la década de 1640 habían ayudado a generar una miríada de sectas puritanas radicales que amenazaban con cumplir la profecía de los Hechos 17: 6 y poner el mundo tal como se conocía, al revés.[13]

Los conventículos ayudaron a revivir la iglesia de Jesucristo. J. Edwin Orr escribe: "Justo antes del siglo XV algo empezó a cambiar la iglesia. El resultado fue una progresión de despertares espirituales en el que los pequeños grupos o bien avanzaban, se convertían en fuertes catalizadores, o continuaban como entornos alimentadores de avivamientos".[14] Este despertar del que J. Edwin Orr habló en aquel entonces es la

---

12. Molenaar, p. 46.

13. Francis Couvares, *Interpretations of American History Vol. I: Patterns and Perspectives(Interpreaciones de la Historia Americana Vol. 1: Patrones y Perspectivas)* (Nueva York: Simon y Schuster, 2000), p. 54.

14. J. Edwin Orr tal como fue citado en Plueddemann, p. 6.

misma dirección en la que Dios está llevando a su iglesia actual. Siempre ha habido un avivamiento, los grupos pequeños han desempeñado una función vital.

LECCIONES APRENDIDAS

- Los puritanos ingleses, como muchos antes que ellos, sintieron que la iglesia era demasiado tradicional y que no estaba viviendo de acuerdo al patrón del Nuevo Testamento. Dios usó a los conventículos puritanos para despertar a la iglesia.

- Los puritanos vieron a la iglesia primitiva y a su ministerio de casa por casa como el camino para crear una iglesia más pura y bíblica.

- Los conventículos ingleses fueron una de las principales maneras en que los puritanos ingleses crecieron en comunidad y en santidad.

- Mientras los puritanos migraban hacia Norte América y otras partes de Europa, se adaptaban pero nunca perdieron el celo por practicar el cristianismo bíblico.

Capítulo 9

PIETISMO

Philipp Spener, el fundador del pietismo, se fue para estar con Cristo a principios de 1705. Unos días antes de partir, dijo: "Durante mi vida he lamentado suficientemente la condición de la iglesia; ahora que estoy a punto de entrar en la iglesia triunfante, quiero ser enterrado en un ataúd blanco como señal que estoy muriendo con la esperanza de una mejor iglesia en la tierra".[1]

---

1. Así como lo cita Aeron Morgan, *The Hope of a Better Church* (La Esperanza por una mejor Iglesia)(Wellington, Nueva Zealanda: ministerios CWM, 2001), p. 1. Accesado en http://www.christian-witness.org/archives/van2000/offcross5.html on Monday, April 7, 2014.

La iglesia que Spener dejó estaba sin duda mejor cuando él murió que cuando él nació. De hecho, la iglesia en el momento del nacimiento de Spener (unos cien años después de que Lutero clavara sus noventa y cinco tesis), se caracterizó por las disputas teológicas, la laxitud moral y sequedad espiritual. Dios escogió a Spener para hablar en medio de esta situación sombría.

Aunque su predicación bíblica transformó vidas, la principal contribución de Spener fue su pluma. El libro de Spener, *Pia Desideria*, estableció reformas que tocaron a todos los niveles de la sociedad. Innumerables libros fueron escritos sobre el mismo tema antes y después de Spener. Ninguno de ellos, sin embargo, se acercó a *Pia Desideria* en su concisión y claridad de pensamiento. Todas las ideas y todas las propuestas para una reforma de las condiciones existentes habían estado presentes una y otra vez ante él. Sin embargo, nadie sino sólo Spener fue capaz de juntarlas en la forma en que las encontramos en la *Pia Desideria*.

ANTECEDENTES DE LOS TIEMPOS

En los siglos XVI y XVII, la iglesia se había vuelto a los príncipes alemanes como sus protectores y estimados miembros. Las iglesias estatales eran administradas por gobernantes y todos los ciudadanos del país eran automáticamente miembros. Richard Balge afirma:

> Una especie de Cesar- papismo había reemplazado a la jerarquía católica en Alemania después de la Reforma. A los príncipes alemanes, como "los principales miembros de la iglesia", se les pidió tomar el lugar

de los obispos católicos, como los administradores eclesiásticos principales.[2]

Si bien es difícil entender por qué la iglesia dependía tan fuertemente de los gobernantes políticos, podemos suponer que querían evitar el mismo destino de los Valdenses, Husitas, y Lolardos. Movimientos religiosos divergentes que en ese tiempo fueron exterminados sistemáticamente por ejércitos leales a la Iglesia Católica Romana. Frederick Herzog escribe:

> El crecimiento del poder de los príncipes en los asuntos de la iglesia fue uno de los principales acontecimientos que llevaron a la aparición del pietismo, sin embargo el mismo pietismo estaba poco consciente del problema. La Reforma simplemente no había todavía entendido la relación entre las esferas políticas y religiosas. En la medida en que los príncipes dieron forma al resultado final de la Reforma, el interés por la espiritualidad disminuyó. Esto sentó las bases reales de los ataques posteriores del pietismo en contra de la corrupción de la iglesia.[3]

Gran parte de Alemania fue devastada por el conflicto entre católicos y protestantes llamado la Guerra de los Treinta Años

---

2. Richard D. Balge, "Enseñanza pietista sobre la Iglesia y el Ministerio Evidenciada en su Práctica Pastoral", Ensayo por el Maestro Emérito Seminario Luterano de Wisconsin, citado por James W. Ptak, *Spener's Proposals to Correct Conditions in the Church as the Basis for the Evangelical Covenant Church's Affirmations (Las Propuestas de Espener de Corregir las Condiciones en la Iglesia como la Base para la Afirmaciones de la Iglesia Evangélica del Pacto)*, Tesis para el grado de Master en Artes y Religión (Charlotte, Carolina del Sur: Reformed Theological Seminary (Seminario Teológico Reformado, 2008), p. 25.

3. Frederick Herzog, *European Pietism Reviewed(Comentario del Pietismo Europeo)* (San Jose, CA: Publicaciones Pickwick, 2003), p. 4.

(1618-1648). El hambre y las enfermedades disminuyeron significativamente la población de los estados alemanes y la mayoría de las potencias combatientes quebraron. Muchos de los que atravesaron por la Guerra de los Treinta Años se sintieron engañados y estaban desesperados por un cambio.

Y la iglesia no tenía las respuestas. Las disputas entre los teólogos no les parecieron a los laicos, y el cristianismo en sí fue desacreditado por la violencia de las guerras religiosas. Los ministros predicaban un legalismo teológico que nadie podía o quería entender.[4] Los servicios de la iglesia eran formales y estériles. La embriaguez y la inmoralidad era común entre el clero.[5] Existía una rígida distinción entre clérigos y laicos, que tendía a motivar a los laicos incluso menos. Otras diferencias de clase fueron evidentes dentro de las iglesias, como los asientos elevados y tapizados que estaban reservados para las clases altas, mientras que la gente común se sentaba en sillas duras de la iglesia.

Los alemanes eran luteranos simplemente porque vivían en territorio luterano. La religión era una cuestión de geografía. Con la llama de la iglesia ardiendo tenuemente, la gente se interesó en otras cosas.

PHILIPP JAKOB SPENER

Philipp Spener nació en 1635. Fue entrenado por una madrina devota quien desarrolló su hambre espiritual animándolo a leer libros devocionales como el de Johann Arndt *True Christianity* (El Verdadero Cristianismo), un libro que hacía hincapié en la santidad personal y en la devoción. Spener era un estudiante

---

4. Latham, p. 58.

5. Latourette, p. 895.

brillante, y a la edad de dieciséis años ingresó en la universidad donde estudió con conocidos eruditos luteranos. Spener fue cautivado por Lutero, y más tarde afirmó que ningún otro autor desde los tiempos bíblicos era tan ilustrado.

Spener, entonces estudió teología en Estrasburgo, donde los profesores de la época (y especialmente Sebastián Schmidt) eran más inclinados hacia el cristianismo "práctico" que a la disputa teológica. Él después pasó un año en Ginebra y fue influenciado por la estricta vida moral y la disciplina eclesiástica prevalente allí, y también por la predicación y la piedad del profesor Valdense, Antoine Leger, y el predicador jesuita convertido, Jean de Labadie. Después de graduarse, Spener tomó los habituales dos años de viajes.

En 1666, fue llamado al pastorado en Frankfurt. Inmediatamente comenzó a exponer sus ideas espirituales, que se mantuvieron relativamente sin cambios durante los próximos veinticinco años. Él comenzó a celebrar reuniones religiosas en su casa, a las que él llamó *collegia pietatis* (Escuelas de la piedad o santidad). En estos grupos de hogar, él repetiría sus sermones, exponía pasajes del Nuevo Testamento, y animaba a los presentes a hacer preguntas y a aplicar las Escrituras.[6]

Spener dirigió el primer grupo en 1670 y luego hizo reglas y regulaciones para los nuevos grupos. Él animó a otros a abrir sus propios hogares para practicar el sacerdocio de todos los creyentes, para que todos se involucraran. Los pastores o profesores servían como facilitadores calificados de estos grupos. A pesar que el movimiento de Spener fue finalmente suprimido en su ciudad natal de Frankfurt, sobrevivió para influir a

---

6. Latourette, p. 895.

los moravos y metodistas, quienes a su vez fueron la chispa que inició el Gran Despertar del siglo XVIII.[7]

PIA DESIDERIA

En 1675, Spener publicó su *Pia Desideria* (Deseos piadosos). El título *Pia* o *Pious* inició el término *pietistas*. Este fue originalmente un término despectivo dado a los partidarios del movimiento, por sus enemigos como una forma de burla. Influenciado por escritores pietistas anteriores en Inglaterra y Alemania, Spener aprovechó la invitación de un editor de Frankfurt para escribir un prólogo para una nueva edición de Johann Arndt *True Christianity* (El verdadero cristianismo, 1605).[8] Arndt ya había llegado a la conclusión que el verdadero cristianismo comprendía pensar y vivir rectamente, y la unión espiritual del alma con Dios. Arndt ya había influido mucho en Spener y *Pia Desideria* amplificó los temas de *True Christianity* (El verdadero cristianismo).

Como era su costumbre, Spener discutió su prólogo con sus colegas ministros antes de enviar su manuscrito en 1675. Dedicó su prólogo a todos los funcionarios y pastores, y se ganó la aclamación inmediata, tanto es así que en seis meses posteriores publicó el prólogo por separado con su propio

---

7. Molenaar, p. 34.

8. Spener también fue profundamente afectado por los puntos de vista religiosos de la Condesa Agathe. Su cristianismo se ha caracterizado por "huir del mundo quietista, incluso místico". Spener también incluye como influencia clave a su pastor párroco Stoll, quien era un luterano estricto con inclinaciones prácticas. Hubieron otros autores devocionales que influenciaron a Spener: Emmanuel Sothom y su *Golden Crown-Jewels of the Children of God* (Joyas de Coronas de Oro de los Hijos de Dios) en el que se escribe que "aquellos que son cristianos de nombre pueden llegar a ser de obras y en verdad"; y también el libro de Lewis Bailey *The Practice of Piety* (La práctica de la Piedad).

título, *Pia Desideria*. En el libro, identificaba las condiciones espirituales que observaba, con un plan de seis puntos para la renovación de la iglesia. Él tocaba el tema de la "mundanalidad escandalosa" de las iglesias y su esperanza de renovación basada en el cristianismo del primer siglo. Como resultado del libro y del propio ejemplo de Spener, el movimiento llamado pietismo floreció. Donald Bloesch describe el pietismo de esta manera, "Entre las características más destacadas de pietismo está el énfasis en la religión del corazón. . . En el movimiento pietista hay un énfasis existencial, un llamado al involucramiento personal en la verdad de la fe".[9]

En *Pia Desideria*, Spener expuso pecados que había entre las autoridades, el clero y los laicos. Él advierte al clero a dejar de tratar de ganar debates y les exhorta a tener un corazón de niño que promueva el reino de Dios. Su principal crítica al clero es que han reemplazado la predicación sencilla y clara del evangelio con un interés morboso en la controversia rebuscada. Él creía que la educación parcial e impráctica del clero les había conducido a la predicación teórica que fortaleció una concepción falsa e ilusoria de lo que constituye la verdadera fe. Spener luego llega al corazón de *Pia Desideria*, ofreciendo seis principales propuestas de reforma de la Iglesia:

Primera propuesta: El estudio serio y profundo de la Biblia en las reuniones privadas, *ecclesiolae in ecclesia* (pequeñas iglesias dentro de la iglesia).

Spener propuso que la iglesia renovara el énfasis de Lutero en el sacerdocio de todos los creyentes a través de la *collegia pietatis*. Estas eran pequeñas reuniones interactivas de cristianos laicos

---

9. Donald G. Bloesch, *The Evangelical Renaissance (El Renacimiento Evangélico)* (Grand Rapids, MI: Eerdmans Compañía Editorial, 1973), p. 106.

que estudiaban la biblia, se animaban los unos a los otros, y oraban juntos. Él escribe:

> Fuera incluso útil si otra vez trajéramos de vuelta la forma apostólica antigua de reunir a la iglesia. . . . En vez que sólo uno se levantara a predicar, lo cual se puede hacer en otros momentos, otros que han sido bendecidos con talentos y entendimiento también contribuirían. Ellos podrían presentar sus pensamientos piadosos los cuales podrían ser instructivos para el resto.

Él citó 1 Corintios 14, como el formato y animó a los creyentes a abrir sus casas. Spener argumentó que los grupos pequeños eran necesarios porque la gente no estaba aprendiendo la biblia a través de las reuniones habituales de los domingos. Él escribió:

> La congregación no escucha en lo absoluto el resto, o sólo escuchan unas cuantas palabras o directrices que se mencionan en el sermón sin poder comprender todo su significado a pesar de que hay algo importante en ellos. . . Las personas tienen poca oportunidad de captar el significado de las Escritura de ninguna otra manera sino a través de los textos que les son interpretados. Que ellos incluso tienen menos oportunidad de utilizar las Escrituras por sí mismos como se requeriría para su edificación.

Segunda propuesta: Dado que el sacerdocio cristiano era universal, los laicos debían compartir el gobierno espiritual de la iglesia. Spener lo consideró necesario porque,

> . . . una de las razones principales por qué el ministro no puede lograrlo todo y llevar a cabo lo que debería

ser fácil, es porque él es demasiado débil sin la ayuda del sacerdocio universal de todos los creyentes. Un hombre no es suficiente entre tantos, ya que a sólo uno se le suele confiar la realización de todo lo necesario para la edificación de las personas bajo su cuidado.

Tercera propuesta: Un conocimiento del cristianismo debe tener de acompañamiento la práctica como su signo indispensable y complemento. Spener habló acerca de la insuficiencia de conocimiento por sí solo. Él dijo, "no es en absoluto suficiente tener conocimiento de la fe cristiana, pues el cristianismo consiste más bien en la práctica". [10] Luego continúa citando al apóstol Juan quien constantemente se refirió a la práctica como la caracterización de los verdaderos discípulos de Jesús (Juan 13: 34-35; 15:12; 1 Juan 3:10, 18, 4: 7-8, 11-13, 21).

Cuarta propuesta: En lugar de ataques meramente didácticos, y a menudo amargos sobre los incrédulos, él llama a sus lectores a tener una actitud de amor hacia los incrédulos. Spener creía que los cristianos debían ganar a la persona, y no sólo el argumento. El cristiano ". . . no debe propinar ninguna ofensa, ya sean insultos, o un desamorado interés o deseo de ganar al disputador". [11] Spener pensaba que los creyentes debían darse cuenta de las limitaciones en las disputas y que debían aceptar a aquellos que tenían otras confesiones.

Quinta propuesta: Una reorganización de la formación teológica de las universidades, dando mayor importancia a la vida devocional. Spener argumentó que los seminarios debían elegir sólo estudiantes moralmente calificados. Se debía hacer un esfuerzo

10. Philip Jacob Spener (1964-01-01). *Pia Desideria* (p. 95). Editorial Fortress. Edición Kindle.

11. Ibid., p. 100.

por averiguar lo que eran sus vidas antes de ser admitidos. Una vez allí, los profesores debían supervisar las vidas de los estudiantes, insistiendo en la piedad, además de la erudición. Debían terminar la fiesta, las bromas, y los "disturbios", e incluso debían entregar certificados del seminario que indicaran que el graduado estaba calificado para ministrar debido a su vida piadosa.

Sexta propuesta: Un estilo diferente de predicación, es decir, en lugar de agradar con la retórica, implantar el cristianismo dentro de la nueva persona, cuyo centro es la fe y los frutos del Espíritu. Spener propuso que el clero existente debía predicar sermones que fomentaran la fe y los frutos en los oyentes. Los sermones debían ser prácticos, centrándose en el cambio interior, así como el exterior. Ningún sermón debía estar desprovisto de aplicación.

Las propuestas de Spener produjeron una respuesta inmediata en toda Alemania. Mientras que un gran número de pastores adoptó las propuestas de Spener, otros se sintieron profundamente ofendidos por ellas.

GRUPOS PEQUEÑOS EN EL PIETISMO

Muchos piensan del pietismo como un movimiento que ayudó a los individuos a practicar las disciplinas espirituales personales. Debemos recordar, sin embargo, que Spener escribió originalmente *Pia Desideria* para reformar la iglesia y para ayudarla a seguir hacia adelante. Incluso el subtítulo refleja esta preocupación: *Deseo de corazón una Reforma agradable a Dios de la Verdadera Iglesia Evangélica.* De acuerdo, Spener propuso que cada creyente debía estudiar las Escrituras de una manera personal, pero también animó a la gente a unirse a pequeños grupos patrocinados por la iglesia para crecer en su fe. Escribió en *Pia Desideria:*

Para una tercera cosa, tal vez no sería aconsejable (y lo menciono para tener posteriormente una reflexión más madura) reintroducir los tipos de reuniones de iglesia, antiguas y apostólicas. . . . Cualquiera que no esté satisfecho con su comprensión de algún asunto debería permitírsele expresar sus dudas y buscar una explicación más detallada. Por otro lado, a aquellos (incluidos los ministros) que han hecho más progresos, debería permitírseles la libertad de expresar cómo entienden cada pasaje.[12]

Spener consideró que esta era la mejor manera para que las personas experimentaran crecimiento y madurez espiritual. Spener temía que las personas que sólo escuchaban la Palabra de Dios pronto la olvidarán, sin aplicarla y sin ser transformados por ella. Se dio cuenta que sin la aplicación inmediata, la enseñanza bíblica podría fácilmente perderse en el ajetreo de la vida.[13] Donald F. Durnbaugh escribe sobre una de las diferencias clave en el pietismo,

La congregación fue entendida no tanto como un vehículo para la administración de la gracia y el depósito de la fe, sino más bien como una asociación de los regenerados que se reunían para fortalecerse mutuamente en el camino cristiano. Por esta razón, un sello distintivo de pietismo llegó a ser los conventículos, pequeños grupos de cristianos fervorosos que se reunían en privado para la edificación y el estímulo mutuo, la llamado *ecclesiola in ecclesia* (la pequeña iglesia dentro de la iglesia). Dada esta comprensión eclesiástica, no es sorprendente que los movimientos

---

12. Spener, pp. 89-90.

13. Ibid., p. 90.

separatistas surgieran y con el tiempo desecharan su lealtad a la iglesia-estado.[14]

Si toda la iglesia debía de renovarse, necesitaba comenzar con cristianos serios en cada congregación. Spener, sin embargo, nunca tuvo como intención que las pequeñas iglesias dentro de la iglesia reemplazaran la iglesia institucional.

LIDERAZGO

Spener sintió que era importante para un líder capacitado estar presente en las reuniones de hogar con el fin de evitar la falsa doctrina. Esta persona normalmente era un pastor o un profesor que estaba dispuesto a asumir la responsabilidad del grupo. [15]Sin embargo, el líder no debía dominar la discusión. Más bien, él debía suscitar la participación entre los que estaban presentes. Spener escribe:

> El profesor, como líder, debe reforzar las buenas observaciones. Si él ve, sin embargo, que los estudiantes están saliéndose del fin vislumbrado, él debe proceder de manera clara y amigable para ponerlos justo en la base del texto y mostrarles qué oportunidad tienen de poner tal o cual regla de conducta en práctica. [16]

Su principal objetivo era que cada miembro del grupo participara, expresara pensamientos, planteara dudas, pero que

---

14. Citado en el libro de Hans Schneider, *German Radical Pietism(Pietismo Radical Alemán)* (Lanham, Maryland: Editorial Scarecrow , 2007), p. vii.

15. Latham, p. 67.

16. Spener, p. 113.

sobre todo, creciera en madurez y santidad. No quería que una persona dominara la reunión, mientras todos los demás se convertían una vez más en oyentes de un sermón.

MANTENIENDO EL BALANCE

Spener fue muy cuidadoso en incluir su énfasis en el grupo pequeño dentro de la eclesiología Luterana y evitar así la exclusividad del anabaptismo. Como Lutero, formó parte de la iglesia-estado y su objetivo era hacer que la iglesia-estado fuera más santa y parecida a Cristo a través de los grupos pequeños. Se suponía que los grupos debían complementar el servicio de adoración del día domingo por la mañana— no reemplazarlo. No permitió que las personas llamaran a los grupos "la verdadera iglesia", porque él quería evitar el conflicto doctrinal. [17] Spener tampoco permitió la celebración de los sacramentos en las reuniones de los grupos pequeños. La comunión o Santa Cena, estaba reservada sólo para toda la congregación. [18] El domingo por la mañana, solía exhortar a la congregación a participar en los grupos pequeños y a cumplir con sus deberes cristianos. En lugar de jugar a las cartas, los exhortó a revisar el sermón del domingo en un grupo pequeño.[19]

REUNIONES Y MATERIALES

Inicialmente, las reuniones se llevaban a cabo en la casa de Spener todos los miércoles y domingos. Los grupos se reunían por una hora. Se invitaba a reunirse a hombres y a mujeres.

---

17. Doyle L. Young, *New Life For Your Church (Nueva Vida para la Iglesia)* (Grand Rapids, MI: Casa del Libro Baker, 1989), p. 109.

18. Young, p. 108.

19. Spener, p. 13.

En la primera reunión en el hogar de Spener, se utilizó el libro *Practice of Piety* "La Práctica de la Piedad" de Lewis Bayly como base para la discusión. [20] Sin embargo, en reuniones posteriores, la Biblia se convirtió en la referencia regular y base para los siguientes debates, y el texto del sermón se convirtió en el tema de las lecciones. Spener se interesaba principalmente por la aplicación bíblica en las reuniones, en lugar del conocimiento de la Biblia. [21] Además de la aplicación de las Escrituras, la oración y cantar himnos, eran elementos importantes de las reuniones.

A pesar que Spener en repetidas ocasiones subrayó que la reunión en la casa no era un sustituto de la vida personal devocional. Él sólo quería que la gente que ya había pasado tiempo en el estudio privado de la Biblia y la oración, se reuniera. A lo largo de su *Pia Desideria*, el tema de los devocionales privados y la santidad personal aparece una y otra vez

TRAYENDO DE VUELTA AL SACERDOCIO

Lutero habló sobre el sacerdocio de todos los creyentes, pero en realidad nunca lo practicó. Spener quería cambiar esto. A lo largo de *Pia Desidiera*, Spener cita a Lutero, a sabiendas que Lutero era muy estimado:

> Nuestro frecuentemente mencionado Dr. Luther sugeriría otro medio, el cual es totalmente compatible con el primero. Esta segunda propuesta es la creación y el ejercicio diligente del sacerdocio espiritual. Nadie puede leer los escritos de Lutero con cierto cuidado sin observar cómo fervientemente el hombre santo

20. Latham, p. 62.

21. Spener, p. 113.

abogaba por este sacerdocio espiritual, según el cual no sólo los ministros, sino todos los cristianos son hechos sacerdotes por su Salvador, están ungidos por el Espíritu Santo, y están dedicados a realizar actos espirituales del sacerdocio. [22]

Spener siempre habló muy bien de Martín Lutero, sabiendo que sus oyentes estaban plenamente comprometidos con la enseñanza luterana. El propio Spener respetaba mucho a Martín Lutero, aunque también se dio cuenta que muchas de las enseñanzas de Lutero (incluyendo el sacerdocio de todos los creyentes) no se estaba practicando. Por otro lado, Spener criticó abiertamente a la Iglesia Católica, destacando tanto su estructura jerárquica y cómo el laico promedio no era capaz de practicar verdaderamente el sacerdocio de todos los creyentes. Él escribe:

Ciertamente, fue por un truco especial del maldito diablo que las cosas sucedieron a tal extremo en el papado, que todas estas funciones espirituales fueron asignadas exclusivamente al clero (a quienes sólo el nombre "espiritual", que es en realidad común a todos los cristianos, le fue adjudicado con arrogancia) y el resto de los cristianos fueron excluidos de ellos, como si no fuera adecuado para los laicos estudiar la Palabra del Señor con diligencia, y mucho menos instruir, amonestar, castigar, y confortar a sus vecinos, o hacer en privado lo que pertenece al ministerio público, ya que se suponía que todas estas cosas pertenecían sólo a las prácticas del ministro. . . Este monopolio presuntuoso del clero, junto con la prohibición antes mencionada de la lectura de la Biblia, es

---

22. Ibid., pp. 92-93.

uno de los principales medios por los cuales la Roma papal estableció su poder sobre los cristianos pobres y aún lo conserva dondequiera que tiene oportunidad.

El papado no podía haber sufrido un mayor daño que el que Lutero señalara que todos los cristianos han sido llamados a ejercer funciones espirituales (aunque no sean llamados al ejercicio público de ellos, lo que requiere nombramiento por parte de una congregación con igualdad de derechos) y que no sólo están permitidos, sino más bien, si desean ser cristianos, están obligados a llevarlos a cabo.[23]

El sacerdocio de los laicos no se practicaba activamente, así que tuvo que ayudar a los oyentes a entender que un pastor o sacerdote es incapaz de hacer todo lo necesario para la edificación de tantas personas, que por lo general son confiadas a su cuidado pastoral. [24]

UN REGRESO AL PASADO

Spener se refiere a menudo al cristianismo primitivo como un modelo para la reforma de la Iglesia. Él ensalza las primeras iglesias en las casas, el sacerdocio de todos los creyentes, y la vida espiritual en la iglesia del Nuevo Testamento. Él escribe: "Es el mismo Espíritu Santo que nos ha otorgado Dios que una vez afectó todas las cosas en los primeros cristianos, y él no es ni menos capaz, ni menos activo en la actualidad para llevar a cabo la obra de santificación en nosotros". [25]

---

23. Spener, pp. 93-94.

24. Ibid., pp. 94-95.

25. Spener, p. 85.

Spener creía que Dios podía hacer las mismas cosas en sus días como las que hizo después de Pentecostés, a pesar de darse cuenta, que sería diferente en su propia época. Robert Moylan resume el objetivo del pietismo de esta manera:

Era la intención del pietismo clásico recapturar, en la medida de lo posible, la esencia y el poder de la "iglesia primitiva"—la iglesia de los siglos I y II. . . Los Pietistas parecen haber llegado a la conclusión que lo mejor se podría lograr a través de lo que ha sido reconocido como el tema del movimiento de renovación pietista: "Cambiar la iglesia mediante el cambio del individuo".[26]

Conociendo la resistencia hacia el anabaptismo y cualquier tipo de separatismo, Spener se mantuvo insistiendo que las reuniones de grupos pequeños fueron una respuesta a los miembros de su congregación, quienes se mantuvieron bajo su propia supervisión pastoral.[27]

CRÍTICAS A LAS REFORMAS DE SPENER

La Pia Desideria fue bien recibida en la Alemania luterana, habiéndose escrito cartas en defensa de este libro. Pero Spener fue severamente criticado por su idea de *collegia pietatis*, o grupos pequeños. Parte de la oposición se levantó en Frankfurt porque algunos de los que asistieron a las reuniones de grupos pequeños no asistieron a los servicios del culto público y no participaron

---

26. Moylan, p. 156.

27. Frederick Herzog, *European Pietism Reviewed (Comentario del Pietismo Europeo)* (San Jose, CA: Publicaciones Pickwick, 2003), p. 25.

de la Cena del Señor[28]. Balthasar Mentzer, un superintendente de Darmstadt, pensó que estos grupos pequeños eran anti-bíblicos y llenos de espíritus errantes. Fue la influencia de Mentzer como superintendente, que causó el primer decreto que se publicara en contra de los pietistas. Sin embargo, nunca hubo una acusación contra Spener, sólo contra sus seguidores.[29]

Algunos consideraron que los pietistas no estaban lo suficientemente preocupados por la integridad, la moralidad y la virtud, pero sí estaban demasiado preocupados por su relación con Dios.[30] Otros consideraron que los pietistas eran demasiado emocionales.[31] Las autoridades dentro de la iglesia aprobada por el estado comenzaron a sospechar de la doctrina pietista, la cual vieron como un peligro social. No les gustaba el fervor evangélico que perturba la tranquilidad pública y oscurecía los imperativos de la moralidad.

La oposición constante hacia el pietismo obstaculizó las reformas de Spener. En Frankfurt, un sospechoso ayuntamiento ordenó a las reuniones de grupos pequeños ser clausuradas.[32] Las críticas eventualmente afectaron a Spener y para 1703

---

28. Latourette, p. 895.

29. James W. Ptak, "Spener's Proposals to Correct Conditions in the Church as the Basis for the Evangelical Covenant Church's Affirmations," Thesis for the Master of Arts in Religion *(Las Propuestas de Espener de Corregir las Condiciones en la Iglesia como la Base para la Afirmaciones de la Iglesia Evangélica del Pacto)*, Tesis para el grado de Master en Artes y Religión (Charlotte, Carolina del Sur: Reformed Theological Seminary (Seminario Teológico Reformado, 2008), p. 25.

30. Harry Yeide, Jr., *Studies in Classical Pietism (Estudios sobre el Pietismo Clásico)* (Nueva York: Editorial Peter Lang, 1997), pp. 4-5.

31. Peter C. Erb, editor, *Pietists: Selected Writings (Pietistas: Escritos Seleccionados)* (New York: Imprenta Paulist, 1983), p. 8.

32. Young, p. 109.

(treinta y tres años después del comienzo de los grupos pequeños) Spener se había vuelto cínico y cauteloso acerca de las
reformas de los grupos pequeños. Las críticas finalmente obli-
garon a Spener a salir de Sajonia en la década de 1690, y se fue
a Brandenburgo, donde ayudó a comenzar la Universidad de
Halle. A pesar de todas las luchas, el movimiento de Spener se
convirtió en el precursor de los moravos, metodistas, y finalmente del movimiento de la iglesia celular de hoy en día

LA PROPAGACIÓN DEL PIETISMO

Spener murió en 1705, pero el movimiento continuó dirigido
por uno de los discípulos de Spener, August Hermann Francke
(1663-1727). Gracias a la influencia de Spener, Francke fue
capaz de obtener un puesto de profesor en la Universidad de
Halle, que más tarde se convirtió en un centro principal del
pietismo. Latourette dice acerca de Francke, "Él era la figura
dominante en la facultad de teología y en la formación de
jóvenes para el ministerio. Un pastor fiel en su propia parroquia, trajo a su aula no sólo teoría, sino también la experiencia
práctica".[33]

Francke fue un profesor brillante, pero también estaba muy
interesado en vivir una vida santa. Estableció orfanatos, promovió misiones en el extranjero, y las buenas obras cristianas.
Francke subrayó en repetidas ocasiones la importancia de
tener, cada uno, las Escrituras en el corazón, no sólo en la
cabeza. Según Francke, era necesario tener pequeñas reuniones
de grupo, junto con el servicio regular de la iglesia. Muchas
iglesias luteranas empezaron a practicar sus principios. Sin
embargo, la oposición aumentó a tal punto que Francke se vio

---

33. Latourette, p. 896.

obligado a dimitir de su puesto de profesor. [34] No obstante, desde Halle fueron enviados misioneros que promovieron el pietismo en todo el mundo.

Entre los mayores logros del pietismo se encuentran el renacimiento de la Iglesia Morava en 1727 por el conde von Zinzendorf, el ahijado de Spener y un alumno de la Escuela de Halle para jóvenes nobles. Zinzendorf fue fuertemente influenciado por el pietismo, mientras estaba en Halle. Zinzendorf a su vez influyó en John Wesley. Como declara Sohn, "hablando misionológicamente, el [pietismo] formó parte de la plataforma de lanzamiento de la Misión Mundial Protestante". [35]

LECCIONES APRENDIDAS

• Los primeros años de Spener lo prepararon para el ministerio posterior. Sus lecturas de Arndt y de otros autores de similar pensamiento prepararon a Spener para ser una influencia en la historia.

• Spener empleó tanto la escritura como la práctica para sacudir al clero tradicional y comenzar un movimiento.

• Los grupos pequeños de Spener hicieron énfasis en la participación, las disciplinas espirituales, la comunidad, y la aplicación del sermón dominical. Los grupos pequeños nunca fueron un substituto para los devocionales personales y el estudio bíblico privado. Aunque los líderes nombrados (quizá, líderes sobre calificados) fueron

---

34. Ibid., p. 896.

35. Damien Sangwoong Sohn, *A Missio-Historical Análisis of German Lutheran Pietism in the Seventeenth Century* (Un Análisis Misión-Histórico del Pietismo Luterano Alemán en el Siglo XVII M.A. tesis (Pasadena, CA: Seminario Teológico Fuller, 1990), p. 50.

instruidos para no dominar la discusión sino para permitirles a los miembros del grupo a participar libremente.

- Es evidente al observar el Pietismo, que los cambios toman tiempo y son a menudos resistidos. Incluso después de treinta años de implementar el cambio, muchos en Alemania se resistieron, y finalmente Spener dejó el pastorado en Frankfurt.

- Spener desarrolló discípulos que trasladaron su filosofía a las siguientes generaciones—específicamente a través de la enseñanza de estas reformas en la universidad, las cuales dieron a los alumnos nuevas ideas y las herramientas necesarias para ponerlas en práctica. La vida de Spener nos enseña que lo que hagamos hoy tal vez no afecte a nuestra propia generación tanto como a las futuras.

Capítulo 10

LOS MORAVOS

El 27 de agosto de1727, comenzó una reunión de oración que duró cien años. Comenzó en la propiedad del Conde Zinzendorf, y fue concida como "Bajo la Vigilancia del Señor". Veinticuatro hombres y veinticuatro mujeres se comprometieron a pasar una hora del reloj cada día en oración. Pronto, otros se unieron a la cadena de oración. Pasaron los días, y luego meses. Una oración sin cesar se elevó a Dios las veinticuatro horas del día mientras alguien—por lo menos una persona— se dedicaba a la oración intercesora cada hora de cada día. Los intercesores se reunían semanalmente para recibir ánimo y para leer las cartas y mensajes de sus hermanos en diferentes lugares, expresándoles necesidades específicas por las cuales orar. Fue una reunión de oración que duró más de cien años.

Sin lugar a dudas esta cadena de oración ayudó a que misiones protestantes nacieran. Seis meses después de haber iniciado, Zinzendorf sugirió la posibilidad de tratar de alcanzar a otros para Cristo en las Indias Occidentales, Groenlandia, Turquía y Laponia. Veintiséis moravos se presentaron al día siguiente para ser voluntarios. Los primeros misioneros, Leonard Dober y David Nitschmann, fueron comisionados el 18 de agosto 1732, y cien himnos fueron cantados. Durante los primeros dos años, veintidós misioneros murieron y dos más fueron encarcelados, pero otros tomaron sus lugares. Setenta misioneros moravos fueron enviados desde Herrnhut que tenía seiscientos habitantes.

En el momento en que William Carey se convirtió en el "padre de las misiones modernas", más de trescientos misioneros moravos ya habían ido a los confines de la tierra. El fervor de Moravia provocó la conversión de John y Charles Wesley (Juan y Carlos Wesley) e indirectamente encendió el Gran Despertar que se extendió por Europa y América. La reunión de oración duró cien años, pero los resultados durarán por toda la eternidad.[1]

NIKOLAUS ZINZENDORF

Zinzendorf era un hombre piadoso y a la vez uno rico. Nacido en el seno de la nobleza austríaca y criado por su abuela, Zinzendorf mostró una temprana inclinación hacia la teología y la obra religiosa. Sus padres lo dejaron en manos de una abuela

---

1. Robert J. Morgan, *On This Day* (En este día) (Nashville: Editorial Thomas Nelson, 1997) Tal como fue citado en Matthew Kratz, "The 100-Year Prayer Meeting," ("La Reunión de Oración de 100 Años) http://www.sermoncentral.com/illustrations/sermon-illustration-matthew-kratz-stories-63793.asp

piadosa, quien lo entrenó y lo envió a estudiar en la Universidad de Halle. Mientras estuvo en Halle, fue arrastrado por las enseñanzas del pietismo. El sello de Zinzendorf del pietismo, fue pura teología del corazón. Él también le añadió la característica de la evangelización, la cual faltaba en las enseñanzas pietistas.

Zinzendorf creía que el cristianismo debía ser experimentado y no sólo enseñado. Hizo hincapié en la experiencia de la fe y el amor, y acepta más a las personas de varias y diferentes denominaciones. De hecho, Zinzendorf puede haber sido el primer hombre de iglesia en usar la palabra *ecumenismo*. Los moravos también ponían especial importancia en la comunidad a través de grupos pequeños.

Su teología era profundamente centrada en Cristo, y a menudo destacaba el crecimiento de la relación espiritual entre el creyente y el Salvador. Él creía que los cristianos debían vivir en amor radical y armonía, y que cada creyente necesitaba vivir en una comunidad de fe. Las decisiones sobre la interpretación de las Escrituras debían hacerse en comunidad, no individualmente. La teología de Zinzendorf incluía la vida emocional del creyente, así como la intelectual. Se refirió a esto como la "religión del corazón".

OFRECIENDO REFUGIO

Después de su matrimonio en 1722 con la condesa Erdmuth Dorothea von Reuss, Zinzendorf comenzó su trabajo en la corte de Dresde y se trasladó a su propiedad en Berthelsdorf cerca de la frontera de Bohemia de Sajonia. En ese mismo año, Christian David, un líder dentro del grupo de antiguos husitas (seguidores de Juan Huss), se acercó al Conde Zinzendorf para explicarle sobre la difícil situación de su pueblo y para consultarle sobre la posibilidad de reubicar a algunos de ellos en su propiedad. Christian David sabía que Zinzendorf era compasivo, rico y vivía en las proximidades de los husitas, quienes más tarde se llamaron Hermanos Unidos. El conde también recibió una petición de los exiliados:

> Estamos bajo una gran preocupación, no quisiéramos ser una carga para ti. Nosotros humildemente suplicamos que nos tengas bajo tu graciosa protección y nos ayudes, a nosotros, pobres afligidos, y personas simples, y que nos trates con amabilidad y cariño. Vamos a implorar a Dios Todopoderoso que te bendiga en cuerpo y alma al hacerlo. . .[2]

Zinzendorf estuvo de acuerdo en albergar a los refugiados, y ese mismo año, los diez primeros Hermanos Unidos de Moravia llegaron. Lo llamaron *El Centinela del Señor* (Herrnhut) e inmediatamente comenzaron la construcción.

En un principio, Zinzendorf no entendió la conexión histórica entre los Hermanos Unidos y Juan Huss. No fue sino hasta que Zinzendorf descubrió una copia de su constitución del siglo XV que se dio cuenta que los Hermanos Unidos precedieron el luteranismo y eran ya una iglesia plenamente establecida. Aún más sorprendentes, eran las similitudes entre la visión y los valores de Zinzendorf y este grupo de husitas. Zinzendorf se dio cuenta que esta conexión podría ser una chispa para la renovación de la iglesia en general.

Después de cinco años, Zinzendorf dejó la corte de Dresde para concentrarse en pastorear el creciente asentamiento, que

---

2. Rev. August Gottlieb Spangenberg, *The Life of Nicholas Lewis Count Zinzendorf (La Vida de Nicolás Lewis Connde de Zinzendorf)*(London: Samuel Holdsworth, 1838), p. 39.

ahora tenía una población de alrededor de trescientos. Sobre la puerta de la casa de Zinzendorf en Herrnhut, él había inscrito estas líneas:

Como invitados sólo aquí permanecemos;
Y como esta casa es pequeña y sencilla.
Tenemos una casa mejor arriba,
Y allí fijamos nuestro amor más cálido.[3]

John Wesley visitó más tarde la casa del conde y la describió como un pequeño edificio sencillo como el resto; que tenía un gran jardín detrás de él, bien diseñada, no para exhibición, sino para el uso de la comunidad.

LAS BANDAS

Oficialmente, la división de los refugiados de Herrnhut en grupos más pequeños a los que llamaban "bandas" y, finalmente, "coros" comenzaron en julio de 1727, cinco años después de la llegada de los primeros refugiados. Sin embargo, los Hermanos Unidos practicaban estas reuniones de grupos pequeños, incluso antes de llegar a Herrnhut.[4] Las bandas crecieron rápidamente, y en 1732 había setenta y siete bandas, y en 1734 había cien.[5]

---

3. A. J. Lewis, *Zinzendorf the Ecumenical Pioneer(Zinzendorf El Pionero Ecuménico)* (Londres: SCM Press Ltd., 1962), p. 164. Zacarías 9:12 y 2 Corintios 5:1-2 también fueron citados pero no escritos.

4. Kenneth G. Hamilton and F. Taylor, *History of the Moravian Church (Historia de la Iglesia Morava)* (Bethlehem, PA: Moravian Church in America, (La Iglesia Morava en América) 1967), p. 32.

5. David Lowes Watson, *The Early Methodist Class Meeting (Las Primeras Reuniones de Clase Metodista)* (Nashville, TN: Discipleship Resources (Recursos Discipulado), 1987), p. 78.

El propósito de estos grupos pequeños de tres a ocho personas fue promover el crecimiento en gracia y compañerismo.
Ellos se reunían con frecuencia para oración y para la discusión íntima de las experiencias personales. Cada miembro de
la congregación podía unirse a la banda más afín a él o ella.
Las bandas se reunían todos los días para adorar y para dis-
cutir. Se reunían en la habitación del líder, en el trabajo, bajo
un árbol, o dondequiera el Espíritu les movía a hacerlo. Los
grupos alentaban la confesión, el crecimiento espiritual, la disciplina en comunidad, y la formación del carácter. Zinzendorf
se movía libremente entre los grupos, hablándoles, orando
o cantando con ellos, y ofreciéndoles supervisión general. A
veces Zinzendorf planeaba su visita, y en otras ocasiones eran
improvisadas.[6]

El mismo Zinzendorf fue el mayor defensor de las bandas. Al
hacer referencia a ellas, escribió: "Yo creo que sin tal institución, la iglesia nunca hubiera llegado a ser lo que es ahora".[7]
Las bandas fueron cambiando gradualmente con el tiempo y
se transformaron en un sistema más formal de "coros", que se
basaba en la edad, sexo y estado civil.

LOS COROS

Mientras la Iglesia Morava se desarrollaba, las personas fueron
divididas en coros de acuerdo a la edad, sexo y estado civil.
Cada coro tenía aproximadamente de diez a veinticinco personas. Desarrollaron coros para viudos, viudas, personas casadas,
hombres solteros, mujeres solteras, niños mayores, niñas y
niños mayores, niñas y niños más pequeños, y jóvenes. Cada

6. John R. Weinlick, *Count Zinzendorf (Conde Zinzendorf)* (New York: Editorial
Abingdon, 1956), p. 84.

7. David Lowes Watson, p. 78.

grupo tenía sus propias reuniones, actividades, y los grupos de adultos vivían juntos en sus propias casas[8]. F. Taylor y K. Hamilton nota lo siguiente: "Con el tiempo las asociaciones voluntarias que se cultivaban en la banda fueron suplantadas por la afiliación obligatoria en el coro".[9]

Zinzendorf consideró que los méritos de Cristo se aplicaban de manera misteriosa a la edad específica y a los grupos homogéneos. Él formó el sistema de coros para implementar este principio espiritual. Zinzendorf aprovechó esta homogeneidad para hablar a cada grupo de acuerdo a sus necesidades específicas.

Cada coro tenía su propio servicio, pero también asistía a una reunión más grande con todos los grupos. Los coros también se dividían en bandas (de tres a ocho personas), quienes se reunían para orar, cantar y dar testimonios.[10] Una razón de ser clave para los coros, fue promover el canto y la participación activa de la congregación en la adoración. Zinzendorf promovió la apreciación del poder espiritual de los himnos e incluso desarrolló un tipo especial de servicio que fue totalmente dedicado a la adoración pública.[11] El objetivo de los grupos del coro fue el crecimiento espiritual.

Los coros participaron en el desarrollo económico y educativo de la comunidad de Moravia. Se construyeron casas para los

---

8. MISSING NOTE

9. Ibid., p. 37.

10. Jacob John Sessler, *Communal Pietism Among Early American Moravians (Pietismo Comunal entre los Primeros Moravos Americanos)* (Nueva York: Henry Holt & Company, 1933), p. 98.

11. Hamilton and Taylor, p. 37.

coros específicos, y estos coros jugaron un papel decisivo en el apoyo al movimiento misionero.[12] Sessler escribe sobre la vida de los moravos en los Estados Unidos en el año 1748.

> Las niñas mayores estaban en Belén, y las niñas más jóvenes en Nazaret, mientras que los niños pequeños estaban en la granja Henry Antes. Los hombres casados y las mujeres casadas vivían separados en dos edificios a poca distancia al norte de donde la iglesia de Belén se ubica actualmente. Incluso los niños de edad preescolar estaban a cargo de la iglesia. Supuestamente estas condiciones del coro eran temporales...[13]

Cada miembro del coro, recibía la visita diaria de otra persona en el coro, para proporcionarle ánimos y determinar el estado de su alma. Ellos sentían la necesidad de evaluar la condición espiritual de cada miembro. Los miembros fueron luego identificados como "muerto", "despertado", "ignorantes", "discípulos dispuestos" o como discípulos que han progresado". Es interesante ver que terminología similar aparece en documentos de las primeras reuniones de la clase metodista.

Pastores o ancianos supervisaban los coros y los visitaron regularmente para cuidar de sus necesidades espirituales y físicas. David Watson escribe:

> En la práctica, toda la congregación fue objeto de una disciplina religiosa a tal medida que los oficiales de la comunidad se preocuparon por lo espiritual, así como por el bienestar físico, los ancianos fueron designados para vigilar el mantenimiento del orden y la disciplina

---

12. Sessler, p. 94.

13. Ibid., p. 94.

bajo la autoridad de dos guardias, uno de los cuales era
el propio Conde.[14]

Zinzendorf fue capaz de organizar a sus refugiados en algo así
como un régimen militar cristiano. Sin embargo, él no estableció su movimiento alrededor de la familia nuclear tradicional
de padres e hijos. Más bien, él se centró principalmente en las
familias comunales basadas en la edad, el estado civil y el sexo.
Jacob Sessler da una imagen clara de estos grupos:

Desde los primeros años, los niños fueron enseñados que ellos
le pertenecían más a la iglesia que a sus padres. Se convirtieron
en la propiedad de la iglesia, y se esperaba que cuando crecie-
ran debieran servir a la institución que les había alimentado y
cuidado en su infancia y adolescencia. La base para el trabajo
de la misión extendida de los moravos, se encuentra principalmente en su convencimiento que la iglesia tenía primer
derecho de reclamación sobre sus vidas. . . . Cuando más tarde
fueran llamados a entrar en tierras lejanas para hacer misiones,
su entrenamiento pasado lo haría más fácil para ellos, ya que
tenían muy pocos lazos parentales y de hogar que romper.[15]

CRISTIANISMO PRIMITIVO

Benjamin Ingham, escribió acerca de la comunidad de
Herrnhut:

Se parecen más a los cristianos primitivos que a cualquier otra iglesia ahora en el mundo, pues conservan
tanto la fe, la práctica y la disciplina entregada por los
Apóstoles. Viven juntos en perfecto amor y paz. Están

---

14. David Lowes Watson, p. 77.

15. Sessler, pp. 98-99.

más listos para servir a su prójimo que a sí mismos. En sus negocios son diligentes y laboriosos, en todas sus relaciones son estrictamente justos y concienzudos. En todo momento se comportan con gran humildad, dulzura y sencillez.[16]

Al igual que los grupos pietistas de Spener, las comunidades de Moravia eran *ecclesiolae in ecclesia* (pequeñas iglesias dentro de la iglesia), cuyo objetivo era renovar toda la iglesia.[17] Otros reformadores antes de Zinzendorf, vieron a las iglesias en las casas como esenciales, pero Zinzendorf practicaba de un modo nuevo el concepto de la iglesia dentro de la iglesia. En su disertación doctoral sobre la renovación del grupo pequeño, William Brown afirma:

> Tal vez uno de los usos más deliberados y exitosos del principio de los grupos pequeños en la historia de la iglesia es el sistema de las bandas del Conde Zinzendorf en la mitad del siglo XVIII. Las micro comunidades de Herrnhut combinan los aspectos de la comunión y de compartir, la corrección mutua y la confesión, la oración y un sentido de urgencia por las misiones para enviar el evangelio al mundo y traer renovación a los cristianos. Ellos hicieron uso del liderazgo laico y literalmente siguieron el tipo de reunión advertida en Santiago 5: 13-16.[18]

---

16. Joseph Edmund Hutton (2011-03-24). *A History of the Moravian Church (Una Historia de la Iglesia Morava)* (Kindle Locations 3770-3778). Edición Kindle.

17. Young, p. 110.

18. Brown, p. 38.

Lutero anhelaba un retorno al cristianismo primitivo a través de los grupos pequeños, pero no pudo practicarlo. Spener fue más audaz e incluso implementó los grupos, pero vaciló cuando la crítica llegó. Francke, un presidente de una universidad no fue quien aplicó la iglesia dentro de una iglesia. Sin embargo, Zinzendorf tuvo la autoridad de practicar realmente la renovación de la iglesia a través de grupos pequeños y luego envió a esos grupos para hacer la plantación de iglesias en todo el mundo.

ENVIANDO A LOS GRUPOS ALREDEDOR DEL MUNDO

Zinzendorf dijo una vez: "Ser un hermano y promover la labor de la misión pagana: son una y la misma cosa".[19] Su celo por las misiones se vieron en sus días de estudiante en la Universidad de Halle, donde lideró los tiempos de la oración misionera. Dios respondió a esas oraciones enviándole un diverso grupo de separatistas, reformados, luteranos, católicos y otros grupos perseguidos que vinieron a vivir en Herrnhut. Aprendieron a trabajar juntos, respetaron la iglesia luterana (por el bien de las autoridades), y también reconocieron el papel especial del movimiento de la Unidad de los Hermanos.[20] Dios estaba preparándolos para trabajar juntos en unidad, ya que habrían de ser enviados como misioneros para alcanzar a las naciones y cambiar el mundo.

Durante su visita a Copenhague en 1731, Zinzendorf conoció Antonio Ulrico, un esclavo convertido de las Indias Occidentales. Él estaba buscando a alguien con quien volver a su tierra natal para predicar el evangelio a los esclavos negros,

---

19. Harry Yeide, Jr., *Studies in Classical Pietism (Estudios sobre el Pietismo Clásico)* (Nueva York: Editorial Peter Lang 1997), p. 73.

20. Ibid., p. 70.

junto con su hermana y hermano. Zinzendorf corrió de nuevo a Herrnhut a buscar hombres para ir, y dos inmediatamente se ofrecieron, convirtiéndose en los primeros misioneros de Moravia —y los primeros misioneros protestantes de la era moderna, anteriores a William Carey por sesenta y tantos años.

Otro de los grandes momentos misioneros llegó en 1733 cuando el gobierno de Sajonia se negó a permitir a más refugiados que se asentaran en la finca de Zinzendorf. Zinzendorf se dio cuenta que necesitaba descentralizar y ampliar su base misionera. En 1736, las relaciones con el gobierno de Sajonia se habían deteriorado hasta tal punto que Zinzendorf fue forzado al exilio por algunos años. Utilizó este tiempo fuera de Herrnhut para ayudar a crear otras comunidades, sobre todo en Estados Unidos. Él estaba dispuesto a convertirse incluso en obispo de la Iglesia Morava, pero se hizo imposible iniciar iglesias misioneras sin una estructura organizada de la iglesia. Fue a través de esta nueva estructura de la iglesia que muchos misioneros fueron enviados a todo el mundo.[21]

El trabajo misionero en las Indias Occidentales había sido muy controversial en Europa, con muchos acusando a Zinzendorf de simplemente enviar a jóvenes misioneros a morir. Zinzendorf decidió ponerse en la línea, y en 1739 abandonó Europa para visitar la obra misionera en Santo Tomás. Convencido que él mismo podría no regresar, predicó su "último sermón" y dejó su testamento con su esposa. Sin embargo, la visita fue un gran éxito y le permitió liberar a algunos de los misioneros que habían sido encarcelados ilegalmente. Dios utilizó incluso el maltrato de los misioneros moravos para cosechar el respeto entre los esclavos.

---

21. Gillian Lindt Gollin, *Moravians in Two Worlds (Moravos en los Dos Mundos)* (Nueva York: Editorial de Columbia University, 1967), p. 5.

En 1741, Zinzendorf visitó Pennsylvania, convirtiéndose en uno de los pocos nobles europeos del siglo XVIII para visitar las Américas. También visitó líderes en Filadelfia, como Benjamin Franklin, se reunió con los líderes de los iroqueses, y llegó a acuerdos para garantizar la libre circulación de los misioneros moravos en la zona.

En 1741, Zinzendorf visitó Pennsylvania, convirtiéndose en uno de los pocos nobles europeos del siglo XVIII que visitaba las Américas. También visitó a líderes en Filadelfia, como Benjamin Franklin, se reunió con los líderes de los iroqueses, y llegó a acuerdos para garantizar la libre circulación de los misioneros moravos en la zona.

Se asentaron colonias misioneras en las Indias Occidentales (1732), en Groenlandia (1733), y entre los indios de América del Norte (1735); y antes de la muerte de Zinzendorf, los moravos habían establecido colonias misioneras en Livonia, Carolina del Sur, Surinam, varias partes de sur América, Tranquebar, Islas Nicobar en las Indias Orientales, Egipto, Labrador, y la costa occidental de África del Sur. En estas comunidades se practicó una igualdad radical de la vida espiritual. Por ejemplo, en Bethlehem, Pensilvania, la nobleza y los nativos americanos convertidos compartían cuartos comunes; en Salem, los esclavos eran miembros de pleno derecho de la iglesia y podían ser elegidos para cargos de liderazgo. En 1760 los moravos habían enviado doscientos veintiséis misioneros extranjeros. [22]

AÑOS DE DECLIVE

La comunidad de Herrnhut, de donde se habían enviado casi todas estas colonias, no tenía dinero propio, y Zinzendorf

---

22. Yeide, p. 75.

había pagado casi exclusivamente sus gastos. Sus frecuentes viajes desde su casa, hacían que fuera difícil para él cuidar de sus asuntos privados. Fue obligado de vez en cuando a recaudar dinero a través de préstamos, y en 1750, estaba casi en bancarrota. Esto llevó a la creación de una junta financiera entre los hermanos para administrar los asuntos financieros del movimiento Moravo y para garantizar su estabilidad.

En 1756 Zinzendorf perdió a su esposa, Erdmuthe Dorothea, que había sido su consejera y confidente en todo su trabajo. Zinzendorf permaneció viudo por un año, y luego se casó con Anna Caritas Nitschmann con había estado muy de cerca durante muchos años. Tres años más tarde, cayó enfermo y murió en 1760, dejando al obispo Johannes von Watteville, quien se había casado con su hija mayor Benigna, para que ocupara su lugar al frente de la comunidad.

La influencia de Zinzendorf resonaba mucho más allá de la Iglesia Morava. Su énfasis en la "religión del corazón" influenció profundamente a John Wesley. Se le recuerda hoy, como Karl Barth lo dijo: Como "quizás el único auténtico Cristo-céntrico de la era moderna". El académico George Forell lo dijo de manera más breve: Zinzendorf fue "El noble loco por Jesús". [23] Es recordado por su creatividad por el grupo pequeño, pero aún más importante, por cómo movilizó a estos grupos para cumplir la gran comisión de Cristo a través de la obra misionera en todo el mundo.

---

23. Tomado del artículo titulado, "Nikolaus von Zinzendorf," en http://www.christianitytoday.com/ch/131christians/denominationalfounders/zinzendorf.html?start=1. Accesado el lunes 16 de diciembre de 2013.

LECCIONES APRENDIDAS

- Los pequeños grupos Moravos (tanto las bandas como los coros) eran muy creativos y contemporáneos para su época.

- Los Moravos eran ejemplares por su énfasis en la oración. Las vigilias y las cadenas de oración estaban siempre a toda hora. Cada persona invertía su tiempo en intercesión, a fin de que la oración nunca cesara en la comunidad.

- La comunidad era un componente esencial que sobresale en el movimiento moravo. Zinzendorf creía en la experimentación de la vida cristiana en lo individual pero también en lo comunal. Él sintió que era importante vivir en armonía y en un solo sentir con otros como un componente espiritual esencial. Zinzendorf una vez dijo: "Yo no establezco el cristianismo sin la comunidad".[24]

- Los coros moravos a menudo separaban a los hijos de los padres y a los padres de los hijos—por la causa de la iglesia de Cristo.

- La conexión dinámica entre los grupos pequeños y las misiones es el legado perdurable de los moravos. Nos recuerdan las bandas celtas en la edad media que permitieron que las personas primero pertenecieran y luego creyeran.

24. Heikki Lempa y Paul Peucker, eds. *Self, Community, World: Moravian Education in a Transatlantic World (Ser, Comunidad, Mundo: Educación Morava en un Mundo Trasatlántico)* (Bethlehem, PA: Imprenta Universidad Leheigh University, 2010), p. 23.

Capítulo 11

JOHN WESLEY, FUNDADOR DEL METODISMO

En 1928 el arzobispo Davidson escribió: "Wesley cambió prácticamente la perspectiva e incluso el carácter de la nación Inglesa". [1] El avivamiento Wesleyano cortó a través de líneas denominacionales y tocó todos los niveles de la sociedad. La propia Inglaterra fue transformada por el avivamiento. El avivamiento alteró de tal manera el curso de la historia Inglesa que

1. Como fue citado en Diane Severance, "Evangelical Revival in England", (Avivamiento Evangélico en Inglaterra) *Christianity.com, http://www.christianity.com/church/church-history/timeline/1701-1800/evangelical-revival-in-england-11630228.html*, p. 1. Accesado el viernes 11 de abril de 2014.

probablemente salvó a Inglaterra de la clase de revolución que tuvo lugar en Francia.

Inglaterra antes del movimiento metodista fue descrita como un cenagal moral y una letrina espiritual. Thomas Carlyle usó la frase "Estómago bien vivo, alma extinta" para describir las condiciones en Inglaterra.[2] La embriaguez era rampante; el juego era tan extenso que un historiador describió a Inglaterra como un "gran casino". Los niños eran expuestos en las calles; el noventa y siete por ciento de los lactantes pobres en las casas de trabajo morían cuando eran niños. Las trampas de osos y las peleas de gallos eran deportes aceptables, y los boletos se vendieron públicamente para estos eventos. La trata de esclavos trajo ganancia material para muchos degradando aún más sus propias vidas. El obispo Berkeley escribió que la moral y la religión en Gran Bretaña se habían derrumbado "a tal grado como en ningún otro país cristiano".[3]

La revolución industrial hizo que las personas se sintieran como máquinas, y el resultado de la crisis económica eran tugurios que produjeron viviendas pobres en los municipios con hacinamiento, con mala higiene, la mala salud y ausencia de cualquier sentido real de comunidad para un gran sector de la población.[4] Henderson escribe:

> Uno de los vicios más desmoralizantes de los pobres fue el extensivo alcoholismo, incluso entre los niños. En 1736 cada sexta casa de Londres obtuvo una licencia para ser una taberna barata. El consumo de la ginebra encabezó once millones de galones al año sólo

2. Ibid., p. 1.

3. Ibid., p. 1.

4. David Lowes Watson, p. 130.

en Inglaterra. Esta epidemia de embriaguez erosionó la poca decencia que quedaba entre las personas que trabajan, dejándolos a la deriva en la desesperación y sin esperanza.[5]

La Iglesia Anglicana estaba muerta y moribunda. David Lowes Watson escribe:

> Las iglesias fueron subsidiadas por el gobierno, y a los pastores se les pagaba el "sustento" a través de los ingresos fiscales del Estado. De los 11.000 "sustentos" en 1750, 6.000 fueron usados por hombres que nunca ponían un pie en sus propias parroquias; vivían en Londres o en el continente y labraban sus parroquias con pobres mal pagados y curas no capacitados. A muy pocos les preocuparon sus curatos, sobre todo en aquellos distritos de donde procedían los trabajadores industriales.[6]

En estas condiciones entra John Wesley. Para lograr los cambios espirituales, John Wesley viajó unas doscientas cincuenta mil millas (principalmente a caballo), predicó más de cuarenta mil sermones (dos o tres veces al día), y regaló unas treinta mil libras inglesas de sus propios ingresos de libros. Formó sociedades, abrió capillas, examinó y comisionó a predicadores, administró organizaciones benéficas, les prescribió medicamentos a los enfermos, y supervisó escuelas y orfanatos. Wesley utilizó todos los beneficios de sus obras literarias para fines benéficos, y animó a los cristianos a participar activamente en la reforma social.

---

5. D. Michael Henderson, *John Wesley's Class Meeting(La Reunión de la Clase de John Wesley)* (Nappanee, IN: Casa Editorial Evangel, 1997), p. 19.

6. Henderson, p. 20.

Él habló fuertemente en contra de la trata de esclavos y animó a William Wilberforce en su cruzada contra la esclavitud. Numerosas sociedades de ayuda cristianas surgieron como resultado del avivamiento Metodista. Los hospitales y las escuelas se multiplicaron. Con el cambio de siglo, el movimiento que Wesley comenzó, llamado el metodismo, había alcanzado a cien mil miembros y había establecido diez mil clases (grupos pequeños). Este sistema de bandas y clases continuó durante más de un siglo.[7] Cientos de miles de personas participaron en el sistema de grupos pequeños.[8]

John Wesley y el metodismo, movieron significativamente hacia adelante el concepto y la práctica de los grupos pequeños. Los grupos pequeños de Wesley hicieron énfasis en la transparencia, la santidad, la evangelización, y la multiplicación. Él también reunió a esos grupos en reuniones más grandes, anticipando la iglesia celular de hoy en día. Por estas razones, decidí dedicar dos capítulos al metodismo— uno centrado en su fundador, John Wesley; y el otro en los grupos pequeños dentro del metodismo.

CRIANZA DE WESLEY

John Wesley nació en 1703 en Epworth, Inglaterra. Él era el hijo número quince de Samuel y Susana Wesley. Samuel Wesley era un graduado de la Universidad de Oxford y rector de la Iglesia de Inglaterra. Los padres de Wesley se habían convertido en miembros de la Iglesia establecida de Inglaterra a principios de

---

7. Howard Snyder, *The Radical Wesley and Patterns for Church Renewal (El Wesley Radical y Patrones para una Renovación de la Iglsesia)* (Downers Grove, IL: Imprenta InterVarsity, 1980), p. 62. De 1738 a 1798 el movimiento creció de cero a ciento cuarenta y nueve circuitos con 11.712 miembros.

8. Brown, p. 39.

la edad adulta, aunque también tenían una herencia puritana fuerte. Susanna le dio a Samuel Wesley diecinueve hijos, pero sólo nueve vivieron. En 1696, Samuel fue nombrado rector de Epworth.

Al igual que en muchas familias en esos tiempos, los padres de Wesley practicaban la "educación en casa", durante los primeros años del desarrollo de sus hijos. A cada niño, incluyendo a las niñas, se les enseñó a leer tan pronto como podían caminar y hablar. Se esperaba que fueran proficientes en latín y griego y que aprendieran grandes porciones del Nuevo Testamento de memoria. Susanna Wesley examinaba a cada niño antes de la comida del mediodía y antes de la oración de la noche. A los niños no se les permitía comer entre comidas y eran entrevistados por su madre, una noche, cada semana, con el propósito de darles una intensiva instrucción espiritual. Desde muy temprana edad, Dios en su soberanía preparó a Wesley para el ministerio de los grupos pequeños. Plueddeman escribe:

> Su propia madre, Susana, había iniciado reuniones de hogar en los años en que estuvieron en la casa pastoral o rectoría. Éstas comenzaban con tiempos devocionales que Susanna dirigía para sus hijos. Unos vecinos le pidieron poder asistir, y finalmente, el grupo creció a más de 200 personas. . . la visión de grupos en las casas se convertiría en una dinámica importante en el ministerio de sus hijos, John y Charles (Juan y Carlos).[9]

En 1714, a los once años, Wesley fue enviado a la Escuela de Charterhouse en Londres (bajo la maestría de John King de 1715), donde vivió la estudiosa, metódica y por un tiempo— vida religiosa en la que había sido entrenado en casa.

---

9. Plueddemann, p. 8.

OXFORD

En junio de 1720, Wesley entró en la Christ Church (Iglesia de Cristo), Oxford. En 1724, Wesley se había graduado de una licenciatura de Artes, pero luego decidió perseguir el título de la Maestría en Artes. Fue ordenado diácono el 25 de septiembre 1725 y también se convirtió en un colega y tutor en la universidad. En ese mismo año, leyó a Tomás de Kempis y Jeremy Taylor y comenzó a buscar personalmente a Dios por un avivamiento. La lectura de Law's *Christian Perfection* y de *A Serious Call to a Devout and Holy Life* (La Perfección Cristiana de William Law y Un Serio Llamado a una Vida Devota y Santa) le dio una mejor comprensión de la ley de Dios. Wesley decidió mantenerla en su interior y exteriormente, tan sagradamente como le fuera posible, creyendo que en la obediencia encontraría la salvación.

El persiguió a un estilo de vida rígidamente metódico y abnegado. Estudiaba diariamente las Escrituras, realizaba disciplinas espirituales, y se privaba a sí mismo de los placeres físicos para dar más limosnas.

En marzo de 1726, Wesley fue elegido por unanimidad como colega de Lincoln College, Oxford. Esto lleva consigo el derecho a una habitación en la universidad y salario regular. Mientras continúa sus estudios, Wesley enseñó griego, dio una conferencia sobre el Nuevo Testamento, y moderaba debates académicos en la universidad. Sin embargo, en medio de su carrera académica, sintió el llamado al ministerio.

En agosto de 1727, después de obtener su título de maestría, Wesley volvió a Epworth porque su padre solicitó su ayuda para servir en la vecina parroquia de Wroote. Fue ordenado sacerdote anglicano el 22 de septiembre 1728, Wesley sirvió como sacerdote asociado por dos años. Regresó a Oxford en noviembre de 1729 para mantener su condición de becario junior.

Durante la ausencia de Wesley, su hermano menor Charles (Carlos) se matriculó en el Christ College (Universidad de Cristo). Cuando John (Juan) regresó, formaron un pequeño club con el objeto de estudio y de búsqueda de una vida cristiana devota. John se convirtió en el líder del grupo, y éste aumentó en número y compromiso (George Whitefield se hizo parte de este club). El grupo se reunía diariamente desde las seis hasta las nueve para oración, lectura de los Salmos, y para estudiar el Nuevo Testamento en griego. También ayunaban los miércoles y los viernes hasta las tres de la tarde, como se observa comúnmente en la antigua iglesia. Ellos predicaban, educaban a los iletrados, aliviaban a los deudores encarcelados siempre que era posible, y cuidaban a los enfermos.

Dada la decadencia de la espiritualidad en Oxford en esos tiempos, el grupo de Wesley provocó una reacción negativa. Ellos fueron considerados religiosos "fanáticos". Los ingeniosos de la Universidad acuñaron el término "club santo", un título de burla. La oposición se intensificó tras el colapso mental y la muerte de un miembro del grupo, William Morgan. En respuesta a la acusación de que "el ayuno riguroso" había apresurado su muerte, Wesley señaló que Morgan había dejado de ayunar un año y medio antes. En la misma carta, la cual circuló ampliamente, Wesley hizo referencia al nombre "Metodista" diciendo que algunos estaban encantados de elogiar al club con ese nombre. Wesley también consideró que el desprecio mostrado hacia el "club santo" era una marca de un verdadero cristiano.

2000 años de grupos pequeños

Más allá de las buenas obras y la piedad exteriorizada, Wesley cultivó la santidad interior. Desarrolló una lista de "preguntas generales" en 1730. Él desarrolló aún más estas preguntas en una elaborada tabla, en la que grababa sus actividades diarias hora por hora para determinar si había roto o mantenido sus resoluciones. Él posteriormente clasificaba "el nivel devocional" por hora en una escala de uno a nueve.

VIAJE A SAVANNAH, GEORGIA

El 14 de octubre 1735, Wesley y su hermano Charles navegaron a Savannah, Georgia. James Oglethorpe, quien había fundado una colonia allí, pidió que Wesley se convirtiera en el ministro de la parroquia de Savannah recién formada.

En el viaje hacia las colonias, los hermanos Wesley primero entraron en contacto con los moravos, quienes también iban camino a Georgia. Wesley estaba impresionado por su fe y espiritualidad, profundamente arraigada en el pietismo. En un momento en el viaje, una tormenta se levantó y rompió el mástil de la nave. Mientras los ingleses entraron en pánico, los moravos cantaban himnos con calma y oraban. Esta experiencia llevó a Wesley a creer que los moravos poseían una fuerza interior que le faltaba. La espiritualidad personal profunda que los moravos practicaban influenció fuertemente la teología del metodismo de Wesley.[10]

Llegaron a Savannah el 8 de febrero de 1736 y Wesley comenzó a difundir el cristianismo a los de la colonia. Wesley observó cómo los moravos se repartían en bandas más pequeñas y cómo contribuían decisivamente promoviendo la santidad.

---

10. Tomado del artículo llamado, "Metodismo" en http://en.wikipedia. org/wiki/Methodism. Accesado el viernes 20 de diciembre de 2013,

Wesley copió su patrón en Georgia y dividió el cuerpo más grande de creyentes en bandas más pequeñas a las que les pidió que se reunieran semanalmente para exhortarse mutuamente y crecer en la fe.[11]

La misión de Wesley, sin embargo, enfrentó constantes desafíos. Él había desarrollado una relación romántica con Sophia Hopkey, una mujer que había viajado a través del Atlántico en el mismo barco que Wesley. Wesley rompió abruptamente la relación debido al consejo de un ministro moravo en quien confiaba. Hopkey sostuvo que Wesley había prometido casarse con ella y, por tanto, se había retractado con la ruptura de la relación. Los problemas de Wesley llegaron a un punto crítico cuando le negó la comunión a Hopkey. Ella y su nuevo esposo, William Williamson, presentaron una demanda contra Wesley.

Wesley fue sometido a juicio y se enfrentó a las acusaciones hechas por Hopkey. Cuando el proceso terminó en un juicio nulo, Wesley sintió que su reputación ya había sido empañada demasiado, e hizo saber que tenía la intención de regresar a Inglaterra. Williamson levantó cargos contra Wesley para impedirle salir de la colonia, pero él se las arregló para regresar a Inglaterra. Él se sentía agotado por toda la experiencia. Su misión a Georgia contribuyó a una lucha de por vida con la duda personal. Wesley volvió a Inglaterra deprimido y derrotado. Fue en este punto que se volvió a los moravos. Tanto él como Charles recibió consejo de un joven misionero de Moravia, Peter Bohler, quien se encontraba temporalmente en Inglaterra a la espera del permiso para partir hacia Georgia.

---

11. David Lowes Watson, p. 80.

INFLUENCIA MORAVA

El 24 de mayo 1738 Wesley asistió a una reunión de Moravia en Aldersgate Street, Londres. Wesley escuchó la lectura del prólogo de Martín Lutero a la Epístola a los Romanos y escribió las líneas ahora famosas, "Sentí un extraño calor en mi corazón". Él escribió acerca de esa experiencia:

> Fui de muy mala gana a una sociedad en la calle Aldersgate, donde alguien estaba leyendo acerca del prólogo de Lutero a la Epístola a los Romanos. Alrededor de un cuarto antes de las nueve, mientras él describía el cambio que Dios obra en el corazón a través de la fe en Cristo, sentí un extraño calor en mi corazón. Sentí que sí creía en Cristo, sólo en Cristo para salvación, y me fue dada una seguridad que Él me había quitado mis pecados.

Wesley fue conducido a la seguridad de la salvación y a una profunda relación personal con Dios en esa reunión. Estaba tan impactado por Dios a través de los moravos que viajó a Alemania para reunirse con el Conde Zinzendorf en Herrnhut.

> El conde nos recibió de una manera con la que no estaba tan familiarizado, y por lo tanto no sé cómo describirla. Creo que su comportamiento no era diferente al de su Maestro (si podemos comparar lo humano con lo divino) cuando tomó a los niños en sus brazos y los bendijo. Debimos habernos sorprendido mucho de él, pero nos vimos envueltos en una nube junto con los que estaban como seguidores de

él, ya que él es de Cristo. Ochenta y ocho de ellos alababan a Dios con un solo corazón y una sola boca. [12]

Wesley, el agudo observador, tomaba notas meticulosas cuando se encontró con el conde y estudió sus prácticas y metodología. Tenía una capacidad extraordinaria para adaptar los principios y conceptos a su propio contexto. Latourette señala que él tenía ". . . una capacidad inusual para aceptar sugerencias y adoptar y adaptar los métodos de distintos lugares". [13] Sabía que lo que vio en Herrnhut no funcionaría de la misma manera en los centros urbanos de Londres. Henderson escribe:

> En el asentamiento de Herrnhut, Wesley observó la comunidad morava con gran fascinación. Siguiendo una costumbre que había practicado desde sus días de estudiante en Oxford, pasó gran parte del tiempo "recogiendo" o haciendo observaciones concisas y evaluaciones en un cuaderno de bolsillo. Su mente ordenada se deleitaba con su proceso administrativo cerrado, y durante tres semanas escrutó todo su plan de operaciones, tomando notas copiosas y meticulosas. El conde Zinzendorf había dispuesto la comunidad en células compactas, o "bandas", como él las llamaba, para la supervisión espiritual y la administración de la comunidad. [14]

Aunque Wesley era muy positivo acerca de muchas de las prácticas que observó, también criticó otras. Sintió que los grupos de

---

12. George W. Forrell, *Nine Public Lectures on Important Subjects of Religion (Nueve Charlas Públicas sobre Temas Importantes de Religión)* (Ciudad de Iowa, Iowa: Imprenta de la Universidad de Iowa), pp. xiii-xiv.

13. Latourette, p. 1,026.

14. Henderson, p. 59.

Moravia se abstraían demasiado del mundo y no involucraban a las personas lo suficiente. También consideró que el conde Zinzendorf era demasiado controlador y que los moravos no tenían la libertad para hacer cosas lejos de su atenta mirada. [15] Wesley sentía que los que estaban en las bandas de Moravia debían ministrarse los unos a los otros y no ser controlados por un sistema de monitoreo. David Watson escribe:

> En las Reglas de las Bandas-Sociedades que Wesley elaboró para los metodistas en diciembre del mismo año, destacó precisamente la cualidad que sentía que faltaba en el sistema de monitoreo de Moravia: la confesión mutua y la rendición de cuentas. El líder de la banda, "alguna persona entre nosotros", habría de "hablar sobre su propio estado primero, y luego pedirle a los demás que también lo hicieran, en orden, tantas veces y con tantas preguntas inquisitivas como fueran necesarias". [16]

A finales de 1739 Wesley se preocupó más por los moravos y, finalmente, se separó de ellos por completo, manteniendo siempre sus vínculos con la Iglesia Anglicana. Sentía que algunos moravos en Londres estaban practicando el error del *Quietismo*. Les pedían a las personas que dudaban de su fe estar quietas hasta que la fe surgiera. [17] Él decidió formar sus propios

---

15. David Lowes Watson, p. 82.

16. Ibid., p. 83.

17. La filosofía actual llamada "Quietismo" fue un sistema de cristianismo místico que requiere una abstracción del mundo, una renunciación a la voluntad humana individual, y a la contemplación pasiva de Dios y de cosas divinas. Fue condenada por la Iglesia Católica Romana en 1687 por elevar erróneamente la contemplación por encima de la meditación, la quietud intelectual por encima de la oración audible, y la pasividad interior por

seguidores en una sociedad independiente. Luego él comenzó la Sociedad Metodista en Inglaterra e inició sociedades similares en Bristol, Kingswood, y en toda Inglaterra.[18] Wesley siguió algunos principios y prácticas de los moravos, pero también adaptó y rechazó otros elementos.[19]

El Legado Moravo en la Metodología de Wesley[19]	
Elementos que le gustaban a Wesley	Elementos que no le gustaban a Wesley
- de himnos a manera de instrucción - El lugar de la mujer en el servicio - Servicios especiales: "Fiesta Agape", "Vigilias" - Ecclesiolae in ecclesia - Fraternidad intensa: unidad antes de la información - Énfasis en la conducta, no especulación - Énfasis en la conversión instantánea, seguridad de salvación - Distinción de coros para instrucción y bandas para edificación	-Falta de apertura, franqueza y simplicidad de discurso -Exclusividad -Dominación de Zinzendorf -Antinomianismo -La doctrina Morava de la "quietud" -Degradación del "significado de la gracia" como la comunión y el bautismo -Tomar desiciones echando suertes -Una tendencia hacia el misticismo -Piedad subjetiva no relacionada con asuntos humanos

encima de las acciones piadosas. Esta no era la posición oficial de los moravos, pero Wesley sintió que ciertas prácticas se inclinaban hacia el quietismo. Por supuesto que, lo que funcionaba bien en la casa de Zinzendorf en Alemania era difícil de aplicar en el ambiente urbano ruidoso y agitado de Londres. Las masas de Inglaterra no iban a disfrutar de la reclusión y del privilegio de esperar como aquellos bajo Zinzendorf. Finalmente, Wesley tenía que encontrar su propio camino y desarrollar su propio estilo de grupos pequeños.

18. W. P. Stephens, "Wesley and the Moravians," (Wesley y los Moravos) *John Wesley: Contemporary Perspectives (Perspectivas Contenporáneas)*, John Stacey, ed. (Londres: Imprenta Epworth, 1988), p. 35.

19. Henderson, p. 64.

El metodismo que Wesley finalmente estableció lo sacó de muchas fuentes y movimientos. George Hunter señala sucintamente:

> Él aprendió de la exposición de los grupos en los hogares (el *ecclesiolae in ecclesia*), que el líder luterano pietista Philipp Jacob Spener hizo un desarrolló para impulsar la renovación y el alcance, y Wesley aprendió particularmente de los moravos. Wesley también aprendió de los grupos anabaptistas y de las "sociedades" ocasionales dentro de la Iglesia de Inglaterra, por lo que su movimiento de grupo era ecléctico protestante. [20]

Wesley vio sus grupos como una mezcla entre la Pietista *Colegia* de Spener y las sociedades religiosas de Inglaterra. Se suponía que los miembros debían orar juntos, recibir palabras de exhortación, y velar los unos por los otros. Otro papel importante era comunicar el papel vital de la fe cristiana a los pobres y a los que no podían leer y aprender. [21]

El movimiento que Wesley comenzó fue único y completamente arraigado en la sociedad Inglesa como una manera de reformar la Iglesia Anglicana y difundir la santidad bíblica por toda la tierra. Junto con los grupos pequeños, Wesley empleó el método no convencional de la predicación al aire libre.

---

20. George G. Hunter III, *Church for the Unchurched (Iglesia para los que No han Sido Alcanzados)*(Nashville, TN: Imprenta Abingdon, 1996), p. 84.

21. Kenneth J. Collins, *John Wesley* (Nashville, Imprenta Abingdon, 2003), p. 121.

PREDICANDO AL AIRE LIBRE

En febrero de 1739, el amigo que Wesley tenía en de Oxford, George Whitefield, comenzó a predicar al aire libre a una compañía de mineros. Wesley dudó en aceptar el llamado de Whitefield de copiar este paso audaz. Wesley pensó que predicar al aire libre era muy extraño, pero Whitefield dio el ejemplo y Wesley le siguió.

Wesley se dio cuenta que muchos nunca entrarían en una iglesia y las reuniones al aire libre dieron a la gente la oportunidad de escuchar el evangelio. Wesley predicó donde pudo reunir gente, incluso utilizando la tumba de su padre en Epworth como púlpito. Wesley continuó durante cincuenta años— poniéndose en pie para predicar en los campos, en los salones, casas de campo, capillas, e incluso entraba en las iglesias cuando era invitado.

El clero atacó la predicación al aire libre de Wesley en los sermones y en la prensa, y en ocasiones las turbas le atacaron. Wesley y sus seguidores continuaron trabajando entre los desamparados y necesitados, a pesar de que fueron denunciados como promotores de doctrinas extrañas, fomentadores de disturbios religiosos, fanáticos ciegos, que alegaban dones milagrosos, que atacaban a los clérigos de la Iglesia de Inglaterra, y que trataban de restablecer el catolicismo. Como los primeros valdenses, el metodismo de los primeros tiempos utilizó efectivamente la predicación al aire libre, pero a diferencia de los valdenses, estos fueron capaces de seguir predicando al aire libre, a pesar de la oposición.

Wesley sintió que la Iglesia Anglicana falló al no llamar a los pecadores al arrepentimiento, que muchos de los clérigos eran corruptos, y que la gente no estaba escuchando el evangelio de

salvación dentro de los edificios de la iglesia. Él creyó que él
había sido comisionado por Dios para traer avivamiento a la
iglesia, y ninguna oposición, persecución u obstáculos podrían
prevalecer contra la urgencia divina y la autoridad de esta
comisión.

Al darse cuenta de que él y los pocos clérigos que le ayudaban
no podrían hacer este trabajo por sí solos, en 1739 comenzó
a aprobar predicadores laicos locales. Los miembros de los
grupos pequeños (clases) quisieron predicar al aire libre, y al
principio Wesley vaciló. Entonces, su madre Susana le dijo
que al no permitirles predicar, él estaría apagando el Espíritu
Santo. Él cedió y los predicadores laicos se convirtieron en
una característica importante del metodismo. [22] Él evaluaba a
cada predicador laico y los aprobaba, a pesar de que no estaban
ordenados por la Iglesia Anglicana.

PROPAGANDO SANTIDAD

Wesley definía la santidad como tener el corazón totalmente
fijado en Dios, dejando de lado todos los demás afectos. Este
énfasis en la santificación o en vivir una vida santa se convirtió
en el sello distintivo del movimiento de Wesley. A menudo decía
que la misión del metodismo era "difundir la santidad bíblica
por toda la tierra". Wesley afirmó que un creyente podía alcanzar *la perfección cristiana* o *el amor perfecto*, cuando "todo pecado
interior le era quitado". [23] Esta fue la doctrina más distintiva de
Wesley, que fue enseñada durante toda su vida.

---

22. Latourette, p. 1027.

23. *The Works of the Rev. John Wesley (Las Obras del Rev. John Wesley)*, Vol. VI, 3ª.
edición, John Emory, ed., 7 volúmenes, (Nueva York: The Methodist Book
Concern (La Preocupación del Libro Metodista), 1825, p. 498.

La teología única de Wesley era aquella centrada en la correlación de la justificación por la fe con buenas obras. El amigo de Wesley, Whitefield, un calvinista, sostuvo que el pecado permanecía en los corazones de los creyentes— de esa manera rechazando la noción de perfección cristiana de Wesley[24]. Whitefield considera a Wesley ingenuo y demasiado optimista para creer en la perfección cristiana.

Wesley y los moravos también se separaron por el tema de la santidad. Los moravos creían que la santidad de una persona provenía de Cristo solamente, mientras que los wesleyanos creían que se podría alcanzar un estado de perfección cristiana (a menudo llamado "amor perfecto") en esta vida. Los moravos siguieron la enseñanza luterana de la depravación total. [25] Joseph Hutton escribe:

Cuanto más Wesley estudiaba los escritos de los Hermanos, más se convencía que en muchos aspectos ellos eran maestros peligrosos. . . . John Wesley sostuvo que los Hermanos, como Molther, pusieron un énfasis parcializado en la doctrina de la justificación sólo por la fe. El sostuvo que ellos eran antinomianos; siguieron muy de cerca las enseñanzas de Lutero; menospreciaron la ley, los mandamientos, las buenas obras, y todas las formas de negación de sí mismo.[26]

Como anglicano, Wesley afirmó la validez y autoridad de la iglesia visible, pero él también fue influenciado por el concepto

---

24. Kenneth J. Collins, *John Wesley* (Nashville, Imprenta Abingdon, 2003), p. 116.

25. George W. Forrell, *Nine Public Lectures on Important Subjects of Religion (Nueve Charlas Públicas sobre Temas Importantes de Religión)* (Iowa City, Iowa: Imprenta de la Universidad de Iowa), pp. xvii-xix.

26. Joseph Edmund Hutton, Kindle Locations 3715-3720.

puritano de la iglesia reunida, basada sólo en la Escritura. Wesley enfatizó ambos conceptos. Reconoció la validez de una comunidad reunida, elegida por Dios para un propósito. Pero esto no negaba el concepto más amplio de una iglesia inclusiva y visible. Aunque Wesley nunca se separó de la Iglesia Anglicana, enseñó a sus seguidores a mantener su lealtad como anglicanos[27]

HASTA PRONTO

Wesley murió el 2 de marzo de 1791, a sus ochenta y siete años. Mientras agonizaba, sus amigos se reunieron alrededor de él, y Wesley les tomaba de sus manos diciendo repetidamente: "hasta pronto, hasta pronto". Luego él dijo: "Lo mejor de todo es que Dios está con nosotros", levantó los brazos y levantó la voz débil de nuevo, repitiendo las palabras: "lo mejor de todo es que Dios está con nosotros". Él fue sepultado en la capilla de Wesley, que construyó en el gran Londres. El sitio ahora es un lugar de culto y una atracción turística, incorporando el Museo del metodismo y la casa de John Wesley.

Debido a que él dio todo a la caridad, Wesley murió pobre, dejando como resultado del trabajo de su vida 153.000 miembros y 541 predicadores itinerantes. Se ha dicho que cuando Juan Wesley fue llevado a la tumba, dejó tras de sí una buena biblioteca de libros, un vestido de un clérigo muy gastado, y a la Iglesia Metodista.

LECCIONES APRENDIDAS

- John y Charles Wesley debieron la mayor parte de lo que fueron y lo que hicieron al entrenamiento diligente de

---

27. David Lowes Watson, p. 20.

su madre, sus altas expectaciones morales, ejemplo de piedad, y horas de instrucción espiritual.

- Wesley adaptó principios del ministerio y luego los criticó para determinar si encajaban en algún contexto o situación. Por ejemplo, el aprendió mucho de los moravos pero también adaptó sus enseñanzas a las bulliciosas ciudades de Inglaterra. No aceptó todo lo de George Whitefield, pero sí utilizó su estilo de predicación no convencional.

- Wesley primero aprendió de los moravos acerca de las bandas pero también hizo énfasis en rendirse cuentas mutuamente y en disminuir el control jerárquico.

- Wesley promovió la santidad y sintió que los grupos pequeños eran la mejor manera de ayudar a las personas a crecer en santidad.

Capítulo 12

LOS METODISTAS

John y Mary Smith participaron en una reunión de clase que transformó sus vidas. Eran pobres trabajadores de una fábrica, quienes como la mayoría habían escuchado de boca de las personas acerca de las reuniones de las clases. Recibieron el permiso para asistir dos veces antes de tomar la decisión de unirse al grupo. Les encantaba el libre fluir de las ideas, el compartir con transparencia y sobre todo, se sentían más cerca de Dios.

Esa noche en mayo de 1747, Ellos asistieron a la reunión de la clase en la casa de George, quien también era un líder. George abrió la reunión con una oración. John y Mary, eran una pareja recién casada y se sentían cómodos con la amplia mezcla de parejas solteras y casadas. Esa noche como siempre ellos cantaron apasionadamente los dos cantos, y posteriormente ellos ya sabían lo que George preguntaría: "¿Cómo prospera tu alma?". Ellos habían estado esperando oír las palabras de George durante toda la semana. Ellos les compartieron de manera honesta a las once personas reunidas en la casa de George. Mary dijo que ella disfrutaba del tiempo de oración y que estaba creciendo. John confesó que dos mañanas él había salido corriendo hacia la fabrica sin siquiera abrir su biblia. Él le pidió al grupo que orara por él. Ambos necesitaban oración para ser mejores testigos en la fábrica local de camisas, llamada Bristol. George fue hacia otros en el grupo, haciéndoles la misma pregunta. Él tenía esta manera de hacer la misma pregunta de diferente manera para asegurarse que cada persona respondiera honestamente y de manera transparente.

Algunos se apenaban y eran menos transparentes, pero otros compartían con confianza la obra santa de Dios en sus vidas. Todos sentían que eran parte de algo más grande que ellos mismos, de una misión para difundir la santidad por toda la tierra. John y Mary se sentían parte de un ejército que limpiaría Inglaterra, convertiría a las almas perdidas, y cambiaría la nación.

LA PRIORIDAD DE LOS GRUPOS PEQUEÑOS

Wesley veía la predicación como el preámbulo de lo que sucedería en los grupos pequeños. El discipulado tuvo lugar en las reuniones de las clases dirigidas por laicos a través de la ministración mutua. Henderson escribe: "La reunión de la clase era la unidad de instrucción más influyente en el metodismo y, probablemente, la mayor contribución de Wesley a la tecnología de la experiencia de grupo".[1] Aunque increíblemente sencilla, tuvo un impacto duradero, que los educadores

---

1. Henderson, p. 93.

y líderes religiosos por igual elogiaron. Una biografía de Adam Clarke (quien era un predicador metodista durante la vida de Wesley) relató la insistencia de Wesley sobre la prioridad de las reuniones de clase:

Por una larga experiencia conozco con propiedad los consejos del Sr. Wesley: "Establece reuniones de clase y forma sociedades donde quiera que prediques, y ten oyentes que sean atentos; para que donde hayamos predicado sin hacerlo, la palabra sea como la semilla por el lado del camino"... Sr. Whitefield. Cuando él se separó del señor Wesley, no siguió el consejo. ¿Cuál fue la consecuencia? El fruto del trabajo del señor Whitefield murió con él. Lo que Wesley dejó permanece y se multiplica.[2]

Las reuniones de la clase, fueron la estrategia de Wesley para hacer discípulos, en vez de oidores de sermones. Henry Ward Beecher dijo: "La cosa más grande que John Wesley le dio al mundo fue la reunión de la clase metodista". Dwight L. Moody, el renovador (avivamiento) del siglo XIX, dijo: "Las reuniones de la clase son las mejores instituciones que el mundo jamás haya visto para capacitar a los convertidos".[3]

2. J. W. Etheridge, *The Life of the Rev. Adam Clarke (La Vida del Reverendo Adam Clarke)* (Nueva York: Carlton y Porter, 1859), 189, citado en el libro de Kevin Watson (2013-11-01), *The Class Meeting: Reclaiming a Forgotten (and Essential) Small Group Experience (La Reunión de Clase: Reclamando una Experiencia Olvidada y Esecial del Grupo Pequeño)* (Kindle Location 1816). Editorial Asbury Seedbed. Edición Kindle.

3. Citado en Henderson, p. 93.

EL SISTEMA ENTRELAZADO:
BANDAS, CLASES, SOCIEDADES

Wesley llamó a sus tres grupos entrelazados *bandas*, *clases* y *sociedades*. En términos modernos los grupos de Wesley son similares a los grupos de responsabilidad o para rendir cuentas (bandas), células (clases), y grupos grandes de adoración (sociedades).

BANDAS

Las bandas se iniciaron en 1738, antes de las clases, y siguieron el patrón de Moravia de promover la renovación espiritual de cada miembro.[4] Las bandas se organizaban de acuerdo al sexo, la edad y el estado civil, y por lo general tenía unas seis personas.[5] Eran grupos homogéneos que se reunían para la comunión más íntima, con el objetivo de la transformación.[6] A diferencia de las clases, la asistencia no era necesaria y sólo alrededor del veinte por ciento de los del movimiento metodista se unieron a una banda.[7]

En cada reunión de las bandas, los miembros se preguntaban entre sí acerca de los pecados que habían cometido desde la última reunión, las tentaciones con las que habían tenido que

---

4. Latourette, p. 1026.

5. Brown, p. 38.

6. Estas no eran reuniones de discipulado uno-por-uno, una práctica que más tarde llegó a ser muy popular en Estados Unidos. Más bien las bandas daban prioridad a la interacción del grupo pequeño con el propósito de la transformación. La interacción uno-por-uno existía entre los miembros y líderes de la clase con su supervisor, pero la banda era una experiencia de grupo.

7. Young, p. 112.

lidiar, y la forma en que habían sido liberados de esas tentaciones. Las preguntas que se preguntaban eran como las siguientes:

- ¿Qué pecados conocidos has cometido desde la última reunión?

- ¿Con qué tentaciones te has encontrado?

- ¿Cómo fuiste liberado?

- ¿Qué has pensado, dicho o hecho que pudiera o no ser pecado?

Debido a que la asistencia no era requerida, las bandas no pudieron multiplicarse como las clases.[8] Doyle resume el propósito de las bandas:

> . . . estos eran grupos pequeños de alrededor de seis miembros, hombres y mujeres en grupos separados, que se reunían semanalmente para la confesión de sus pecados y para recibir cuidado pastoral. Sólo las personas que estaban seguras de su salvación podían unirse y sólo los que deseaban una más, más profunda, e íntima comunión.[9]

La reunión de la clase era el punto focal entre los metodistas, aunque las bandas tenían su lugar y eran importantes. A pesar de que las clases se convirtieron en la unidad básica de la organización metodista, las bandas no fueron desatendidas.

---

8. Bunton, p. 64.

9. Young, p. 112.

CLASES

Después de desarrollar las bandas y las sociedades, Wesley seguía frustrado por la falta de una estrecha supervisión pastoral, especialmente para aquellos que se habían convertido recientemente. Las clases surgieron como una forma de asegurarse de que cada miembro tuviera que rendir cuentas. En realidad, las clases iniciales se desarrollaron por una razón diferente: para recaudar dinero.

En 1742, un grupo de metodistas estaban tratando de encontrar la manera de pagar una deuda de un edificio en Bristol, Inglaterra. Capitán Foy sugirió que la sociedad Bristol se dividiera en grupos de doce personas. Una persona de cada grupo sería designada el líder y sería responsable de visitar a todos en el grupo, todas las semanas, con el fin de recoger un centavo de cada uno de ellos. Por este medio, Foy creyó que la deuda del edificio podría ser pagada. Alguien expresó la preocupación de que esto evitaría que los metodistas más pobres pudieran ser involucrados. El Capitán Foy respondió, convirtiéndose en voluntario para tomar a los once miembros más pobres de la sociedad Bristol en su grupo. Él los visitaba cada semana y les preguntaba si podían contribuir. Si no estaban en condiciones de hacerlo, él personalmente pagaba sus centavos por ellos. Luego, desafiaba a los demás asistentes a la reunión a hacer lo mismo.

En cuanto este plan se puso en práctica, se hizo evidente que muchos metodistas no mantenían las "Reglas Generales", las cuales se esperaba que cada metodista mantuviera. Las Reglas Generales eran: no hacer daño, hacer el bien, y atender a las ordenanzas de Dios. [10] Wesley se dio cuenta que los líderes de

---

10. (Las "ordenanzas de Dios" referidas a las prácticas cristianas o disciplinas espirituales, ejemplo: adoración pública, oración privada, lectura de la biblia, y así sucesivamente)

la clase podrían ayudar a los metodistas a practicar las reglas generales y a recoger la ofrenda semanal. [11] Él también entendió que las clases ayudarían a cada persona a crecer espiritualmente y a cuidarse mutuamente.

Las clases se convirtieron en una parte vital del movimiento metodista y desde 1742 en adelante, ya no era posible ser un miembro de la sociedad más grande a no ser que la persona fuera parte de una clase. [12] Wesley resumió su actitud acerca de las clases, diciendo: "Aquellos que no se puedan reunir en una clase no puede quedarse con nosotros". [13] Para decirlo de otra manera, en el metodismo no se te permitía unirte al grupo grande (la sociedad), antes de unirte al grupo pequeño (la clase). [14]

Las reuniones de la clase eran grupos mixtos y heterogéneos en términos del sexo, edad, posición social, y la preparación espiritual. Wesley visualizó la reunión de la clase como el punto de entrada para la mayoría de los iniciados en el metodismo, y él quería que los grupos de ingreso fueran un lugar de cálida confraternización de los compañeros luchadores, que representan una sección del metodismo. [15] El tamaño de la mayoría de las clases era de cinco a veinte. Un miembro de la clase de ese tiempo, escribió, "Una reunión de la clase, en la actualidad, se compone de un número indefinido de personas, generalmente de doce hasta veinte; aunque a veces aún menos de doce". [16]

---

11. Kevin Watson, Kindle Locations 377-390.

12. Bunton, p. 63.

13. Wesley, *Wesley's Works*, Vol. 2 (Londres, Wesleyan-Methodist Book/ Libro Metodista Wesleyano- Habitación/), p. 482.

14. Young, p. 113.

15. Henderson, p. 98.

16. David Lowes Watson, p. 95.

SOCIEDADES

Las sociedades se convirtieron en la suma total de las clases y los grupos. Para asistir a la reunión de la sociedad, una persona tenía que tener un boleto que mostrara que él o ella era un miembro fiel de una reunión de la clase. Estos boletos eran los permisos de entrada a las reuniones de la sociedad. Eran renovables trimestralmente y la falta de asistencia a las reuniones de la clase, excluía a la persona de entrar a las reuniones de la sociedad del próximo trimestre. El objetivo era que la persona que fallaba en la asistencia se arrepintiera y se volviera más plenamente a Cristo. [17]

Las sociedades no se reunían semanalmente, como las reuniones de la clase. Más bien, se reunían cada trimestre, y el enfoque principal era enseñar la Palabra de Dios y adorar juntos. Las personas que seguían comprometidos con Jesús y asistían a la clase cada semana eran admitidas automáticamente como parte de la sociedad después de tres meses. [18] Hunter hace una comparación importante:

> Una sociedad metodista se componía de la suma total de clases que se le atribuían. Como la membresía de una persona en el cristianismo primitivo se centraba principalmente en una iglesia en la casa y en segundo lugar en toda la iglesia dentro de la ciudad, igualmente en el metodismo la membresía principal se centraba en la clase y en segundo lugar en la sociedad. [19]

---

17. Bunton, pp. 63-64.

18. Hunter III, p. 85.

19. Ibid., p. 85.

Las reuniones de la sociedad se programaban cuidadosamente para no entrar en conflicto con cualquiera de los servicios de la Iglesia de Inglaterra. [20] Wesley quería que su movimiento fuera sumiso a la Iglesia Anglicana y transmitiera el mensaje, "somos fieles anglicanos y no en competencia o en contra de la Iglesia de Inglaterra". [21] A lo largo de su vida, Wesley se mantuvo dentro de la Iglesia anglicana establecida de Inglaterra, e insistió en que su movimiento se mantuviera dentro del anglicanismo.

Wesley no tuvo que lidiar con los principales problemas políticos de la iglesia, ya que estos ya estaban establecidos en la Iglesia de Inglaterra. Él estaba más preocupado por la transformación de los miembros que formaban parte de la Iglesia Anglicana, y por alcanzar a aquellos que no tenían una relación con Jesús. Algunos han comparado el movimiento de Wesley con una orden religiosa, o con un movimiento dentro de un movimiento.

DE REGRESO AL CRISTIANISMO PRIMITIVO

Wesley deseaba basar todo lo que hacía en la Biblia. A pesar que las clases comenzaron como una forma de recaudar dinero, Wesley no quería continuar con ellas a menos que pudiera ver su base en las Escrituras. Él escribió: "No podía dejar de observar, esto se trata de la misma cosa que era desde el principio del cristianismo... Los primeros predicadores se reunieron con estos catecúmenos, como se les llamaba, aparte de la gran congregación, para instruirlos, reprenderlos, exhortarlos y orar con ellos, según sus diversas necesidades". [22]

---

20. Henderson, p. 85.

21. Ibid., p. 85.

22. Citado en el libro de Stanley Aysling, *John Wesley* (Nueva York: Editoriales Collins, 1979), p. 132.

Wesley era un estudiante de la iglesia primitiva y creía que la
Iglesia de Inglaterra era una iglesia caída que necesitaba avivamiento. Él quería ayudarla a volver al ideal primitivo.[23] Sentía
que la transformación a largo plazo requería de una estructura
organizativa eficaz, y trabajó arduamente para construir una
amplia red de grupos pequeños. Hunter señala:

> Wesley también observó que ciertos comportamien-
> tos normativos fueron característicos de la vida en la
> iglesia primitiva. Se reunían "a fin de estimularse en el
> amor y en las buenas obras... animándose los unos
> a los otros" (Heb. 10: 24-25). Parecía que se habían
> enseñado, amonestado, exhortado, y orado los unos
> por los otros. Se regocijaban con los que se regocija-
> ban, y lloraban con los que lloraban (Rom 12:15). Sus
> comportamientos hacia los demás iban de contarse
> los pecados del uno al otro (Mateo 18: 15-18.) hasta
> edificarse los unos a los otros (1 Tesalonicenses 5:11.)
> Y Wesley creía que las primeras iglesias siguieron el
> pasaje de Santiago (5:16): "confiésense unos a otros
> sus pecados, y oren unos por otros, para que sean
> sanados". Con pesar, Wesley no vio tal comporta-
> miento en su Iglesia Anglicana. Una de las causas de
> esto, a su juicio, era la falta de grupos pequeños, una
> deficiencia que no estaba presente en las iglesias en las
> casas de la iglesia primitiva.[24]

Wesley se dio cuenta que a medida que acercaba a la gente a las
clases para que se desafiaran y animaran los unos a los otros, el

---

23. Hunter III, pp. 124-125.

24. Ibid., p. 125.

contagio y el poder de la iglesia apostólica se movería una vez más en la historia humana. [25] Él escribió:

> Nunca omitas reunirte con tu Clase o Banda; Nunca te ausentes de ninguna reunión pública. Estas son los mismos tendones de nuestra sociedad; y lo que debilite, o tienda a debilitar nuestro interés por éstas, o nuestra fidelidad para asistir a ellas, golpeará la raíz misma de nuestra comunidad. [26]

El debilitamiento de la estructura de la clase, de acuerdo con Wesley, golpearía la raíz del metodismo. Al igual que la iglesia primitiva, los grupos metodistas se reunieron principalmente en los hogares, pero también se reunían en tiendas, aulas, áticos, e incluso en depósitos de carbón—donde quiera hubiera espacio para que diez o doce personas se reunieran. Algunos seguidores piadosos caminaban largas distancias, soportaban aflicciones, y situaciones incómodas con el fin de asistir a su clase. [27]

HACIENDO DISCIPULOS

La reunión de la clase nunca fue un fin en sí misma; más bien era un medio para hacer discípulos. Algunos se preguntan por qué no se escribió más literatura acerca de las reuniones metodistas de las clases durante el tiempo de Wesley. David Lowe Watson cree que aquellos en los días de Wesley estaban más preocupados por la razón por la que se reunían, y por lo que

---

25. Ibid., p. 125.

26. John Wesley, "Un Relato llano sobre la Perfección Cristiana ," en *Works*, Jackson, 11: 433, citado en Kevin Watson, Kindle Locations 1828-1829.

27. Henderson, p. 99.

planeaban lograr, que en los aspectos específicos de la propia reunión. [28] Se reunían para convertirse en seguidores más fuertes de Jesús, para crecer en santidad, y en última instancia para transformar Inglaterra. Las personas, se suponía, que debían trabajar en su salvación gradualmente a lo largo del tiempo y desarrollar madurez. Las conversiones eran sólo el primer paso en un proceso gradual de llegar a ser como Jesús. Henderson escribe:

> Uno de los elementos clave de la reunión de la clase era la disposición para confrontar el pecado y ser sincero acerca del pasado oscuro de cada miembro. No debían ocultar nada. Una de las características notables del formato de la reunión de la clase fue el realismo sobre la naturaleza humana que se construyó en su diseño. [29]

Reunirse semanalmente les ayudó a sostener el proceso de discipulado y mantener la rendición de cuentas. David Watson dice: "El genio detrás de la organización de Wesley de las sociedades metodistas yacía en su reconocimiento que el discipulado cristiano era ante todo una respuesta a la gracia de Dios". [30] Las clases no eran tan intensas como las bandas; ni fueron diseñadas para las sesiones de consejería intensiva o para estudios bíblicos profundos. La dinámica de la comunión cristiana se desarrolló rápidamente, en cuanto los miembros comenzaron a "llevar las cargas de los otros", y a "preocuparse por los demás". Wesley escribe:

---

28. David Lowes Watson, p. xi.

29. Henderson, p. 103.

30. Henderson, p. 103.

Muchos ahora han experimentado felizmente esa comunión cristiana de la que no tanto tenían una idea antes. Ellos comenzaron a "llevar las cargas de los otros", y "naturalmente" a "cuidarse el uno al otro". Como se conocían a diario, cada vez más, se tenían un mayor afecto los unos por los otros. Y, al "hablar la verdad en amor, crecieron en Él, en todas las cosas, que es la cabeza, el Cristo; de quien todo el cuerpo, bien unido, y compactado por aquel que suministra todas las articulaciones, de acuerdo con la operación eficaz en la medida de cada parte, aumentó su propia edificación en amor".[31]

El único requisito para unirse a una reunión de la clase era el deseo de huir de la ira venidera. Una persona necesitaba estar dispuesta a crecer en santidad y a tomar las medidas necesarias para separarse del pecado y para separarse para Dios. Hunter escribe: "Con el tiempo, dos años en promedio, la mayoría de los miembros experimentaron la justificación y el nuevo nacimiento; y desde ese punto en adelante 'esperaban' experimentar 'santificación', es decir, 'habiendo sido perfeccionados en el amor "en esta vida".[32]

Los primeros metodistas audazmente reducían el número de personas si notaban cualquier pecado. Ellos querían una sociedad pura, libre de la contaminación del pecado. De hecho, a los invitados sólo se les permitía visitar una clase a modo de prueba. El visitante necesitaba entender las reglas de la sociedad y hacer un compromiso con esas reglas. Hubo muchos casos en que rechazaron los boletos de entrada cada trimestre

---

31. Citado en in Kevin Watson, Kindle Location 1823.

32. Hunter III, p. 121.

a los que no lograron cumplir con ellas. [33] Y la renovación trimestral de los boletos de la clase se convirtió no sólo en un examen disciplinario, sino también una ocasión en que todos los miembros, inclusive el líder, eran interrogados acerca de su crecimiento espiritual. [34] La reunión de la clase funcionó para determinar si un metodista estaba caminando en la gracia de Dios, y a través de las reuniones de la clase Wesley podaba la vid Metodista. [35]

Más que nada, la reunión de la clase era la manera principal de mantener a los recién convertidos a salvo de volver a caer en su antigua forma de vida. Wesley escribió:

> Estoy cada vez más convencido que el mismo diablo no desea nada más que esto, que la gente de cualquier lugar esté medio despierta, y luego abandonados a sí mismos para dormirse de nuevo. Por lo tanto puedo determinar, por la gracia de Dios, que no asestaré un golpe en un lugar donde no pueda seguir golpeando. [36]

A diferencia de la sociedad más general, el propósito de la clase metodista fue principalmente el de disciplina, de discernir, como Wesley dijo, "si [estaban] de hecho trabajando en su propia salvación. [37] Wesley estaba convencido que la gente rara vez progresaba en santidad por sí misma. Wesley criticó

---

33. David Lowes Watson, p. 108.

34. Ibid., p. 110.

35. Kenneth J. Collins, *John Wesley* (Nashville, Imprenta Abingdon, 2003), p. 122.

36. Wesley, March 13, 1743, "Recuentos y Diarios II" (1738-1743), Vol. 19 en *Trabajos*, 318.

37. Collins, p. 122.

explícitamente la falta de asistencia de George Whitefield a la reunión de la clase en Pembrokeshire en su diario publicado en 1763:

> Yo estaba más convencido que nunca que predicar como un apóstol, sin juntar a los que están despiertos y entrenarlos en los caminos de Dios, es sólo engendrar hijos para el asesino. ¡¿Cuánta predicación ha habido durante estos veinte años en todo Pembrokeshire?! Pero no hay sociedades regulares, sin disciplina, sin orden ni conexión. Y la consecuencia es que nueve de cada diez de los que una vez estuvieron despiertos ahora se duermen más rápido que nunca. [38]

Sin la estructura del grupo pequeño, Wesley sintió que la predicación trajo poco fruto duradero. De hecho, tanto George Whitefield como John Wesley predicaron continuamente al aire libre. Muchos se salvaron con Whitefield y Wesley. Ambos tenían historias similares y eran excelentes en la predicación al aire libre. Ambos fueron testigos de miles de conversiones a través de sus ministerios. Benjamín Franklin una vez calculó que Whitefield podía predicar fácilmente a una multitud de treinta mil personas —sin un micrófono. Whitefield probablemente incluso registró más conversiones que Wesley, debido a las enormes multitudes que atraía.

Aunque, también hubo algunas diferencias importantes entre los dos. Al final de su vida, George Whitefield dijo esto: "Mi hermano Wesley actuó sabiamente—las almas que fueron despertadas bajo su ministerio las unió en clases, y por lo tanto preservó los frutos de su trabajo. De esto me descuidé,

---

38. Wesley, "Journal for August 25, 1763," "Diario para el 25 de agosto,1763" en *Trabajos*, 21: 424, citado en Kevin Watson, Kindle Location 1856.

y mi pueblo es una cuerda de arena". [39]Wesley organizó el movimiento y lo puso bajo una administración sistemática; Whitefield esperaba que los que habían sido "despertados" siguieran por su propia iniciativa; Wesley dejó nada al azar.

REPORTÁNDOLE A TU ALMA

La reunión de la clase no era un evento altamente organizado. Normalmente duraba una hora, y el objetivo principal era "reportarle a tu alma".[40] La clase comenzaba con una alabanza de apertura, o dos. A continuación, el líder compartía una experiencia personal o religiosa. Luego, él hacía preguntas sobre la vida espiritual de los del grupo. Cada miembro daba un testimonio acerca de su condición espiritual. Después que los participantes respondía a la pregunta, el líder se volvía a otra persona en el grupo y le hacía la misma pregunta.

El líder de la clase u otra persona, responderían a la respuesta dada ofreciendo aliento, y en ocasiones dando consejos. Luego otros miembros compartirían sobre sus vidas espirituales. El patrón básico de la reunión era tan sencillo. Las personas estaban esencialmente dando testimonio de su experiencia con Dios durante la semana pasada. Y Dios usó este formato para transformar vidas y para mantener a cada persona responsable de vivir una vida santa. ¡Las personas a menudo experimentaban la conversión simplemente a través de la participación en una reunión de la clase![41] Antes de cerrar con oración, había

---

39. Henderson, p. 30.

40. Snyder, p. 55.

41. Thomas R. Albin, "'Inwardly Persuaded': Religion of the Heart in Early British Methodism,"("Persuadido por dentro: Religión del Corazón a Inicios del Metodismo Inglés") "in *Heart Religion*"("*Religión en el Corazón*") *in the Methodist Tradition and Related Movements (en la Tradición Metodista y en*

una ofrenda para apoyar el ministerio. Mallison escribe: "Se esperaba que cada miembro tuviera un sentimiento de pertenencia, que hablara libremente y con claridad sobre todos los temas, desde sus propias tentaciones hasta los planes para el establecimiento de una nueva reunión en una cabaña, o visitar a los afligidos". [42]

Puede ser difícil de entender cómo se vería la reunión de la clase hoy en día, o por qué tenía un impacto tan poderoso en aquel entonces. Hunter lo explica:

> Pero debido a que la experiencia del metodismo del siglo XVIII se llevó a cabo en un tiempo y cultura diferente a la nuestra, el significado más profundo o la misión de las reuniones de las clases no es tan obvia hoy en día, y al menos varios estudiosos han tratado de identificar la misma. En la ilustración del pionero Gloster Udy (1962), él llegó a la conclusión que la misión principal de las reuniones de clase era proporcionar a las personas el tipo de experiencia familiar que la agitación y la fragmentación de la revolución industrial les habían robado. Las experiencias de la clase inculcaban valores interpersonales y facilitaron el crecimiento y desarrollo de las personas. [43]

Wesley a menudo utilizaba "unos-a-otros", para indicar que se llevaba la carga del otro, para describir la esencia de las reuniones de la clase. Eran una familia lejos de la familia, al igual

los Movimientos Relacionados), Richard B. Steele, ed. (Lanham, MD: Imprenta Scarecrow, 2001), 45, citado en Kevin Watson, Kindle Locations 1826-1827.

42. John Mallison, *Growing Christians in Small Groups (Cristianos Creciendo en los Grupos Pequeños)* (Londres: Scripture Union, 1989), pp. 127-128.

43. Hunter III, p. 121.

que las iglesias en las casas primitivas. Lo que ocurría en las primeras reuniones de las clases metodistas se asemeja a lo que el escritor de Hebreos dice:

> Cuídense, hermanos, de que ninguno de ustedes tenga un corazón pecaminoso e incrédulo que los haga apartarse del Dios vivo. Más bien, mientras dure ese hoy, anímense unos a otros cada día, para que ninguno de ustedes se endurezca por el engaño del pecado (3: 12-13).

Una forma en que los miembros ministraban a Dios y se ministraban los unos a los otros era a través del canto de himnos. Uno de los miembros de una clase, en los tiempos de Wesley, habló acerca de cómo cantar era una parte importante de la reunión de la clase. Él escribe:

> Ya que el canto forma una parte considerable del servicio en una reunión de clase, debo darles uno o dos ejemplares de sus himnos. . . Son derramados de la manera más suave, relajante, y languideciente, sin el menor esfuerzo como sólo con la música se puede hacer; y ya sabes que la música tiene encantos para calmar a una bestia salvaje.[44]

EVANGELISMO Y MULTIPLICACIÓN

Tal como se mencionó anteriormente, Wesley no estaba convencido de que una persona hubiera tomado una decisión por Cristo hasta que esta estuviera involucrada en un grupo pequeño. De hecho, a menudo era en el grupo pequeño que las personas nacían de nuevo. Young escribe: "Las clases sirvieron

---

44. David Lowes Watson, p. 97.

como una herramienta evangelística y como un agente de discipulado". [45] Incluso si las personas aceptaban a Jesús durante la predicación al aire libre, confirmaban el significado de lo que habían hecho en las reuniones de clase. Las clases nutrían a la persona y le ayudaban a que su conversión fuera más real. Brown dice:

> Los grupos también tenían una clara función evangelística al convertirse las personas en las reuniones, y al facilitárseles a los miembros no practicantes renovar su compromiso con Cristo. Wesley sabía que los comienzos de la fe en la vida de una persona podrían ser incubados de fe salvadora de manera más eficaz en un cálido ambiente cristiano que en el frío del mundo. [46]

Hunter habla sobre Wesley acerca de ser "conducido a multiplicar 'clases' pues estas servían más como grupos de reclutamiento, como puertos de entrada para nuevas personas, y para involucrar a las personas que habían despertado con el evangelio y el poder". [47] Sabía que necesitaba muchas más clases para alcanzar a un mundo perdido para Jesús. Hubo un constante sentido de la urgencia y visión para alcanzar a personas que no tenían a Jesús.

Cuando una clase se hacía demasiado grande, se multiplicaba para permitir más espacio a otros. Sin embargo, una de las formas más comunes de iniciar nuevos grupos fue a través de la plantación de células. Se desarrollaban a los líderes y después

---

45. Young, p. 113.

46. Brown, p. 39.

47. Hunter III, p. 56.

uno o dos empezaban los nuevos grupos y comenzaban a invitar a las almas recién despertadas. [48] T. A. Hegre escribe:

Creo que el éxito de Wesley se debió a su hábito de establecer grupos pequeños. Sus convertidos se reunirán regularmente en grupos de alrededor de una docena de personas. Si el grupo se hacía demasiado grande, se dividía, y podía continuar dividiéndose una y otra vez. [49]

Wesley no comenzaba una clase, si no podía manejarla eficazmente, y no predicaba donde no podía enrolar a personas en clases. [50] Hunter advierte: "Él [Wesley] no veía ninguna virtud en iniciar un nuevo ministerio o grupo de vida que muriera poco después del nacimiento, o al que se le atrofiara el crecimiento". [51] Wesley entendió que el discipulado era más importante que simplemente conseguir que un montón de personas se convirtieran. Gran parte de la estrategia de Wesley podría resumirse en cuatro máximas:

- Predicar y visitar en la mayor parte de lugares que se pueda.

- Ir más donde se es más requerido.

- Iniciar tantas clases como sea posible administrar eficientemente.

---

48. William Walter Dean, en su disertación sobre el sistema de clases de Wesley escribe: "La división celular es mucho menos común de lo que se podría haber esperado. La formación de nuevas clases fue el método más frecuente usado para el crecimiento". (Dean 1985:266).

49. Hegre, p. 8.

50. Hunter III, p. 56.

51. David Lowes Watson, p. 119.

- No prediques donde no puedas enrolar en clases a las personas que han tenido un despertar.[52]

LIDERAZGO DE LAS CLASES

Las bandas eran más informales y no necesitaban un líder establecido. Esto no era cierto en las clases. Los líderes de las clases eran los pastores espirituales que cuidaban a los del grupo. El líder mantenía un registro de asistencia y visitaba a las personas que no asistían a la reunión semanal. De hecho, una de las razones clave para el éxito de las clases era el sistema de liderazgo. Wesley estableció ciertos principios para el liderazgo:

- Los líderes fueron nombrados (a diferencia de las bandas, en las que los líderes fueron elegidos).[53]

- A las mujeres se les permitía ser líderes laicas (con el tiempo se convirtieron en mayoría).[54]

- La selección de liderazgo se basaba en el carácter moral y espiritual, así como en el sentido común.[55]

- Liderazgo era "plural", es decir, había más de un líder, por lo que el liderazgo era compartido.[56] Snyder escribe: "Este fue el sistema normal, basado en parte en la convicción de Wesley de que la supervisión espiritual tenía que ser íntima y personal y que el liderazgo plural era la norma en una congregación".[57]

- Los líderes de la clase eran vistos como pastores.

52. Hunter III, p. 56.

53. Pallil, p. 110.

54. Brown, p. 39.

55. Ibid.

56. Young, p. 113.

57. Snyder, p. 58.

Los líderes de las clases fueron llamados por diferentes nombres, como *sub-pastores*, *oficiales no comisionados*, e incluso *policía espiritual*. Lo que Wesley buscaba en un líder era la disciplina, la espiritualidad y el compromiso de ayudar a otros a ser discípulos de Jesús. [58] El líder de la clase necesitaba mantener su vida espiritual vibrante, como podemos ver por la descripción de Francis Asbury, de un líder espiritual de la clase en el libro 1798 *Doctrines and Discipline* (1798 *Doctrinas y Disciplina*):

> Hemos observado casi constantemente, que cuando un líder es aburrido o descuidado o inactivo— cuando no tiene ni habilidades o celo suficientes para reprobar con coraje, aunque con gentileza, e impulsar una salvación presente en los corazones de los sinceros, la clase es, en general, lánguida; pero, por el contrario, cuando el líder es mucho más vivaz para con Dios y fiel en su gestión, la clase es también, en general, muy animada y espiritual. [59]

Los líderes de la clase tenían dos responsabilidades principales:

1. Ver a cada persona en su clase una vez a la semana con el fin de investigar cómo prosperaban sus almas; aconsejar, reprender, consolar, o exhortar, según la ocasión lo ameritaba; para recibir lo que ellos están dispuestos a

---

58. David Lowes Watson, p. 101.

59. Frederick A. Norwood, ed., *The Doctrines and Discipline of the Methodist Episcopal Church in America (Las Doctrinas y Disciplina de la Iglesia Episcopal Metodista en América)*.Con notas explicativas de Thomas Coke y Francis Asbury, Facsímil ed. (Evanston, IL : El Instituto para el Estudio del Metodismo y Movimientos Relacionados, Garrett-Seminario Teológico Evangelico, 1979), 147 (de ahora en adelante, 1798 *Doctrinas y Disciplina*), citado en Kevin Watson, Kindle Locations 1798-1801.

dar para el alivio de los pobres. En las reglas metodistas, dice: "Si es posible, el líder debe ver a cada uno de sus miembros una vez por semana, y si, debido a la aflicción o descuido, cualquier miembro se ausenta de su clase, ese miembro debe ser visitado sin demora". [60]

2. Reunirse con el ministro y los supervisores de los grupos pequeños (llamados administradores de la sociedad) una vez a la semana; para informar al ministro de alguno que esté enfermo, o de cualquiera que andaba desordenadamente, y de esta manera no sería reprendido; para pagar a los administradores lo que han recibido en sus varias clases en la semana anterior; y para mostrar lo que cada persona ha aportado. [61]

Hacer que la gente asistiera a la reunión de la clase se hizo cada vez más y más difícil a medida que pasaba el tiempo. Lo siguiente fue tomado de *The Wesley Banner and Revival* (El estandarte de Wesley y el Avivamiento, escrito en 1849) en un momento en que el metodismo se había vuelto más institucionalizado.

Él [el líder] debería instar a sus miembros a asistir semanalmente a sus clases, insistiendo, a pesar de las excusas que algunos hacen por su asistencia irregular, que, en general, donde hay voluntad, hay una manera. [62]

Para convertirse en un líder de la clase, no era necesario el entrenamiento formal. El entrenamiento era su experiencia. Henderson escribe:

---

60. David Lowes Watson, p. 103.

61. David Lowes Watson, p. 98.

62. Ibid., p. 103.

200 años de grupos pequeños

Los primeros metodistas creyeron que el liderazgo era una cualidad que se producía de forma natural entre los grupos de personas y no se podía producir como tal, sólo ser reconocido. Aunque se discutía con frecuencia sobre las escuelas de formación de ministros, nunca hubo ningún seminario o instituto bíblico para los líderes Metodistas por más de cien años. De hecho, no hubo un programa formal de capacitación durante el siglo XVIII para ellos. Ningún curso académico "calificaba" a los predicadores para su trabajo como metodistas. Más bien, la gente local que mostraba capacidad de liderazgo eran promovidas a través de una sucesión de cargos menores hasta que la capacidad era reconocida en los niveles superiores por medio de la consagración a la itinerancia. [63]

Finalmente, los líderes comenzaron a reunirse semanalmente con sus supervisores o "administradores", para recibir ánimos e instrucción.

SUPERVISIÓN

Wesley fue el principal visionario y promotor de las reuniones de las clases metodistas. Sin embargo, Wesley tuvo que seguir poniéndose a un lado y delegar a otros a niveles cada vez más altos de liderazgo. Latourette dice:

Durante un tiempo, el propio Wesley visitó cada una de las sociedades para supervisarlas y para hacer cumplir la disciplina. A medida que aumentaron, esto se convirtió en imposible de continuar haciendo y reunía a sus predicadores en conferencias anuales. . . A

---

63. Henderson, p. 149.

medida que las sociedades y los predicadores crecieron en número, él estableció "circuitos" con predicadores viajeros, y tan pronto como colocó un asistente para sí, este fue puesto como superintendente a cargo de cada circuito. Él mismo se mantuvo en control autocrático de todo. [64]

Wesley hizo todo lo posible por servir de cerca y mantenerse en contacto con el próspero ministerio, pero al final se dio cuenta que no podía estar presente en todas partes. Él retrocedió y permitió que otros se hicieran cargo. La supervisión administrativa primaria se llevó a cabo en las reuniones semanales de supervisión (liderazgo de sociedad). Estos supervisores fueron designados por Wesley y recibirían los informes de los líderes y ofrecían consejo y aliento. Henderson escribe:

> Cada metodista se encontraba bajo la supervisión directa e inmediata de otra persona. Había un énfasis constante en "llevar las cargas de los demás", por lo que ni siquiera la más leve aflicción pasaba desapercibida. . .Los procesos metodistas del grupo estaban bajo un sistema simple, pero exhaustivo de vigilancia constante. Del mismo modo que un científico puede supervisar un sistema complicado y vasto viendo un panel o medidores, diales, y marcadores, así el predicador metodista local podía controlar a la sociedad mediante el examen de los libros de la clase y los registros que se presentaban con regularidad. [65]

La supervisión de los que habrían de pastorear el rebaño fue una razón fundamental por la que los metodistas fueron capaces de

---

64. Latourette, p. 1,027.

65. Henderson, p. 144.

seguir creciendo. Cuidaban de los líderes en todos los aspectos. Las clases formaban una sociedad; las sociedades fueron organizadas por distritos; y los distritos fueron distribuidos en provincias o naciones, con Wesley, el principal líder y visionario.

REUNIONES DE LAS CLASES EN NORTE AMÉRICA

A medida que el metodismo se fue trasplantando de los ingleses a suelo estadounidense en la segunda mitad del siglo XVIII, las reuniones en las clases se fueron arraigando firmemente en el contexto americano. De hecho, cuando el metodismo se convirtió en una denominación formal en los Estados Unidos en 1784, la reunión de la clase fue registrada como un requisito para ser miembro. Los primeros metodistas en Norteamérica eliminaban a los que no asistían regularmente a una reunión de clase. También utilizaron el sistema de los boletos como un método de comprobación de entrada para la reunión más grande. Sin embargo, esos boletos se convirtieron gradualmente, cada vez más, en un símbolo de la identidad metodista y no eran un medio de entrada en el servicio de adoración. [66] Peter Cartwright era un predicador metodista del siglo XIX y político en Illinois, que compitió contra Abraham Lincoln por un escaño en el Congreso de Estados Unidos en 1846, y perdió. Él escribió acerca de la clase:

> Las reuniones de las clases han sido propiedad y bendecidas de Dios en la Iglesia Metodista Episcopal, y a partir de la experiencia de más de cincuenta años, dudo que cualquiera de los medios de gracia haya resultado tan exitoso en la construcción de la Iglesia Metodista como este bendito privilegio. . .Que el tiempo nunca

---

66. Kevin Watson, Kindle Locations 459-463.

venga cuando las reuniones de clase sean puestas a un lado en la Iglesia Metodista Episcopal, o cuando estas reuniones de la clase dejen de ser una prueba de la afiliación entre nosotros. Ruego y suplico por líderes de clases que sean puntuales en asistir a sus clases, y si alguno de sus miembros se mantiene alejado por cualquier causa, que los cazen, que averigüen la causa de su ausencia, que oren con ellos y que les insten al importantísimo deber de asistir regularmente a la reunión de la clase. Mucho, mucho, depende de los líderes de clases fieles y religiosos; y ¿cómo se presentará el líder de la clase infiel en el juicio aquel gran día, cuando por su negligencia muchos de sus miembros se hubieran desviado, y finalmente se pierdan?[67]

Las reuniones de la clase dieron a hombres y mujeres un sentido de propósito y dirección a medida que crecían juntos en la santidad cristiana.

DECLIVE DE LAS REUNIONES DE LAS CLASES

Muchos metodistas hoy ni siquiera han oído hablar de una reunión de la clase, y la mayoría no están practicando las reuniones de clase semanales. La pregunta es ¿por qué?

DE LA SOCIEDAD A LA IGLESIA

Wesley se resistió a la separación de la Iglesia de Inglaterra hasta el día de su muerte. Esto hizo que la transición de la

---

67. Peter Cartwright, *The Autobiography of Peter Cartwright (La Autobiografía de Peter Cartwright)* (Nueva York: Carlton y Porter, 1857), 519-520. Accesado en http://vitalpiety.com/author/deeplycommitted/page/5/ el lunes 23 de diciembre de 2013.

sociedad a la iglesia fuera difícil después de su muerte. Wesley argüía que Dios les había levantado en el seno de la Iglesia de Inglaterra para ser una "orden testificante". Debido a que se negó a identificar el metodismo como iglesia, no fue forzado a integrar la estructura de clases dentro de una iglesia local independiente. Watson escribe: "No sólo fue esta progresión de la sociedad a la iglesia contraria a las intenciones reformistas de Wesley: probó ser debilitante para la reunión de la clase". [68] Debido a que Wesley no condujo el cambio de la sociedad a la iglesia, la estructura de las clases se hizo menos importante en la transición.

MEMBRESÍA

Wesley así como otros se apresuraron a remover miembros descarriados con el fin de purificar la sociedad, pero esos mismos miembros podían seguir participando en la Iglesia Anglicana, de las cuales el Movimiento Metodista era parte. Cuando el metodismo dejó de ser una sociedad voluntaria, eliminar a alguien de la membresía por no asistir a una reunión de la clase se convirtió en un problema. Si una persona era expulsada de la membresía por no asistir a una reunión de la clase, significaba que el individuo era excomulgado de la iglesia local, aislados de la comunidad de los fieles, y no podía participar de los sacramentos.

Tal pena parecía excesivamente dura, especialmente para aquellos que venían regularmente a las otras reuniones de la iglesia. En 1889, el comité de la conferencia declaró que la clase era importante, pero fallar en unirse a una clase no era causa para que una persona perdiera la membresía. La clase se hizo

---

68. David Lowes Watson, p. 136.

opcional. Se convirtió en otra alternativa para el crecimiento, pero no en el fundamento para unirse a la iglesia. Watson escribe:

"Ante la falta de una doctrina Metodista clara de la iglesia, la reunión de la clase se convirtió en un medio central de comunión o confraternidad en lugar del fundamento de la membresía de la iglesia, y las normas de Wesley de la santidad personal se hicieron más ampliamente sociales".[69]

LA NATURALEZA DE LA IGLESIA

Hemos visto que el metodismo operaba dentro de la Iglesia Anglicana, y la pasión de Wesley era reformar la Iglesia Anglicana a través de la propagación de la santidad bíblica. Wesley nunca se preocupó por la estructura de la iglesia y la política, porque todos en el movimiento metodista se consideraban anglicanos. Wesley vio la reunión de la clase como una de las disciplinas espirituales para llegar a ser como Jesús. Pero él nunca consideró la clase como *la iglesia*.

El involucramiento en una clase era un medio de gracia, pero como no había ninguna doctrina clara de la iglesia, la participación en una clase sólo era uno de los medios de gracia, entre otros. Henry Rack escribe: "[la reunión de la clase] siempre era susceptible de sufrir de otros medios de gracia populares y quizás menos "oficiales".[70] Wesley se apresuró al admitir que

---

69. Ibid., p. 137.

70. Henry Rack, "The Decline of the Class-Meeting and the Problems of Church-Membership in Nineteenth-Century Wesleyanism," (El Declive de la Reunión de Clase y los Problemas de la Membresía en el Weylanismo del Siglo XIX) WHS *Proc 39* (1973-1974), pp. 12-21.

sus reglas para las sociedades no eran más que las aplicaciones humanas de las normas divinas. Cuando los metodistas llegaron a considerarse a sí mismos como una iglesia oficial, no vieron la clase tan importante como la reunión de la iglesia más grande el domingo.

EL PROBLEMA DE LAS PRIORIDADES

Las iglesias metodistas pronto comenzaron a construir y poseer sus propios edificios. La escuela dominical, los programas, el ministerio de educación y otras actividades comenzaron a llenar el calendario de la iglesia. Muchas iglesias todavía creían en las reuniones de las clases, pero cada vez se fue haciendo menos una prioridad insistir en que cada miembro asistiera a una reunión semanal de las clases fuera del edificio. Poco a poco, la necesidad de reunirse en grupos disminuyó debido a una nueva estructura, moderna y sistema de vida de la iglesia. Después de todo, los miembros de la iglesia venían a escuchar el sermón cada domingo, asistían a clases de escuela dominical, y tal vez a una reunión de oración entre semana. Tal vez algunos vieron la escuela dominical como su reunión de clase o sustituyeron su reunión de clase por el estudio bíblico o reunión de oración a la mitad de la semana en el edificio de la iglesia. El centro de la vida de la iglesia, en otras palabras, se enfocó en las actividades dentro del edificio. Una amplia gama de programas, reuniones y de eventos más grandes finalmente reemplazaron el lugar central de la reunión de la clase.

Charles Edward White notó que las reuniones de las clases tuvieron un declive en América debido a lo que él llamó el "pastor acomodado". Se dio cuenta que cuando había predicadores de circuito, la reunión de la clase era el centro de la vida de la iglesia, porque el pastor o predicador del circuito sólo hacían visitas de vez en cuando y, en su ausencia, la clase funcionaba como la iglesia. Después de que pastores fueran designados a las iglesias, ya no parecía haber la misma necesidad de las reuniones de las clases. El sermón era suficiente.[71] Frederick Norwood observa:

> El punto más importante de la clase coincide con el entusiasmo del predicador. Su declive data a partir de cuándo se acomoda. [Antes] se necesitaba al líder de la clase para desempeñar esas funciones pastorales, que son parte de un ministerio equilibrado. Pero cuando el predicador se acomodó. . . el líder de la clase. . .se convirtió en una rueda innecesaria.[72]

Cuando el pastor "acomodado" comenzó a ocuparse de todas las estructuras y programas, era a menudo abrumador priorizar también la reunión de la clase. Muchos comenzaron a ver la reunión de la clase como un programa más. Algunos simplemente dejaron de luchar con la tensión existente entre la reunión más grande y la pequeña célula. Watson escribe:

> Confrontado por el discipulado radical de estos *ecclesiola* contemporáneos, hay muchos miembros de iglesias norteamericanas de largo recorrido que están muy conscientes de ser desafiados por un llamado a un mayor compromiso, pero con toda sinceridad no saben cómo responder a él sin rechazar la mayor parte de lo que han conocido hasta ahora como actividad eclesiástica. Convertirse en *ecclesiola* parece presentar

---

71. Charles Edward White, *The Rise and Decline of the Class Meeting(El Surgimiento y el Declive de la Reunión de la Clase)* (Spring Arbor, Michigan). Accesado en http://myweb.arbor.edu/cwhite/cm.pdf el lunes 5 de mayo de 2014.

72. Frederick A. Norwood, *The Story of American Methodism(La Historia del Metodismo Americano)* (Nashville: Abingdon, 1974), p. 132.

una alienación inevitable de la *ecclesia*, por mucho que se buscaba y se mantenía una relación estructural. No es exagerado decir que para algunos, la tensión de este dilema es suficientemente intenso para que ellos renuncien a la lucha, y conformarse con la suavidad de la religiosidad popular. [73]

Muchos pastores sustituyeron las reuniones transformacionales de clase semanales con grupos pequeños ocasionales o grupos de tareas que eran más como programas de la iglesia que reuniones de clase Wesleyanas. Incluso la reunión de oración era un sustituto de la reunión de la clase, en lugar de ser un medio para mejorarla. Durante la década de 1830, hubo menos y menos referencias a las reuniones de clase y esta fue la época en que las iglesias comenzaron a enfatizar las reuniones de oración de la iglesia. Watson escribe:

> Durante la década de 1830, el papel que [las reuniones de clase] habían jugado hasta entonces como una puerta para entrar a las sociedades fue asumida por la reunión de oración—, especialmente reunión de oración de después de la predicación en la barandilla del comulgatorio o en la sacristía. De hecho, la vitalidad espiritual en general se relacionaba más frecuentemente con las reuniones de oración que con las clases. Eran reuniones menos estructuradas y más espontáneas, y eran más fácilmente adaptables a las actividades institucionales de la capilla que a la espiritualidad interpersonal de las reuniones de clase. [74]

---

73. David Lowes Watson, p. 142.

74. Ibid., p. 137.

DE LA TRANSFORMACIÓN A LA INFORMACIÓN

Otra razón para el declive de las reuniones de las clases fue el cambio de énfasis de la transformación a los grupos de aprendizaje basados en el currículo. Kevin Watson escribió un libro (2013) llamado, *La Reunión de Clase: Reclamando una experiencia olvidada (y esencial) de los grupos pequeños.* Él escribe:

El declive de la reunión de la clase comenzó a mediados del siglo XIX. El rechazo a la reunión de la clase podría ser discutido en una variedad de maneras. Una explicación es que el surgimiento del movimiento de la escuela dominical empujó gradualmente la reunión de la clase a los márgenes del metodismo, causando finalmente que desapareciera por completo. . .el movimiento de la escuela dominical condujo a un acercamiento a los grupos pequeños donde un grupo de personas se reunían para aprender de uno que se consideraba experto, ya sea el líder del grupo pequeño o el autor de un libro que el grupo estuviera estudiando. En otras palabras, el movimiento de la escuela dominical desplazó la atención del enfoque en la experiencia cristiana y sobre cómo convertirse en un cristiano profundamente comprometido, algo que Asbury había apoyado con tanta fuerza.

Watson añade: "los metodistas se volvieron adictos al currículo o plan de estudios y poco a poco se tornaron hacia grupos pequeños impulsados por la información".[75] A principios del metodismo, el crecimiento personal en la santidad era lo más importante. En cuanto la información se convirtió en la nueva prioridad dominante, la escuela dominical se convirtió en un

---

75. Kevin Watson, Kindle Locations 193-195.

fenómeno creciente. Las personas querían aprender una nueva verdad, pero no sentían la misma necesidad de reunirse en los hogares para hablar sobre el estado de sus almas. En los primeros días, la reunión de la clase trataba más sobre la propia relación actual de las personas con Dios, y cómo vivían su vida cristiana. Sin embargo, a medida que los grupos impulsados por el currículo se volvían más importantes, aquellos en los grupos pequeños asumieron un rol de aprendices— aquellos que recibían la información, en vez de tener un papel de participante activo. [76]

Cuando una persona se siente incómoda al hablar de su relación con Dios, un estudio impulsado por un currículo puede ser menos intimidante. Una persona puede hablar del contenido, en lugar de realmente hablar de su relación con su creador. En muchas iglesias metodistas, las "clases" metodistas, literalmente, se convirtieron en "clases" de escuela dominical.

Desafortunadamente, a principios del siglo XX, la reunión de la clase estaba casi totalmente extinguida en América. Ocasionalmente los historiadores se referían a ella, pero era mucho más fácil encontrar un boleto de las primeras reuniones de la clase Metodista que a un grupo de metodistas que en realidad se estuvieran reuniendo, como una reunión de la clase. En lugar de hablar entre sí acerca de su experiencia con Dios y de su búsqueda de la santidad, los metodistas estaban hablando entre sí acerca de ideas abstractas que eran cada vez más difíciles de conectar con los detalles íntimos y cotidianos de sus vidas. La reunión de la clase se convirtió en una reliquia arqueológica en lugar del vehículo para el discipulado cristiano. [77]

---

76. Ibid., Kindle Locations 227-241.

77. Ibid., Kindle Locations 802-808).

LECCIONES APRENDIDAS

• Las clases priorizaban la transparencia y en "hablar de manera sencilla". El énfasis era la transformación, no la información.

• La participación en las clases era vital. Wesley sabía que las personas tenían que tener experiencias dentro del ministerio para crecer.

• Wesley desarrollaba a sus futuros líderes de entre aquellos que asistían regularmente a las clases, manifestaban un carácter santo, y mostraban señales prometedoras de liderazgo.

• Cada líder en el sistema metodista era supervisado de cerca por un líder de nivel superior.

• En el proceso histórico de pasar de sociedad voluntaria a la denominación metodista, la reunión de la clase perdió prioridad. La estructura de la sociedad voluntaria de Wesley junto con la iglesia anglicana no se transmitió bien hacia la estructura de la iglesia metodista local. Wesley no fue capaz de guiar la transición, debido que él insistió en que el metodismo se quedara dentro de la iglesia anglicana hasta el día que murió.

• Puesto que Wesley fue muy cuidadoso de no establecer otra iglesia que compitiera con la iglesia anglicana, nunca desarrolló la idea que la clase era la iglesia, comparada con la iglesia en la casa del Nuevo Testamento.

Capítulo 13

IGLESIAS EN LAS CASAS
EN LA ACTUALIDAD

De 1895 a 1903, Rolland Allen sirvió como misionero anglicano en China. Después de eso, por los próximos cuarenta años, escribió sobre principios misioneros los cuales no recibirían mucho reconocimiento público hasta después de su muerte. Fue un pionero y un profeta de los movimientos de las iglesias en las casas que se han esparcido por todo el mundo. Sus dos escritos más importantes están contenidos en dos libros: *Métodos Misioneros: ¿Los del Apóstol Pablo o los Nuestros?* y *La Expansión Espontánea de la Iglesia.*

A diferencia de los métodos misioneros populares de su época, donde los misioneros occidentales adoptaban modelos de iglesias occidentales que dependían de líderes de iglesias occidentales y en recursos occidentales, él desafió el estatus quo al hacer dos observaciones principales:

1. "Hemos dejado que el orgullo racial y religioso dirijan nuestra actitud hacia aquellos a quienes hemos acostumbrado llamar 'los pobres impíos'. Nos hemos acercado a ellos como seres superiores, movidos por la caridad para entregarles nuestra riqueza a esas almas destituidas y condenadas".[1]

2. "La necesidad de la fe nos ha hecho temer y desconfiar de la independencia innata. Hemos imaginado ser indispensables y hemos actuado de esa manera para serlo".[2]

Los métodos misioneros comunes dependían en que hombres blancos con un salario ministerial dirigieran las organizaciones de misiones y establecieran iglesias. Y los resultados fueron asombrosamente bajos. Allen buscó maneras alternativas de ser la iglesia en el campo misionero. Él quería ver que la formación de las iglesias que eran autóctonas dependiera de las personas del país natal y que éstas les empoderaran para ministrar sin tener que pagarles. Él escribe:

> No debemos enviar a un agente de misiones a hacer lo que los hombres en esa región ya están haciendo espontáneamente. . .Si en el momento en que encontramos a alguien haciendo algo espontáneo, enviamos

---

1. Roland Allen, *Missionary Methods: St. Paul's or Ours? (Métodos Misioneros: ¿Los del Apóstol Pablo o los Nuestros?)* (Los Grandes Rápidos: Eerdmans, 1962), p. 142.

2. Ibid., p. 143.

a un hombre pagado para hacerlo él, detenemos su trabajo y evitamos que otros sigan su ejemplo.[3]

Esto significaba que los líderes occidentales tendrían que ceder el control de lo que estaban produciendo. Allen escribió: "Con expansión espontánea, me refiero a algo que no podemos detener".[4] Más específicamente lo describió de esta forma:

> Me refiero a la expansión que viene después de la actividad no exhortada y desorganizada de miembros individuales de la iglesia que le explican el evangelio a otros, el cual ellos ya habían encontrado por su cuenta; me refiero a la expansión que viene después de la irresistible atracción de la iglesia cristiana para hombres que ven su vida ordenada y son atraídos a ella por el deseo de descubrir el secreto de una vida la cual ellos instintivamente desean compartir; también me refiero a la expansión de la iglesia mediante la adición de nuevas iglesias.[5]

La diferencia para Allen es que estas iglesias serían "simples", propias de la cultura y seguirían el patrón de las reuniones como se encuentra en los escritos de Pablo los cuales describen a la iglesia primitiva. Ellas no dependerían de las ligaduras de la vigilancia organizativa occidental, sino del hecho que el Espíritu está obrando en los hombres de Dios, ya sea o no, que alcancen las expectativas de los líderes de las iglesias occidentales.

---

3. Allen, p. 38.

4. Ibid., p. 13.

5. Ibid., p. 7.

En su época, los escritos de Allen tenían poca respuesta en el campo misionero. Sin embargo, circunstancias históricas han probado que sus palabras fueron proféticas aún más de lo que él hubiese esperado. Desde 1950 en adelante, el movimiento global de las iglesias en las casas ha resultado en una multiplicación espontánea de iglesias, la cual ha demostrado ser una de las más significantes influencias de la iglesia moderna.

Los grupos pequeños no sólo son cruciales para este tipo de iglesia, sino que el grupo pequeño es la iglesia. El fenómeno de las iglesias en las casas ha asumido dos manifestaciones. Primero, están las iglesias en las casas independientes. El segundo está conformado por una mentalidad basada en redes. Larry Kreider escribe: "Se les llama iglesias en las casas porque cada una funciona como una pequeña iglesia. Son redes porque trabajan juntas para promover la responsabilidad y el estímulo".[6] Muchas veces se les ha llamado movimientos de plantación de iglesias, pero también se les conoce como iglesias orgánicas o iglesias simples. El siguiente breve estudio se centrará en las últimas porque el impacto de las redes de las iglesias en las casas supera el de las iglesias en casas independientes en forma significativa. Si bien hay muchos ejemplos de redes de las iglesias en las casas que han surgido en el siglo XX, lo que sigue destacará cuatro de los más significativos.[7]

El gran número de personas que se han reunido en las iglesias de las casas de todo el mundo es asombroso. Si bien es

---

6. Larry Kreider, *House Church Networks(Redes de las Iglesias en las Casas)* (Ephrata, PA: House to House Publications /Publicaciones de Casa en Casa/, 2001), p. 7.

7. Para más estudios de casos, véase Rad Zdero, ed,, *Nexus: The World House Church Movement Reader (Nexo: El Lector del Movimiento Mundial de las Iglesias en las Casas.* (Pasadena, CA: William Carey Library, 2007).

muy difícil determinar los datos exactos de los movimientos de las iglesias en las casas, debido a la naturaleza clandestina de algunas y porque la mayoría de estas iglesias se han estado reuniendo en los países donde la iglesia cristiana es perseguida o es pobre, sólo podemos examinar unos pocos movimientos para ilustrar cómo funcionan las redes de las iglesias en las casas.

IGLESIAS EN LAS CASAS EN CHINA

El ejemplo más significativo se encuentra en China. David Garrison es uno de los observadores principales de lo que él llama los movimientos de plantación de iglesias. Él informa que en China en 1982 había cerca de 1,3 millones de cristianos, mientras que dieciocho años más tarde esta cifra había aumentado a casi noventa millones. Todo este notable crecimiento ocurrió en las iglesias clandestinas que se reunían en hogares después que misioneros occidentales fueran expulsados de China tras la Revolución Comunista en 1949.[8]

Cuando Mao Zedong proclamó la República Popular de China el 1 de octubre de 1949, sólo había alrededor de un millón de cristianos protestantes en un país de más de quinientos millones de personas. Al principio, el nuevo gobierno permitió a los cristianos continuar como estaban. Sin embargo, en la década de 1950, todo cambió. Una extensa persecución se desató. Cientos de líderes de la iglesia fueron encarcelados y enviados a campos de trabajo. En su libro, *El Hombre Celestial*, el hermano Yun escribe:

---

8. David Garrison, *Church Planting Movements* (Movimientos de Plantación de Iglesias) (Arkadelphia, AR: Wigtake Resources /Recursos Wigtake/ , 2004), p. 52.

En tan sólo una ciudad en China, Wenzhou, en la provincia de Zhenjiang, cuarenta y nueve pastores fueron enviados a campos de trabajo cerca de la frontera con Rusia en 1950. Muchos fueron condenados a penas de hasta 20 años por su "crímen" de predicar el evangelio. De esos cuarenta y nueve pastores sólo uno regresó a su casa. Cuarenta y ocho murieron en prisión. En mi lugar natal de Nanyang, los creyentes fueron crucificados en las paredes de sus iglesias por no negar a Cristo. Otros fueron encadenados a vehículos y caballos y arrastrados hasta su muerte.[9]

Todas las ligaduras externas de la vida de la iglesia fueron destruidas. Edificios de iglesias y otros bienes fueron confiscados y destruidos o reutilizados. Biblias y literatura de educación cristiana fueron quemadas. Mientras que muchos se alejaron de la fe en medio del fuego de la persecución, los que se quedaron estaban totalmente comprometidos. En esa situación, la iglesia de China, se vio obligada a vivir bajo los principios que Roland Allen encontró en las Escrituras. Ellos no lo hicieron por una teología o por algún equipamiento proporcionado por los misioneros. Lo hicieron por pura necesidad. Un cristiano chino escribe de su experiencia durante este tiempo:

> Sí, consideramos que nuestras reuniones en casa son una iglesia local en comunión espiritual con la comunidad cristiana en todo el mundo. Empezamos como un grupo de oración para los estudiantes cristianos de la Universidad, alrededor de 1952, cuando se había vuelto insostenible tener nuestras reuniones en terreno de la escuela. . . Así Nos reunimos en mi

---

9. Brother Yun, *The Heavenly Man (El Hombre Celestial)* (Grand Rapids /Los Grandes Rápidos/: Kregel, 2002), p. 20.

cuarto en el recinto de los profesores a las cuatro de cada miércoles por la tarde. Hicimos las cosas que siempre habíamos hecho con la fraternidad de la universidad— cantos, estudios bíblicos, la intercesión, el compañerismo, pero creo que con más profundidad y más apertura personal. . .

Entre 1952 y 1964, el grupo de oración tuvo sus altibajos. Nunca tuvimos más de treinta o más estudiantes. En 1962, sólo éramos mi esposa y yo. Pero lo importante era que Dios había dejado un testimonio cristiano en el campus. . .

Sin saberlo, nuestro grupo se convirtió en una iglesia. En 1964 nuestra iglesia tenía cerca de treinta personas que adoraban los miércoles. Sólo siete eran estudiantes o miembros de la facultad. Otros venían de la vecindad. Teníamos un servicio de comunión o Santa Cena cada semana. . . .

Los años de la Revolución Cultural permanecieron en oscuridad para nuestras reuniones en casas. Fui asignado a trabajar en una fábrica de conservas de futas. Mi esposa se fue a vivir con sus padres. No había mucho que hacer. . . Ahora estoy de vuelta, impartiendo clases de Física y también regresé a casa. Hemos retomado nuestra casa de oración, pero de los veinte que teníamos antes de la Guardia Roja, sólo ocho siguen existiendo. Sin embargo, más gente nueva se nos ha unido. . .

Me siento dividido con respecto a nuestro futuro. Por un lado me encantaría que viniera un pastor, estableciera una pequeña iglesia cerca de la Universidad e hiciera un buen trabajo de evangelismo. Por otro lado, no puedo dejar de pensar que, dada nuestra situación en particular, podría ser mejor para nosotros continuar reuniéndonos en las casas, lejos del centro de atención y en silencio refractar la luz del Señor.[10]

Misioneros occidentales de la época supusieron que la iglesia en China sería desestimada. Un misionero expulsado escribió:

> Cuando todos los misioneros salieron de China, el Occidente a veces era culpable de pesimismo incrédulo. Al ver una iglesia débil y dividida, sentimos que habíamos fracasado. Conocíamos a muchos hombres y mujeres dedicados y sobresalientes líderes espirituales. Pero, ¿podrían, una pequeña minoría, enfrentarse a la corriente de la ideología comunista triunfante que proclamó el 'Reino del hombre', sin lugar para un Salvador crucificado?[11]

Pastores chinos encarcelados pensaban de la misma manera. Después de su liberación en 1970, volvieron a casa preguntándose qué quedaría de sus iglesias. Cuando llegaron a casa, se encontraron con que no sólo había habido personas orando por ellos todos esos años, sino que también ¡las comunidades dentro de sus iglesias habían crecido tres, cinco o hasta diez veces más que antes de su encarcelamiento!

---

10. Raymond Fung, *Households of God on China's Soil (La Casa de Dios en Territorio Chino)* (Geneva: World Council of Churches Publications /Publicaciones Ginebra: Concejo Mundial de Iglesias/, 1982), 24-28, citado en Robert and Julia Banks, *The Church Comes Home (La Iglesia Vuelve a Casa)* (Peabody, MA: Hendrickson Publishers, 1998), pp. 62-63.

11. David H. Adeney, *China: The Church's Long March (China: La Gran Marcha de la Iglesia)* (Ventura, CA: Regal Books /Libros Regal/, 1985), p. 206.

Contra todo pronóstico, la iglesia ha florecido. Este es un fenómeno que se ha arraigado en el cristianismo de China. A medida que la presión del gobierno se ha aligerado, los cristianos no conciben regresar a los patrones antiguos. Un cristiano chino comparte su punto de vista:

Una de estas comunidades se ha estado reuniendo desde 1969: ocho familias cristianas que viven en un recinto de cinco casas con acceso a un patio dentro. Se reúnen en una de las casas, el porche cubierto y en el patio público. En el invierno, ubican a todas las personas mayores en el interior y los jóvenes se quedan en el porche. Desde principios de 1980, cuando el gobierno anunció que la política de libertad religiosa garantizada por la Constitución, se pondría en práctica, han oficiado tres servicios cada domingo. Como resultado, muchas personas han llegado a adorar a Dios.

Todavía estamos adorando en las casas. . .El único edificio de iglesia que aún está en pie no tiene techo y está a unos seis kilómetros de distancia. No veo la posibilidad de levantar una nueva iglesia.[12]

Uno de los movimientos más significativos de las iglesias en las casas ha crecido a más de dieciocho mil iglesias en casas en

---

12. Raymond Fung, *Household of God on China's Soil (La Casa de Dios en Territorio Chino)* (Geneva: World Council of Churches /Ginebra: El Concejo Mundial de Iglesias/, 1982), N.P. citado en Thomas Goslin II, *The Church without Walls (La Iglesia sin Muros)* (Pasadena, CA: Hope Publishing House / Editorial Esperanza/, 1984), pp. 49-50.

un lapso de diez años, con más de doscientos mil bautismos.[13] Esta no es sólo una estrategia de iglesia en las casa, es una estrategia de evangelismo agresivo que se basa en compartir el evangelio a través de conexiones relacionales de nuevos cristianos. Se trata de aplicar la Gran Comisión de una manera muy intencional a través de una estrategia de tres partes:

1. Vaya, no venga. El objetivo no está en pedirle a la gente que venga a formas de reuniones de iglesia pre-establecidas. La intención es ir a ellos y recibirles con el evangelio. Y luego llevar las reuniones de las iglesias en las casas a su entorno, ya sea en los dormitorios de una fábrica, un apartamento o en una cabaña del pueblo.

2. Todo el mundo, no sólo a algunos. Todos tienen el reto de compartir su fe, especialmente a los nuevos cristianos que tienen el reto de identificar a cinco personas con quienes puedan compartir su testimonio dentro de las veinticuatro horas después de haberse convertido al cristiano.

3. Haga entrenadores, no sólo miembros de la iglesia. Cuando Jesús dijo "hacer discípulos", no se refería a alumnos. Se refería a algo más parecido a un "entrenador." Kai escribe: "Un discípulo debe aprender todo lo que su maestro le enseña. Entonces él tiene que seguir y enseñar a los demás".[14]

En otras palabras, un discípulo no es sólo alguien que aprende cómo estar a cuentas con Dios. Él realmente aprende de su entrenador y sigue los pasos de su entrenador para convertirse

---

13. Steve Smith y Ying Kai, *T4T: A Discipleship ReRevolution (T4T: Una Nueva Revolución del Discipulado)* (Monumento CO: Wigtake Resources /Recursos Wigtake/, 2011), p. 21.

14. Smith y Kai, p. 49.

en entrenador de otros. En términos prácticos, esto significa que todo el mundo tiene el poder de ser un líder de las iglesias en las casas donde quiera que esté compartiendo el evangelio

IGLESIAS EN LAS CASAS EN INDIA

El trabajo de los misioneros occidentales en la India ha dado lugar a algunos de los pensadores misiológicos más importantes y más leídos de la época. Lesslie Newbigin era uno de ellos y, aunque la mayor parte de su trabajo misionero se centró en las formas más tradicionales de la vida de la iglesia, hizo una observación que se ha convertido en precursora del desarrollo de las redes de las iglesias en las casas en toda la India. En 1963, él escribió:

> He vivido y trabajado como misionero dentro de la estructura típica de las misiones modernas, me hice responsable de la conducción de las instituciones, de la supervisión de los trabajadores de la India, del empleo y el control de los maestros y otras personas a cargo de las congregaciones. He visto a este sistema prácticamente congelarse: los fondos no estaban disponibles para aumentar el número de trabajadores asalariados... Sólo si algunos nuevos recursos vinieron de "casa", la misión podría convertirse en una misión de nuevo. Así las cosas, era evidente que cualquier conversación de "ganar la India para Cristo" no era en serio. Me vi obligado a preguntarme si realmente es cierto que la obediencia de la iglesia a la Gran Comisión pretende ser contingente sobre el percance de un superávit presupuestario.

La respuesta llegó a través de diversas experiencias. En primer lugar, a través de ver cómo chicos ordinarios de las congregaciones del pueblo. . . podían ser testigos activos y evangelistas entre sus camaradas. En segundo lugar, a través de aprender a recurrir a los servicios de todo tipo de hombres y mujeres laicos como pastores y evangelistas voluntarios para las congregaciones del pueblo que habían quedado sin la guía de un trabajador a tiempo completo. Y en tercer lugar, y más decisivamente, a través de la experiencia de un movimiento de grupo pequeño en una zona muy atrasada donde el Evangelio recientemente había sido predicado por primera vez. . .

El resultado de esto, en el área de la que estoy hablando, era que las iglesias comenzaron a multiplicarse por una especie de crecimiento espontáneo que no dependía del aumento de los recursos externos. En un área casi totalmente pagana, el número de congregaciones cristianas creció de trece a cincuenta y cinco en doce años. . .En medio de un movimiento de este tipo, se podía hablar en serio acerca de ganar la India para Cristo.[15]

Lo que Newbigin observó en forma embrionaria durante la mitad del siglo XX ha madurado hasta convertirse en un gran movimiento en todas partes del país. Garrison observó:

Un estratega misionero asignado a un grupo de personas de la India del Norte encontró sólo 28 iglesias en el área en 1989. Para el año 2000, un movimiento de plantación de iglesias había estallado catapultando el

---

15. Lesslie Newbigin, *Trinitarian Doctrine for Today's Mission (La Doctrina Trinitaria para la Misión de Hoy)* (Londres: Paternoster Press /Imprenta Paternoster/, 1998), pp. 74-75,77.

número de iglesias a más de 4500 con un estimado de
300.000 creyentes bautizados."[16]Esto es sólo uno de
los muchos ejemplos de cómo las iglesias en las casas
se están multiplicando.

Otra explosiva red de iglesias en casas está dirigida por Víctor
Choudhrie, ex cirujano oncólogo. En cinco años, se ha visto el
surgimiento de más de cien mil iglesias.[17] Víctor ha observado
cómo están sus iglesias en marcado contraste con los patrones
tradicionales de la iglesia de la India. Él observa que dos de
las razones principales para esto se encuentran en el hecho de
que están viendo un nuevo tipo de formación y un nuevo tipo
de cristianismo. En primer lugar, la formación no depende de
las escuelas Bíblicas formales y del envío de los futuros líderes
para obtener una educación por el establecimiento cristiano.
En su lugar, son equipados a través de breves experiencias de
capacitación y de oportuno aprendizaje. En segundo lugar, este
tipo de cristianismo es diferente de lo que antes habían conocido. Choudhrie escribe:

> En las iglesias en las casas, los ministerios de "un solo
> hombre" y las reuniones "de un día" no suceden.
> Más bien, la vida de la iglesia se basa en reuniones
> participativas y en el ministerio práctico. Las activi-
> dades incluyen la enseñanza apostólica, la comunión
> (koinonía), fraternizar durante las comidas, la oración,

---

16. Garrison, p. 17.

17. Victor Choudhrie, "Case Study (India): How 100,000 House Churches
Were Started in Five Years" ("Estudio de Casos (India): Cómo comenza-
ron 100.000 Iglesias en las Casas en Cinco Años") en Rad Zdero, Nexus:
The World House Church Movement Reader *(Nexo: El Lector del Movimiento
Mundial de las Iglesias en las Casas)* (Pasadena, CA: Biblioteca William Carey,
2007), p. 304.

señales y prodigios y el intercambio de los recursos materiales. Compartir Comidas y partir el pan de casa en casa, son una parte integral de las reuniones. . . .Estas pequeñas iglesias en las casas en la India son como estrellas de mar, cuanto más se dividen, más se multiplican.[18]

IGLESIAS EN LAS CASAS EN ETIOPÍA

En la década de 1950, los misioneros menonitas ayudaron a establecer una iglesia indígena en Etiopía. Mientras que la iglesia no se inspiraba en los patrones occidentales, se enfocaba principalmente en la adoración como iglesia centralizada. Y creció hasta llegar a catorce congregaciones de unos cinco mil creyentes en 1982. Eso es cuando todo cambió.

A pesar de que el dictador marxista-leninista, Mengistu Haile Mariam, había asumido el control en 1974, esperó hasta 1982 para acabar con esta iglesia en particular. Pero cuando lo hizo, su látigo fue cruel. El culto público fue prohibido, los líderes fueron encarcelados, los funcionarios fueron perseguidos y ordenó que los feligreses fuesen capturados si llegasen a sostener reuniones religiosas. Mientras que se permitía que congregaciones de musulmanes y cristianos ortodoxos se reuniesen públicamente, por alguna razón, la radicalidad de esta iglesia amenazó al gobierno de alguna manera.

Semsu, uno de los primeros líderes de la iglesia en ser encarcelado, relata:

> Nos pusieron en un lugar en una habitación con dimensiones de menos de cuatro por cuatro metros y

---

18. Ibid., pp. 307-308.

fui el último en entrar en la celda, y ya dentro [había] 31 personas más en la sala. La situación al dormir era apretada—de la cabeza a los pies. Durante la noche, si usted quería cambiar de posición, no se podía girar de derecha a izquierda, no había espacio por lo que tenía que pedir la cooperación de los demás. Y era una habitación interesante donde no había ni una sola ventana. Sólo una puerta. En la parte superior de la puerta había una pequeña abertura de restringido espacio para la ventilación, para respirar. Cuando alguien se enfermaba, era muy, muy duro. Llevábamos al enfermo a la abertura en la puerta para que pusiese su nariz para respirar. De lo contrario, el aire no era suficiente para él.[19]

En este punto, los líderes que no estaban en prisión trabajaron para reorganizar la iglesia en grupos en casas. Dividieron a miembros de la iglesia en grupos basados en áreas geográficas. Cinco personas fueron asignadas a los grupos, y ningún grupo conocía sobre los horarios de las reuniones o las ubicaciones de cualquier otro grupo con el fin de mantener el sistema clandestino un secreto. Sólo unos pocos líderes sabían. Estos líderes mantenían la información de las personas para que honestamente pudiesen decir que no conocían ninguna otra actividad de la iglesia.[20] Al cabo de seis semanas después de la clausura de la iglesia por el gobierno, la congregación central de dos mil personas en Addis Abeba se reunió en cientos de

---

19. "Case Study (Ethiopia): How an Underground Church Survived Persecution" *("Estudio de Casos (Etiopía): Como una Iglesia Clandestina sobrevivió la Persecución")* en Rad Zdero, *Nexo*, p. 331.

20. Nathan B. Hege, *Beyond Our Prayers (Más Allá de Nuestras Oraciones)* (Scottsdale, PA: Herald Press /Imprenta Herald/, 1998), p. 196.

viviendas en la ciudad. Esta estrategia se expandió a lo largo de las catorce congregaciones.

En 1992, el régimen comunista cayó y la iglesia era libre de convocarse públicamente. La iglesia había crecido a través de los grupos en las casas desde cinco mil hasta cincuenta mil. Cuando se cerraron las puertas de la iglesia, había catorce congregaciones, pero diez años después había cincuenta y tres. El régimen comunista había obligado a la iglesia a reformarse y los resultados estaban en curso, incluso después de que eran libres de regresar a los viejos patrones. La iglesia siguió haciendo hincapié en los grupos en las casas, mientras que al mismo tiempo celebraban como una gran iglesia con culto público, operando así con una estructura de la iglesia celular. En su libro que narra la historia de la Iglesia Meserete Kristos, Nathan Hege escribe:

> El grupo pequeño es una manera de hacer frente para discipular a unas veinte mil personas nuevas que se unen a la iglesia cada año. Hailu [un líder joven en la iglesia], dijo que nunca debemos pensar en la iglesia como totalmente gratis. Satanás siempre está tratando de derrotar a los elegidos, y la vigilancia y la oración constante son necesarias para mantener el mal a raya.[21]

IGLESIAS EN LAS CASAS EN AMÉRICA

La iglesia convencional en América está en un estado de rápido descenso con una pérdida neta semanal de unas cuarenta y ocho iglesias.[22] En contraste, las iglesias en las casas han experimentado un resurgimiento e involucran a unos veinte millones de personas, que desean experimentar con una nueva

---

21. Ibid., p. 209.

22. Kreider, p. 67.

y al mismo tiempo vieja, forma de la iglesia cristiana.[23] Las razones son variadas: el deseo de estrechar la comunión; una pasión por las formas más simples de evangelismo, discipulado y plantación de iglesias; formas más libres de las reuniones de adoración espontánea y participativa; y / o un deseo de volver a los patrones básicos del Nuevo Testamento.

Existen numerosas redes por todo el paisaje de América, compuesto por una variedad de teologías, ubicaciones, tamaños y estilos. Steve Atkerson, Neil Cole, Tony y Felicity Dale, Robert Fitts, Sr. Larry Kreider, Frank Viola, Rad Zdero, y Jon Zens son algunos de los principales defensores del movimiento de las iglesias de Norteamérica, que tanto escriben sobre este tema y lideran movimientos de las iglesias en las casas.[24] El encuestador conocido George Barna ha estimado que para el año 2025, la afiliación en la iglesia convencional se reducirá en un cincuenta por ciento, mientras que los movimientos alternativos (como las iglesias en las casas) serán posiblemente entre treinta y treinta y cinco por ciento de todos los cristianos en la nación.[25] Movimientos similares de iglesias en las casas también se están levantando en otras naciones occidentales como

---

23. George Barna, "House Church Involvement Is Growing," ("El Involucramiento de las Iglesias en las Casas Está Creciendo") 19 de junio de 2006, www.barna.org.

24. Zdero, *Nexus (Nexo)*.

25. George Barna, *Revolution (Revolución)* (Carol Stream, IL: Tyndale House Publishers /Publicaciones Casa Tyndale/, 2005), p. 49

Australia, Austria, Canadá, Finlandia, Alemania, Países Bajos, España, Suiza y el Reino Unido.[26],[27]

LECCIONES APRENDIDAS

* El movimiento de iglesias moderno fue en parte una reacción a los métodos misioneros estancados que dependían de los extranjeros capacitados a quienes se les pagaba un salario ministerial para dirigir las organizaciones misioneras y plantar iglesias.

* El ministerio de las Iglesias en las casas da prioridad a que las personas autóctonas del país nativo ministren sin que se les deba pagar.

* El movimiento moderno de las iglesias en las casas ha resultado en la multiplicación espontánea de iglesias y ha probado ser una de las influencias más significativas de la iglesia moderna.

* China, India, Etiopía y América son ejemplos modernos de los movimientos de plantación orgánica de Iglesias que imitan al movimiento de plantación de Iglesias en las casas en el siglo I.

* Las Iglesias en las casas pueden crecer en una amplia variedad de circunstancias como la persecución, la pobreza y la prosperidad.

---

26. Wolfgang Simson, *The House Church Book (El Libro de las Iglesias en las Casas)* (Carol Stream, IL: Tyndale House Publishers /Publicaciones Casa Tyndale/ , 2009), p. 168.

27. Zdero, pp. 294-381.

Capítulo 14

GRUPOS PEQUEÑOS EN NORTE AMÉRICA

Cuando los norteamericanos escuchan sobre el increíble crecimiento de las células y las iglesias en las casa en el extranjero, se quedan atónitos, preguntándose por qué lo mismo no está ocurriendo en Norteamérica. Muchos pastores incluso han hecho múltiples peregrinaciones a la gran iglesia celular de David Cho en Corea del Sur, con la esperanza de traer de vuelta resultados similares a Norteamérica. Los resultados han sido decepcionantes. La cultura extranjera y el avivamiento son muy distintos

Una persona que se ha esforzado por unir la brecha entre el Este y el Oeste es consultor de crecimiento de la iglesia, Carl

George. En 1991, escribió un influyente libro titulado *Prepare Your Church for the Future (Prepare Su Iglesia para el Futuro)*. En ese libro y los que siguieron, él vuelve a imaginar los principios del fenómeno de células en el extranjero traslapándolos a la iglesia y la cultura norteamericana. George utilizó un lenguaje creativo, moderno "norteaméricano" para explicar el fenómeno de células tan común en las "iglesias en el extranjero". George, sin embargo, no fue el único en intentar hacer de los grupos pequeños, algo relevante para Norteamérica a finales del siglo XX.

De hecho, en los últimos treinta años, ha habido una proliferación de libros sobre los grupos pequeños en Norteamérica. Muchos autores cristianos de América del Norte, al ver el potencial positivo de los grupos pequeños para el crecimiento y el discipulado cristiano, han producido una gran cantidad de literatura que ensalza las virtudes de los grupos pequeños en general. Dos organizaciones cristianas, Serendipity (Serendipia) y Navigators (Navegantes), desarrollaron numerosos libros y guías de estudio sobre el ministerio de grupos pequeños. Después de enumerar veinte innovaciones de la iglesia moderna de Estados Unidos, el analista de crecimiento de la iglesia Lyle Schaller escribió:

> Tal vez lo más importante de todo, es la decisión de decenas de millones de adolescentes y adultos para colocar una alta prioridad personal en la participación semanal en grupos de oración y estudio bíblico continuos, serios, profundos y dirigidos por laicos.[1]

Si bien el enfoque de la iglesia celular (enfoque del próximo capítulo) y el movimiento de las iglesias en las casas (capítulo

---

1. Lyle E. Schaller, *The New Reformation: Tomorrow Arrived Yesterday (La Nueva Reforma: El Mañana Llegó Ayer)* (Nashville, TN: Abingdon Press /Editorial Abingdon/, 1995), p. 14.

anterior) han impactado la mentalidad de Norteamérica, estos movimientos han tenido su mayor influencia en el extranjero.[2] En el contexto occidental, otras tres corrientes de la vida de los grupos pequeños han tenido un impacto a largo plazo sobre la iglesia occidental, y de esos tres, la contribución de Carl George llamado el *modelo Meta-Iglesia* ha sido el más influyente. Antes de trazar la historia y los antecedentes del modelo Meta-Iglesia, hay otros dos que han servido como precursores. El primero es el modelo del Pacto.

EL MODELO DEL PACTO

La principal portavoz de este modelo—sobre todo en las décadas de 1970 y 1980—ha sido Roberta Hestenes.[3] La definición de este modelo es el siguiente: "Un grupo cristiano es una reunión intencional cara-a-cara de tres a doce personas bajo un horario regular con el propósito común de descubrir y crecer en las posibilidades de tener una vida abundante en Cristo".[4]

---

2. Escribí un libro sobre el movimiento de la iglesia celular en Norteamérica titulado La Iglesia que se Multiplica: Haciendo Crecer una Iglesia Celular en Norteamérica (2005, 2007). En este libro, examino cómo hacer a las Iglesias celulares relevantes en la cultura de Norteamérica sin comprometer valores celulares clave. También enfatizo treinta y cuatro Iglesias celulares en Norteamérica que son ejemplares. Sin embargo, estoy muy consciente que generalmente tener un ministerio de iglesias celulares es más difícil en culturas occidentales debido al individualismo, materialismo y a las estructuras de la iglesia tradicional. De hecho, la motivación de hacer un ministerio celular en Norteamérica es por las bases bíblicas, no por el rápido crecimiento de la iglesia.

3. Roberta Hestenes, *Using the Bible in Groups (Utilizando la Biblia en Grupos)* (Philadelphia: Westminster Press /Editorial Westminster/,1983).

4. Lyman Coleman, *Serendipity Leadership Conference Syllabus(Conferencia de Cursos de Estudio del Liderazgo de Serendipity)* (Serendipity Publishers /Publicaciones Serendipity/, 1993), p. 4:5.

De dicha definición es obvio que este tipo de grupo está dirigido a creyentes comprometidos. Uno de los mayores objetivos es crear una comunidad a largo plazo y se necesita un serio compromiso y un gran grado de responsabilidad. La palabra *pacto* en este modelo se refiere a los compromisos o promesas que se establecieron en el Antiguo Testamento entre Dios y su pueblo. Un enfoque importante es que el grupo hace un compromiso (pacto) para cumplir objetivos, propósitos, temas de estudio, reglas y detalles de logística específicos.[5]

A pesar de ser firme en cuanto a la responsabilidad y al compromiso cristiano, Coleman hace una sabia observación: "Las personas que no son cristianas y no van a la iglesia no estarán interesadas en este tipo de grupo. No existe un mecanismo integrado en el sistema para que los grupos de pacto se multipliquen, o para que se clausuren con honor. Con frecuencia, los grupos de pacto permanecerán hasta que experimenten una muerte horrible".[6]

Los Grupos Pacto tienen un alto nivel de compromiso, y por lo tanto son muy beneficiosos para el crecimiento espiritual. Sin embargo, debido a la falta de multiplicación celular y su sistema cerrado, este modelo es probablemente el menos eficaz desde un punto de vista de crecimiento de la iglesia. Al mismo tiempo, este modelo ha tenido un impacto significativo sobre las iglesias establecidas en América del Norte. En una cultura que se ha construido sobre los valores y las prácticas del individualismo, el modelo de Pacto ha demostrado ser una manera eficaz de ayudar a que las personas que son diferentes se conecten y comiencen a vivir una vida en unidad.

---

5. Ibid., p. 4:5-4:7

6. Ibid., p. 4:7.

EL MODELO SERENDIPIA

El fundador de este enfoque es Lyman Coleman, quien ha sido un líder de grupos pequeños por unas cuatro décadas. Coleman fue especialmente influenciado por Sam Shoemaker, quien era el rector de la Calvary Episcopal Church (Iglesia Episcopal el Calvario) en la ciudad de Nueva York. Bill Wilson, el fundador de Alcohólicos Anónimos, acredita a Shoemaker la inspiración principal para el programa de 12 pasos de los AA. Sam creía que todas las personas en torno a su iglesia pertenecían a su parroquia. Su iglesia creció en su visión de llegar a toda la feligresía. Esta visión de alcanzar a todas las personas ha influido mucho en Lyman Coleman. Él dice: "El corazón del modelo Serendipia son las personas quebrantadas a la puerta. . . la intención es crear un sistema de grupos pequeños donde la gente fuera de la iglesia pueda encontrar un lugar de acceso y pueda ser transformada".[7]

Este modelo se entiende mejor por las características que lo distinguen de otros modelos. En primer lugar, hay un comienzo y un final definidos para cada grupo pequeño. Aunque su modelo anterior consistía en una duración más corta para cada grupo, más tarde Coleman promovió un ciclo de grupo de un año. Él dice: "El fin está marcado por un período de liberación, donde todo el mundo responde a su nuevo llamamiento".[8] En segundo lugar, hay opciones que se pueden elegir en forma democrática. Las personas pueden estar en un grupo ya sea que sean o no miembros de la iglesia o incluso que asistan o no a los servicios religiosos. Coleman cree que esto es distinto del modelo de David Cho, el cual se explica en el último capítulo. En tercer lugar, el modelo Serendipia promueve una amplia

---

7. Ibid., p. 4:19.

8. Ibid., p. 21.

variedad de grupos pequeños. Él dice: "Este modelo también puede incluir la escuela dominical tradicional, donde las personas que ya están involucradas pueden encontrar un lugar para compartir e interesarse en los demás".[9] Por último, se trata de un sistema colegiado de grupos pequeños. El enfoque de Coleman es similar al sistema de la escuela dominical, donde había una salida definida de una clase y la entrada de otra clase.

La influencia de Lyman Coleman en la escena de grupos pequeños de Norteamérica es significativa, una de sus mayores contribuciones fue la *Biblia Serendipia para Grupos*, que incluía preguntas de estudio para cada sección principal de las Escrituras.

EL MODELO META-IGLESIA

Carl George fue un pastor de una congregación bautista independiente en Gainesville, Florida en la década de 1970. Al tratar de liderar a su creciente iglesia como un todo, se dio cuenta que les estaba pidiendo a las personas conectarse entre sí cuando tenían muy poco o nada en común. Por lo tanto, él comenzó un experimento en grupos pequeños. Identificó a doce hombres los que pensaban que serían buenos líderes, él oró por ellos. Poco después, proyectó su visión para los grupos principales y pidió oraciones para ver si podían hacer un compromiso de liderar un grupo de este tipo. Los doce hombres de su lista se ofrecieron como voluntarios. Esto impulsó a George hacia una travesía de grupos pequeños que ha tocado a decenas de miles de iglesias, incluyendo algunas de las iglesias más grandes de América.[10]

---

9. Ibid., p. 21.

10. Entrevista personal con Carl George, 4 de junio de 2014.

En 1978, George se percató que su alma estaba turbada. Después de una larga reflexión, la esposa de George, Grace, le preguntó: "Si utilizaras los dones que Dios te ha dado en un ministerio ¿qué harías?" A esto Carl respondió: "Sería un analista de iglesias. Me gustaría ser un consultor de iglesias". Catorce horas después, el Dr. Peter Wagner le llamó y le preguntó si querría servir como el director del Fuller Institute of Evangelism and Church Growth (Instituto Fuller de Evangelización y Crecimiento de la Iglesia), un seminario y consultoría que capacitaba a líderes de la iglesia en los principios de crecimiento de la iglesia.[11] Esto le dio a George la plataforma para investigar las estrategias de grupos pequeños y poner a prueba sus principios.

La estrategia Meta-Iglesia de George fue influenciada por su investigación. La primera estrategia se desarrolló a partir de sus observaciones formuladas en Yoido Full Gospel Church (la Iglesia del Evangelio Completo de Yoido) en Seúl, Corea del Sur. Cuando la visitó, vio el enfoque obvio en la estructura de los grupos pequeños, pero sus habilidades analíticas le dieron la capacidad de ver debajo de la superficie. Observó todos los sistemas que Cho y sus líderes habían desarrollado para sostener la vida de los grupos. En ese momento, muchos pastores estadounidenses viajaban a Corea y regresaban con grandes ideas acerca de los grupos de desarrollo, pero no tenían una visión para el desarrollo de los sistemas. Esta necesidad de sistemas se convirtió en algo fundamental para el modelo de George.

La segunda gran influencia en su investigación fue la teoría del crecimiento de la iglesia que había sido desarrollada por

---

11. Esta historia es relatada en *Leading and Managing Your Church (Liderando y Administrando tu Iglesia)* de Carl F. George y Robert E. Logan, (Grand Rapids /Los Grandes Rápidos/, MI: Revel 1987), pp. 19-20

Donald McGavran y Peter Wagner. Las cuatro preguntas principales de crecimiento de la iglesia dan forma a la manera en que escribe acerca de los grupos:

1. ¿Cuáles son las causas del crecimiento de la iglesia?

2. ¿Cuáles son las barreras que se le presentan al crecimiento de la iglesia?

3. ¿Cuáles son los factores que conllevan a los movimientos cristianos?

4. ¿Cuáles principios del crecimiento de la iglesia son reproducibles?[12]

Con preguntas del crecimiento de la iglesia como estas en mente, George se sintió atraído a estudiar la manera de hacer al paradigma mundial de la iglesia celular relevante a una audiencia norteamericana.

Una tercera influencia fue la primera gran iglesia basada en grupos pequeños con sede en Norteamérica, la New Hope Community (Iglesia Comunitaria Nueva Esperanza) en Portland, Oregon, que en la década de 1980 fue la mejor representación del modelo celular de Corea en un contexto occidental. George estudió a la iglesia New Hope y trabajó con Dale Galloway, e incluso ayudó a identificar algunos de los sistemas necesarios requeridos para apoyar a los grupos pequeños. A partir de esto surgieron recursos para seminarios y sus propios libros sobre grupos pequeños.

---

12. Gary McIntosh, "Church Movements of the Last Fifty Years in the USA: Four Major Church Movements." ("Movimientos de la Iglesia de los Últimos Cincuenta Años en EE.UU.: Los Cuatro Movimientos Mayores") Disponible en: http://churchgrowthnetwork.

IGLESIA COMUNITARIA NUEVA ESPERANZA

Dale Galloway comenzó la New Hope Community Church (Iglesia Comunitaria Nueva Esperanza) en Portland, Oregon en 1972, pero no fue hasta 1978 que Galloway visitó Seúl, Corea del Sur, para estudiar los grupos pequeños en la iglesia de Cho. Concibió una visión de lo que podría convertirse su iglesia a través del ministerio celular y en una época llegó a tener unos quinientos grupos. Lyman Coleman se refiere a la iglesia de Dale Galloway como la principal defensora del modelo de Cho en los EE.UU.[13]

Sin embargo, es probable que sea más preciso describir a la Iglesia Comunitaria Nueva Esperanza como el primer prototipo del Modelo Meta-Iglesia del ministerio de grupos pequeños. Su iglesia se basaba en una amplia variedad de grupos pequeños. Carl George estudió la iglesia de Galloway antes de escribir su *modelo de Meta Iglesia*. Los grupos pequeños en la Iglesia Comunitaria Nueva Esperanza fueron divididos en tres tipos distintos:

1. Grupos de formación
2. Grupos de apoyo
3. Grupos de trabajo

Los grupos de formación proporcionan la mayor parte del cuidado pastoral en la iglesia. Los grupos de apoyo son instrumentos de sanidad, mientras que los grupos de trabajo reunían a personas que estaban realizando diversos tipos de servicio. Había incluso un distrito entero de grupos involucrados en el ministerio de música de la iglesia. Junto con los grupos de formación, los grupos de trabajo se reunían para compartir,

---

13. Coleman, p. 5:19.

orar, y poner en práctica principios bíblicos. George Hunter observó: "Cada grupo tiene una silla vacía, como un símbolo de la misión del grupo de alcanzar a al menos una persona nueva cada seis meses".[14]

La formación de los líderes de grupos pequeños fue muy importante en este modelo. Galloway acertó al decir: "El trabajo más importante del pastor y del personal pastoral es el desarrollo de liderazgo, capacitación de líderes laicos que edificarán grupos pequeños. El desarrollo del liderazgo es esencial, y debe ser la máxima prioridad. No puede dejarse al azar".[15] Galloway ofreció un evento de Superbowl tres veces al año al cual cualquier miembro del grupo podía asistir. A partir de estos eventos de Superbowl, los futuros líderes que surgieron se enfrentaron al reto de formar su propio grupo. Una vez formado el nuevo grupo, se exigió a los líderes para asistir a un evento de capacitación semanal donde se les daban las notas de los sermones y las preguntas de discusión del pastor para la aplicación de principios bíblicos.[16]

LOS LIBROS DE GEORGE

Como se mencionó anteriormente, el primer libro de Carl George se titulaba *Prepare Your Church for the Future (Prepare Su Iglesia para el Futuro)*. La idea subyacente del pensamiento de George es que debido a que el ministerio de grupos pequeños ha funcionado tan eficazmente en las iglesias grandes, debe ser adaptado para funcionar en iglesias de cualquier tamaño, ya sea

---

14. Ibid., pp. 86-87.

15. Dale Galloway, *The Small Group Book (El Libro de los Grupos Pequeños)* (Grand Rapids /Los Grandes Rápidos/: Fleming H. Revell, 1995), p. 118.

16. Coleman, p. 5:19.

en Norteamérica o en el extranjero. Su énfasis primordial en todo el libro es que nuestros modelos actuales del ministerio de la iglesia simplemente no prestan suficiente atención cualitativa para sostener una iglesia en crecimiento.

Su primer libro se acerca mucho en describir el enfoque celular utilizado en la mayoría de las iglesias celulares en todo el mundo. A lo largo del libro, describe el grupo celular en casa y su contribución al crecimiento tanto en cantidad como en calidad. El libro tuvo un gran impacto en el ámbito de la iglesia en Norteamérica debido a que George dio una terminología norteamericana actual a los conceptos basados en células.[17]

En su segundo libro, *The Coming Church Revolution (La Revolución Venidera de la Iglesia)*, George redefine el modelo Meta-Iglesia. En lugar de promover un modelo, escribe sobre la manera de analizar una iglesia:

> El pensamiento de la Meta-Iglesia examina el grado en que una iglesia ha sido "celularizada", y en que su liderazgo haya sido vinculado. . . . Trata de discernir el grado en el que los líderes de grupo en realidad convocan a las personas, y el grado en el que los supervisores en realidad trabajan con los líderes de grupo. La Meta-Iglesia, entonces. . . es una radiografía para ayudarte a ver lo que tienes con el fin de averiguar lo que falta.[18]

El modelo de Meta Iglesia entonces es una manera de discernir el grado de participación de grupos pequeños en una iglesia.

---

17. Carl George, *Prepare Your Church for the Future (Prepare a su Iglesia para el Futuro)* (Grand Rapids /Los Grandes Rápidos/: Revel, 1991), pp. 57-84.

18. Carl George, *The Coming Church Revolution (La Revolución Venidera de la Iglesia)* (Grand Rapids /Los Grandes Rápidos/, Revel, 1994), pp. 279-280.

George insiste a lo largo de su libro *The Coming Church Revolution (La Revolución Venidera de la Iglesia)* que el enfoque de Meta Iglesia es simplemente una manera de ver lo que ya se tiene. Pasa la mayor parte del tiempo describiendo su estrategia de mapeo llamado el Meta globo. Este es el intento de George para categorizar todos los grupos de la iglesia dentro de ciertos límites. Esta categorización se supone que ayude a una iglesia a examinar su estructura real.

Otras tres claras diferencias se ponen en manifiesto en el libro de George. En primer lugar, los grupos pequeños se definen por el tamaño en lugar de por sus componentes. Por ejemplo, George dice: "Las células incluyen clases de escuela dominical, equipos de ministerio, equipos de alcance, equipos de producción de adoración, equipos deportivos, grupos de recuperación, y más. . . en cualquier momento en que dieciséis o menos personas se reúnen, usted tiene una reunión de grupo pequeño".[19] Él redefine la escuela dominical, como un sistema celular "dentro de las instalaciones".[20] En segundo lugar, el ministerio celular debe introducirse discretamente en la iglesia. Según George, no es prudente decirle a la junta cuando se va a introducir el ministerio celular.[21] En tercer lugar, en su trabajo anterior, recomendó una reunión bimestral de liderazgo,[22] pero en el segundo libro, George dice que es posible no tener esta reunión, si existen las estructuras y principios básicos en otro lugar en la iglesia.[23]

---

19. Ibid., pp. 69-70.

20. Ibid., p. 284.

21. Ibid., p. 259.

22. Ibid., pp. 135-145

23. Ibid., p. 203.

CARACTERÍSTICAS CLAVE PARA EL MODELO DE LA META-IGLESIA

La característica principal de este modelo se encuentra en su diversidad de grupos. David Tan observa:

> Para la Meta-iglesia cualquier tipo de grupos dentro de la iglesia constituyen las células. Todos estos grupos pueden tener diferentes agendas y propósitos. El principio fundamental es involucrar al mayor número posible de miembros de los grupos. Ya que. . . la agenda de cada grupo no puede ser idéntica, el objetivo de la Meta-Iglesia es la adaptación.[24]

Hay tres tipos comunes de grupos que con mayor frecuencia han surgido en las Meta-Iglesias. Estos son: grupos de trabajo (enfoque: un ministerio en particular), grupos de fraternización (enfoque: el cuidado personal), y los grupos de discipulado (enfoque: crecimiento espiritual). El énfasis en la variedad también se extiende a la vida de los grupos. Algunos grupos continúan indefinidamente mientras que otros grupos pueden durar sólo unas semanas. Una vez más, depende del propósito del grupo o de la visión del líder. Dentro de estos diferentes tipos de grupos, hay algunos puntos en común. Estos incluyen:

1. Flexibilidad: La libertad de elección es muy estimada y enfatizada. El alto liderazgo tiene el cuidado de no ejercer demasiada presión.

2. Formación de Liderazgo: Todas las iglesias que utilizan el modelo Meta-Iglesia siempre cuentan con algún tipo de capacitación de liderazgo, pero hay un alto grado de flexibilidad.

---

24. Tan, p. 18.

Otra característica se refiere a la formación o supervisión que se encuentra en las iglesias eficaces de grupos pequeños. Cada líder de grupo tiene a alguien a quien él o ella rinden cuentas. Esa persona (llamada por varios nombres) es asignada para supervisar no más de cinco líderes celulares. Sobre el líder de cinco hay otro líder a quien el líder de cinco rinde cuentas, y el proceso continúa.

Una manera de entender mejor el modelo Meta-Iglesia es contrastarlo con la estrategia de la iglesia celular (próximo capítulo), como se intenta hacer en la tabla siguiente:

	Modelo meta-iglesia	Iglesia celular
Tipos de grupos pequeños	Cualquier tipo de grupo es aceptable en el modelo Meta-Iglesia. Los grupos pequeños se definen vagamente.	El grupo celular es similar en visión, enfoque, formato, y en propósito. La definición de la célula es muy importante.
Grupos pequeños/ programa de la iglesia	No hay ningún conflicto entre los grupos pequeños y los programas de la iglesia, porque muchas veces los grupos pequeños sencillamente son programas sostenidos por la iglesia.	Los grupos celulares son la base de la iglesia y se espera que todos participen. A la gente se le anima primero a estar en un grupo celular holístico; algunos también participarán en los ministerios de la iglesia.
El pastor principal y su equipo	Posiblemente podría delegar este ministerio a un pastor asociado y aun así mantener el programa de grupos pequeños.	Debe guiar la visión celular con el fin de garantizar el éxito.
Control administrativo	Flexible con un ligero control.	Organizado, dirigido a asegurar el control de calidad.
Formación de liderazgo	Algún tipo de formación continua, aunque flexible y poco organizada.	Monitoreados de cerca, la formación continua es necesaria.

La influencia de la Meta-Iglesia ha afectado y sigue influyendo en cómo las iglesias funcionan. Carl George ha enseñado ya sea de forma directa o indirecta, a numerosas y grandes iglesias en América, entre ellas dos de los más influyentes, Willow Creek Comunity Church (Iglesia Comunitaria de Willow Creek) en South Barrington, Illinois y Saddleback Community Church (Iglesia Comunitaria de Saddleback) en Lake Forest, California. Es mucho lo que podemos aprender de la travesía de la Meta-Iglesia, pero hay más que saber y lo aprenderemos en el próximo capítulo.

LECCIONES APRENDIDAS

- Tres modelos clave de grupos pequeños en los EE.UU. son el modelo del Pacto, modelo Serendipia, y el modelo Meta-Iglesia. Los tres han adaptado los principios de grupos pequeños para caber dentro de la cultura norteamericana. Los tres modelos de grupos pequeños destacan la diversidad y la flexibilidad.

- El modelo del Pacto se centra más en el discipulado, mientras que el modelo Serendipia es muy creativo, haciendo hincapié en el inicio y en la finalización.

- El modelo Meta-Iglesia, establecido por Carl George, es el modelo más utilizado de Estados Unidos, y se caracteriza por la variedad y la adaptación. Los grupos pequeños incluyen clases de escuela dominical, equipos ministeriales, grupos de alcance, los equipos de producción de adoración, grupos deportivos, grupos de recuperación, y los grupos en las casas. Estos grupos se definen como cualquier reunión de dieciséis personas o menos.

- El desarrollo del liderazgo es un objetivo primordial del pensamiento del modelo Meta-Iglesia.

Capítulo 15

EL MOVIMIENTO DE LA IGLESIA CELULAR

En una tarde de domingo en el verano de 1964, Yonggi Cho, un pastor coreano joven, se derrumbó en la plataforma de su iglesia. Cho, quien entonces tenía veintisiete años, había llegado a un punto de agotamiento físico total.

Más temprano ese día, él había predicado durante los servicios de la mañana y luego había bautizado trescientos nuevos convertidos. Después de recoger a un evangelista estadounidense en el aeropuerto, le estaba interpretando en el servicio de la tarde cuando Cho colapsó. Su iglesia había crecido de 4 a 2.400 miembros. Aunque su suegra Jashil Choi, y el misionero

John Hurston le habían ayudado, Cho había asumido una carga ministerial casi imposible de llevar en su iglesia en crecimiento. Él había predicado durante los dos servicios matutinos de domingo, durante los servicios de mediados de semana, y había asistido a las reuniones de oración diaria temprano por la mañana. También se encargaba de asesorar y realizar todas las bodas y los funerales. Quebrantado en el escenario esa noche de verano, le susurró a Hurston, "John, me estoy muriendo".[1]

Cho sintió que Dios lo había llamado a hacer crecer la iglesia más grande en el mundo, sin embargo, él trató de hacer esto en su propia fuerza. Después de ser llevado al hospital y examinado, el médico les dijo a los asociados de Cho,

> Este hombre está físicamente agotado. Su salud se ha quebrantado y su corazón es débil. Para recuperarse, él requerirá de reposo total. Después de eso, yo sugeriría que encontrara otro tipo de trabajo. Sería mejor que nunca predicara o pastoreara de nuevo. El agotamiento podría matarlo.[2]

A pesar de su fuerza agotada, Cho intentó continuar como de costumbre. En contra de los deseos de los demás, trató de predicar en el primer servicio de su iglesia el domingo siguiente, pero se desmayó después de sólo ocho minutos. En el segundo servicio, trató de predicar de nuevo, pero duró sólo cinco minutos antes de colapsar nuevamente. En las semanas y meses que

1. David Yonggi Cho, con Harold Hostetler, *Successful Home Cell Groups(Exitosos Grupos Celulares en las Casas)* (South Plainfield, NJ: Bridge Publishing / Publicaciones Bridge/, 1981), p. 11.

2. Karen Hurston, *Growing the World's Largest Church (Haciendo Crecer la Iglesia Más Grande del Mundo)* (Springfield, MO: Gospel Publishing House / Editorial Gospel/, 1994), p. 83.

siguieron, Cho clamó a Dios desde su lecho de enfermedad por sanidad, pero Dios no parecía responder.

En su libro *Successful Home Cell Groups (Exitosos Grupos Celulares en las Casas)*, Cho relata que él estaba reclamando ciegamente las promesas de sanidad en la Biblia sin buscar la voluntad de Dios. Sin embargo, en una ocasión, él oró: "Padre, nos has dado todas estas promesas. Pero yo las declaro y tú no me sanas. ¿No vas a sanarme?" Inmediatamente Cho fue sorprendido por una voz inaudible pero clara. "Hijo, yo voy a sanarte, pero la sanidad va a tomar diez años".[3]

Cho no se dio cuenta en ese momento que la situación desesperante en la que se encontraba no sólo cambiaría su iglesia, sino que pondría en marcha una revolución en la eclesiología que transformaría las iglesias de todo el mundo. Dios quería que el resto del mundo cristiano supiera que un solo pastor no puede realmente cuidar de una iglesia, y mucho menos una iglesia de más de dos mil personas.[4] A través de Cho, Dios estaba a punto de comenzar el movimiento celular moderno.

Cho sintió un fuerte llamado a pastorear, y él tenía una visión de hacer crecer una iglesia colosal que sería la más grande de toda Corea. Sin embargo, su quebrantada salud dictaba que no podría llevar a cabo sus responsabilidades pastorales de la

---

3. Cho, p. 11.

4. La situación de Cho se parece mucho a la historia de Gedeón (Jueces 6). Dios quería glorificarse a sí mismo a través de Gedeón, por lo que pidió a Gedeón que redujera el número de sus hombres. Si Gedeón hubiese mantenido un gran ejército, podría haber alardeado de su gran fuerza, grandeza, y poder militar. Dios quería asegurarse de que Gedeón sólo enalteciera la grandeza de Dios, por lo que Él redujo su fuerza hasta el mínimo. Dios redujo a Cho a nada, para que de Dios fuera toda la gloria.

única forma que sabía. Mientras Cho yacía en su cama, buscó en las Escrituras cómo la iglesia primitiva ministraba a miles de nuevos creyentes. Cho fue sacudido por cómo estos primeros cristianos se reunían de casa en casa en grupos pequeños para la adoración y la fraternización. Del mismo modo, se dio cuenta de cómo Moisés en Éxodo 18: 13-26 dividió los millones en sectores y en pequeños grupos de diez personas.

Cho al principio no vio la visión celular como una forma de hacer crecer las iglesias. No era inteligente intentar hacer crecer más y más una iglesia. Más bien, se dio cuenta de que estaba haciendo crecer su iglesia de una manera no bíblica y centrada en el hombre, la cual finalmente le llevó a terminar en el hospital. Siguiendo estos principios bíblicos, Cho ideó un plan para dividir su congregación en grupos en las casas bajo el liderazgo de sus diáconos, que eran los ministros laicos hombres. Sin embargo, ellos rechazaron la idea, y Cho terminó ejecutando su plan con las lideresas laicas, mujeres quienes aceptaron hacerlo. En Corea en ese momento, los hombres dominaban las posiciones de liderazgo tanto en la iglesia como en la cultura. Así que para Cho, lanzar su visión celular a través de las mujeres era igualmente radical y esto glorificó aún más a Dios.[5]

Bajo la estrecha supervisión e instrucción de Cho, estas mujeres comenzaron veinte grupos celulares en las casas. Los grupos se

---

5. También es cierto que la transición celular de Cho se inició y motivó por las lideresas de células. Esto fue grandioso al principio y fue un fenómeno muy importante. Sin embargo, Cho no hizo mucho para que fuese una iglesia celular orientada a los hombres, y parece que la presencia masculina cayó muy por detrás de la asistencia femenina. Cuando visité su iglesia en 1997, había diecinueve mil grupos celulares liderados por mujeres y alrededor de seis mil liderados por hombres. Cuando estaba en Yoido, me di cuenta que los hombres gozaban de los servicios y oficios matutinos dominicales donde podían sentarse y socializar con otros hombres.

encontraron con varias dificultades al principio, y hubiera sido fácil para Cho olvidar su nuevo plan. Sin embargo, sintió que Dios le había dicho que no iba a ser sanado por diez años, y no tenía otro plan, sino el que Dios le había dado.[6]

En los meses y años que siguieron, Cho refinó su sistema celular en crecimiento. Inicialmente, su iglesia y su nueva metodología fueron fácilmente pasadas por alto, pero en 1974 la iglesia se trasladó a una instalación más grande en la isla de Yoido y asumieron el nombre Yoido Full Gospel Church (Iglesia del Evangelio Completo de Yoido). En ese momento había 16 mil miembros en 542 grupos celulares. En su primer año en la nueva ubicación, agregaron 3.000 miembros. En 1976 la proliferante iglesia reportó 1,600 grupos celulares.[7]

Si bien una versión de esta historia abre la introducción de este libro, vale la pena repetir el testimonio de Cho debido a su impacto en el movimiento de la iglesia celular en todo el mundo. De hecho, un patrón común entre las iglesias celulares más grandes en todo el mundo es la influencia de David Cho. Todos han mencionado estar en deuda con Cho, y todos menos uno de ellos fueron inspirados inicialmente a incluir el ministerio celular en sus iglesias a causa de la enseñanza y el ejemplo de Cho.[8] Los pastores de las dos iglesias celulares más grandes,

---

6. Los que lo logran en el ministerio celular tienen una profunda convicción de la rectitud de la estrategia. Han oído la voz de Dios, creen que el ministerio celular se basa firmemente en las Escrituras, y están dispuestos a superar todas las luchas y dificultades que se presentan. Los que no lo logran con el ministerio celular a menudo simplemente están "tanteando el terreno" para ver si su iglesia crece más rápido.

7. Hurston, p. 191.

8. Para más información sobre este tema, véase la disertación de Joel Comiskey Ph.D. http://www.joelcomiskeygroup.com/articles/dissertation/

así como los pastores más influyentes en América Latina, visitaron la iglesia de Cho antes de comenzar su propio ministerio celular.[9] La inspiración de Cho también se ve en los escritos de los mayores expertos en células hoy en día.[10] Hadaway observa:

> Se comenzó a decir que la iglesia de Paul Cho y varias otras grandes iglesias en Seúl alcanzaron su tamaño masivo a través de los grupos celulares en las casas y que la técnica funcionaría en cualquier lugar. Un movimiento comenzó, y los pastores han acudido a Corea para aprender. . . . Iglesias de todo el mundo están empezando a adoptar el grupo celular en las casas como una herramienta de organización. . .[11]

Aunque muchas iglesias alentadas por Cho, adoptaron la metodología celular y tuvieron éxito, muchos más intentaron incluir los grupos celulares y fracasaron, o tuvieron pocos resultados visibles. Muchas iglesias adoptaron el modelo celular por la

---

index.html. La excepción fue la Love Alive Church (Iglesia Amor Viviente) en Tegucigalpa, Honduras. Esta iglesia comenzó a usar grupos pequeños en 1974 y más tarde se enteró de la iglesia de Cho.

9. Me refiero a César Castellanos, pastor fundador de La Misión Carismática Internacional, en Bogotá, Colombia, y a Sergio Solórzano, pastor fundador de La Misión Cristiana Elim, en San Salvador, El Salvador.

10. Ralph Neighbour, Carl George, y Dale Galloway en repetidas ocasiones reconocen a Cho como la base para su modelo en particular del ministerio celular. En el libro de George *Prepare Your Church for the Future (Prepare su Iglesia para el Futuro)*, Cho o la iglesia de Cho aparece en trece páginas. En el libro de George *The Coming Church Revolution (La Revolución Venidera de la Iglesia)*, Cho es mencionado en nueve páginas. Un patrón similar aparece en el libro de Neighbour *Where Do We Go from Here (Y desde Aquí, ¿Hacia Dónde Vamos?)*, y el libro de Galloway, *20/20 Vision (Visión 20/20)*.

11. Hadaway, Wright y DuBose, p. 17.

motivación equivocada. Simplemente querían hacer crecer su iglesia como la de Cho y no entendían cómo aplicar los principios celulares a su propio contexto. Tampoco tomaron en cuenta la atmósfera de avivamiento en Corea y muchos otros factores que ayudaron a la iglesia de Cho a crecer tanto.

El propio Cho ha reflexionado sobre el por qué el ministerio celular funciona o no en otros lugares. Las razones que ha dado en sus libros y artículos incluyen:

1. El fracaso del pastor general en asumir el liderazgo del sistema celular.

2. Fallar en aprender la metodología celular a profundidad.

3. La capacitación y apoyo inadecuados de los líderes de los grupos. Cho cree que la supervisión de los líderes celulares es crítica.

4. Falta de enfoque evangelístico en los grupos celulares

5. El fracaso del pastor a renunciar a la autoridad y al ministerio.

La iglesia de Cho no sólo ha sido exitosa en implementar el ministerio celular, sino que también hay aproximadamente nueve iglesias adicionales en Corea que han alcanzado una membresía de treinta mil o más. Todas ellas, sin excepción, han estructurado sus iglesias alrededor del ministerio celular. No hay duda que la iglesia de Cho ha tenido una influencia significativa en todo el mundo y continúa haciéndolo hoy en día.

CRECIMIENTO DE LA IGLESIA INTERNACIONAL

Un importante visitante a la Yoido Full Gospel Church (Iglesia del Evangelio Completo de Yoido) fue el Dr. Donald McGavran, el fundador del movimiento de crecimiento de la iglesia.

La explosión de la iglesia celular de Cho llegó en medio de la era de crecimiento de la iglesia en el Fuller Theological Seminary (Seminario Teológico Fuller). Era una época en que los pastores miraban y estudiaban con entusiasmo las iglesias celulares en crecimiento en todo el mundo y no eran reacios a probar el modelo en sus propias iglesias. McGavran animó a Cho a tener seminarios para instruir a los muchos pastores que estaban visitando la iglesia.

En 1976, Church Growth International (Crecimiento de la Iglesia Internacional, CGI por sus siglas en inglés) nació bajo el liderazgo de John Hurston. Decenas de miles de pastores de todas partes del mundo han asistido a las conferencias anuales de CGI. El libro de Cho, *Successful Home Cell Groups (Exitosos Grupos Celulares en las Casas)* publicado en 1982, también ha sido fundamental en la difusión del movimiento.[12] Peter Wagner, sucesor de Donald McGavran en el Seminario Fuller, pasó a formar parte de la junta directiva de CGI y ha asistido fielmente a las conferencias desde que comenzaron.

Es interesante que Dios eligiera a la nación oprimida de Corea del Sur para dar a luz al movimiento de la iglesia celular moderna. La historia de Corea es una de las sagas más turbulentas del mundo, de la lucha de una nación pequeña por la supervivencia contra obstáculos aparentemente imposibles. A partir del siglo VII en adelante, Corea ha estado bajo el control

---

12. Oí hablar a Cho en 1984 en una conferencia de crecimiento de la iglesia en el Seminario Fuller, y de allí en adelante, he desarrollado una pasión por el ministerio celular. Estaba asombrado al oír a Cho relatar historia tras historia sobre el increíble crecimiento de la iglesia en Corea y cómo Yoido Full Gospel Church (Iglesia de Yoido del Evangelio Completo) podía pastorear a los quinientos mil miembros a través de los dieciocho mil grupos celulares. Compré todas las cintas de Cho, las escuché una y otra vez, y traté de poner en práctica el ministerio celular en mi propia iglesia.

de China y Japón. En 1945, los japoneses cedieron el control de Corea a los Estados Unidos en el sur y a Rusia en el norte. Un pacto poco alentador fue firmado el cual no pudo impedir la subsiguiente guerra entre Corea del Norte (respaldada por Rusia y China) y Corea del Sur (respaldados por los Estados Unidos). Dios una vez más se ha mostrado fuerte entre aquellos que son débiles. Este es ciertamente el caso de la elección de Corea para iniciar el fenómeno de la iglesia celular.

CANSADO DEL IGLESIANISMO

Aunque Cho inspiró muchas de las más grandes iglesias celulares en el mundo, el individuo que ha sido el pionero en el ministerio basado en células en los EE.UU. es Ralph Neighbour.[13] En 2014, a sus ochenta y cinco años, continúa con su liderazgo de la iglesia celular en los EE.UU. y en todo el mundo. Su entusiasmo y su pasión por las células afloran en la siguiente cita,

> . . .la célula es la iglesia, y la iglesia es la célula. Es el componente básico de la comunidad más grande llamada "iglesia local". No debe haber competencia con ella, ninguna en absoluto. Todo en la estructura, por completo, debe existir para las células, ser operado por las células, y debe fortalecer la vida de las células. Al igual que en el cuerpo humano, la vida de la iglesia se encuentra en las células. ¿Deben ser las personas alcanzadas para Cristo? Se realiza a través de

---

13. Mientras que Neighbour abrió la puerta para el ministerio celular en los EE.UU., también fue muy influyente en todo el mundo. Neighbour no sólo popularizó el ministerio celular, sino también lo explicó. Este no fue el caso con David Cho. En América Latina, los pastores celulares con quienes hablé fueron inspirados por Cho, pero carecían de instrucción concreta de Cho sobre cómo manejar un ministerio celular.

las células. ¿Deben las personas ser edificadas en Él?
Es hecho a través de las células.[14]

A medida que Cho comenzaba a mejorar y a aumentar su
metodología celular en 1965, Ralph Neighbour estaba buscando una estructura bíblica de la iglesia, en lugar de las iglesias
basadas en programas que había en toda la región. Él escribió:
"Cuando cumplí treinta y seis años yo estaba absolutamente,
completamente disgustado con las estructuras tradicionales de
la iglesia que abastecían la auto-necesidad e ignoraban a los no
creyentes".[15] Neighbour ya había trabajado con las iglesias en
una amplia diversidad de escenarios. Creció como hijo de un
pastor, había trabajado para la organización de Billy Graham
en su infancia, fundó veintitrés iglesias en el sur de Pennsylvania, y había actuado como consultor evangélico durante cinco
años para la Texas Baptist Convention (Convención Bautista
de Texas.)

Durante estos años, Neighbour se había desilusionado cada
vez más y más con las iglesias estructuradas para su manteni-
miento en lugar de para la misión. A los cuarenta años de edad,
Neighbour dejó la comodidad de su trabajo denominacional
para liderar "una iglesia experimental" en rápido crecimiento
al oeste de Houston. Él escribe:

> En 1969, se formó una iglesia no tradicional en Hous-
> ton con 38 valientes pioneros. Nos llamábamos "La
> Gente que Se Interesa", y se convirtió en una "Iglesia
> de Parábola". Sin saber lo que estábamos haciendo,

---

14. Ralph Neighbour, *Where Do We Go from Here (Y desde Aquí, ¿Hacia Dónde
Vamos?)* (Houston, TX: Touch Publications /Publicaciones Touch/, 1990),
pp. 68-69.

15. Neighbour Jr., p. 78.

nos tropezamos con patrones que estaban siendo utilizados por otras iglesias de grupos celulares que no
sabíamos que existían.[16]

Neighbour se topó con este modelo como un pionero y, finalmente, se convirtió en su principal portavoz. Una significativa
persona impactada por Neighbour fue un joven estudiante de
un seminario bautista llamado Lawrence Khong de Singapur,
quien se involucró en la iglesia de Houston. Regresó a Singapur
a mediados de los años 80 a pastorear una iglesia en crecimiento, y fue bautizado de forma inesperada por el Espíritu
Santo y habló en lenguas. Desconcertado por este encuentro
que él experimentó en la intimidad de su propio tiempo con el
Señor, él decidió compartir esa experiencia con sus diáconos.
En ese momento, no se dio cuenta que esta revelación a sus
líderes sería el fin de su ministerio en una iglesia con doctrina
bautista tradicional. Luego inició una nueva iglesia llamada
Faith Community Baptist Church (Iglesia Bautista de la Comunidad de Fe, o FCBC por sus siglas en inglés) en 1988.

Khong le pidió a Neighbour que le guiara a él y a su iglesia
a una metodología celular integrada. Al principio Neighbour
hizo esto dividiendo su tiempo entre Texas y Singapur, pero en
1990 se trasladó a Singapur para convertirse en el pastor asociado de la FCBC. La combinación de un excepcional pastor
general increíblemente talentoso para hablar y en el liderazgo
y la estrategia celular dirigida por Neighbour permitió a la
iglesia crecer de 600 a 5000 miembros con quinientos grupos
celulares entre 1988 y el regreso de Neighbour a Houston en
1997. La FCBC fue una plataforma ideal para Neighbour porque le permitió perfeccionar su estrategia celular y su material.

---

16. Neighbour, Jr., p. 87.

La FCBC se convirtió en una iglesia celular ejemplar con una estrategia de la iglesia celular modelo.[17]

Neighbour y Khong compartieron con mucho entusiasmo la estrategia celular a través de las conferencias internacionales anuales sobre la iglesia celular que primero atrajo a cientos y luego a miles de pastores, misioneros y líderes de todo el mundo.[18] El manifiesto de la iglesia celular de Neighbour, Y desde Aquí, ¿Hacia Dónde Vamos? Una Guía para la Iglesia de Grupos Celulares, publicado en 1990, avivó las llamas del movimiento celular en muchos países, incluyendo Estados Unidos, Canadá, Australia y Sudáfrica. Este libro aceleró enormemente el movimiento celular en estos países y más allá

Y desde Aquí, ¿Hacia Dónde Vamos? Tuvo un fuerte impacto, ya que combina la base bíblica para el ministerio celular, un análisis basado en el principio de las iglesias celulares, y ejemplos de muchas iglesias celulares en crecimiento en todo el mundo. Es verdad que fue un libro muy idealista, y se piensa que brinda pocas esperanzas a las iglesias que hacen la transición al ministerio celular en Norteamérica. Sin embargo, estimuló la imaginación de aquellos que anhelaban el cambio y comenzó un movimiento en Norteamérica.

En 1991, Neighbour lanzó la revista Cell Church (Iglesia Celular) de su ministerio de publicaciones en Houston. Esta revista

---

17. La Faith Community Baptist Church (Iglesia Bautista de la Comunidad de Fe) también heredó algunas debilidades y finalmente abandonó la estrategia más basada en el principio celular en favor de un modelo particular.

18. A menudo es una buena idea ver el ministerio celular en una iglesia celular modelo y luego leer acerca de cómo hacerlo. La teoría mezclada con la práctica es la mejor manera de demostrar la eficacia del ministerio celular para hacer discípulos que hagan discípulos.

se convirtió en una voz unificadora del movimiento. TOUCH Outreach Ministries (Ministerio de Alcance TOQUE), el ministerio de publicaciones y seminarios fundado por Neighbour y con sede en Houston, Texas, y Touch Ministries Internacional (Ministerios Toque Internacional) de Lawrence Khong en Singapur eran heraldos internacionales para el movimiento celular. El visionario y prolífico Neighbour a través de sus libros prácticos y de la revista, dio viento al movimiento en un momento en que un número cada vez mayor de pastores y líderes de la iglesia se estaban desilusionando con la estructura tradicional de la iglesia.

En 1994, los cimientos políticos del país de Sudáfrica se desmoronaban a medida que la segregación racial estaba siendo desmantelada y se estaba formando un nuevo gobierno multirracial. En medio de esta agitación había una nueva apertura espiritual en el país. A medida que las estructuras políticas estaban siendo alteradas radicalmente, pastores e iglesias también estaban buscando nuevos patrones eclesiásticos. Por invitación del pastor Martin Hopkins de Newcastle, Natal, el Dr. Neighbour dio tres conferencias introductorias de la iglesia celular en mayo de 1994 en Pretoria, Newcastle, y en Mossel Bay.

Estas conferencias crearon un gran interés por el modelo celular y, a mediados de 1994 aproximadamente ciento veinte pastores de Sudáfrica llegaron a Singapur para aprender de Neighbour en la iglesia Faith Community Baptist Church (Iglesia Bautista de la Comunidad de Fe). En respuesta a este seminario de capacitación especialmente planeado, Neighbour fue invitado a ir a Sudáfrica para enseñar a fondo la metodología de la iglesia celular. Él desarrolló un curso de cuatro semanas en el que se enseñaba una semana por trimestre. Esta capacitación titulada "El Año de Transición" se puso en marcha en octubre de 1994 en Sudáfrica y en los próximos dos años se enseñó a miles de pastores. Iglesias que estaban implementando los grupos celulares en Sudáfrica compartieron su aprendizaje y ayudaron a difundir aún más la metodología celular a iglesias de países vecinos como Lesoto, Botsuana, Malawi, Zimbabue, así como a países lejanos, incluyendo Ucrania y los Estados Unidos.

El entrenamiento de The Year of Transition (El Año de Transición, TYOT por sus siglas en inglés) y su sucesor titulado Advanced Cell Training (Entrenamiento Celular Avanzado, ACT por sus siglas en inglés) fueron enseñados por TOUCH (TOQUE) y sus ministerios internacionales afiliados en muchos países, incluidos los Estados Unidos, Rusia, Brasil, las Filipinas, El Salvador, Canadá y Australia . TYOT se puso en marcha en 1999 y en 2000 en Inglaterra y Alemania. La Regent University of Virginia Beach (Universidad Regent de Virginia Beach), Virginia, en 1996 se convirtió en el primer seminario que ofrece Maestría y Doctorado en Ministerio con una especialización en el ministerio celular. El núcleo de sus cursos de ministerio celular fue el plan de estudios celulares TYOT y ACT desarrollado por TOUCH (TOQUE).

VOCES CELULARES INFLUYENTES

En 1974, Amor Viviente, una iglesia carismática en Honduras, fundada por los misioneros menonitas, Ed y Gloria King, comenzó a utilizar un sistema celular cuando su lugar de reunión les fue quitado. Cuando se dieron cuenta de la superioridad de la estructura de las células para el evangelismo y el discipulado, conservaron el sistema. Esta iglesia, que creció a unos siete mil miembros en el año 2000 fundó iglesias en toda su natal Honduras y en varias ciudades de Estados Unidos. René Peñalba, uno de los pastores fundadores, dejó Amor Viviente para comenzar su propia iglesia, que también se ha convertido en un movimiento basado en células. Muchas otras iglesias en Honduras también han crecido y florecido. De hecho, el ministerio basado en células se ha convertido en la nueva norma a través del cuidadoso modelaje del ministerio basado en células.

Otro de los pioneros del ministerio celular, Wener Kniesel, pastor del Christian Center Buchegg (Centro Cristiano Buchegg) en Zúrich, Suiza comenzó el ministerio celular casi al mismo tiempo que Cho comenzara su ministerio a principios de 1970. Al mismo tiempo sentía que el ministerio celular era la manera bíblica de fundar una iglesia, por lo que continuó la transición de su iglesia aun frente a muchos obstáculos. Kniesel dijo que cada paso del proceso de transición fue doloroso para su congregación en Zúrich, Suiza, pero con el tiempo se convirtió en una iglesia celular próspera dentro de la sociedad secular de Zúrich, Suiza. La iglesia creció a unos trescientos grupos celulares y ha entrenado a pastores y líderes de todo el mundo.

En los Estados Unidos en el centro del sur de Pennsylvania, nació el Dove Christian Fellowship (Fraternidad Cristiana Dove) en octubre de 1980 bajo el liderazgo de Larry Kreider utilizando una metodología celular. Dove ha fundado iglesias en los EE.UU., Nueva Zelanda, Francia, Escocia, Uganda, Kenia, y Barbados. En 2013, Dove tenía unas ciento veinte congregaciones. Dove fue un pionero que ha demostrado de forma consistente una base bíblica equilibrada para su ministerio celular. Desde entonces, han añadido redes de iglesias en las casas a su repertorio de ministerio.

Bethany World Prayer Center (Centro de Oración Mundial de Betania) también adoptó la estrategia celular en 1996 y se convirtió en una de las iglesias celulares insignia en Norteamérica. Betania organizó conferencias celulares cada año y muchos pastores fueron entrenados. En un momento dado, Betania atrajo a miles de pastores para sus conferencias anuales celulares las cuales promovían el "Ganar almas y hacer discípulos". El libro de Stockstill *The Cell Church* (*La Iglesia Celular*) salió en 1996 y tuvo un impacto importante en el movimiento celular.

EL MINISTERIO BASADO EN CÉLULAS SE PROPAGA EN ÁFRICA Y EN ASIA

Mientras Cho estaba desarrollando su sistema celular, otras iglesias de todo el mundo estaban teniendo visiones similares y estaban aprendiendo las unas de las otras.

EPBOM, ÁFRICA OCCIDENTAL

En 1975, el Pastor Dion Robert comenzó a utilizar una estrategia de grupo celular para comenzar EPBOM (Eglise Protestante Baptiste Oeuvres et Misión Internationale).[19] Costa de Marfil es el hogar de dieciocho millones de habitantes, muchos de los cuales son de habla francesa y trabajan en la agricultura. Se estima que entre treinta y cinco y cuarenta por ciento son musulmanes; de veinte a treinta por ciento son cristianos; y otro cuarenta por ciento practica creencias indígenas.

Después de escuchar al hermano Andrew, quien ministró a los cristianos perseguidos en los países comunistas, Dion anheló una estructura de iglesia que no dependiera de grandes reuniones, ni se centrara en el pastor. Su inspiración inicial para la

---

19. Ubicación: Costa de Marfil, África Occidental; Tamaño: 200 000; Pastor Principal: Dion Robert; Antecedentes: Se inició en 1975, EPBOM no denominacional tiene cincuenta y seis ubicaciones en Abidjan y muchos más en todo el país, además de 18,0000 grupos celulares; sitio web: dion. kingdomconnector.com

metodología de células vino de la estructura organizativa que Moisés usó en Éxodo capítulo dieciocho.[20]

Comenzando con sólo tres personas, su movimiento creció a 3.180 células en 1993 en la ciudad de Abiyán y a unas 1896 células en iglesias filiales en Costa de Marfil, Guinea, Burkina Faso, Benín, y varios otros países de África y los Estados Unidos.[21]

En 2010 este grupo de iglesias reclamó una membresía total de doscientos mil.

El pastor Robert Dion pide a cada miembro asistir fielmente a un grupo celular y pasar por el proceso de equipamiento de discipulado, que se centra en las vidas transformadas. La cultura africana ha estado dominada tan a fondo por el animismo (la creencia en el apaciguamiento de los espíritus que controlan todos los acontecimientos de la vida) que la gente por siglos ha vivido en el miedo, la culpa y la incertidumbre. EPBOM ha descubierto que a menos que la salvación rompa las ataduras y las mentiras satánicas causadas por el animismo, los creyentes volverán rápidamente a la esclavitud pasada.

Los que están en EPBOM saben que nunca podrán hacer de un hombre un efectivo trabajador para la cosecha si él está sometido por ataduras satánicas. El pastor Dion dice:

---

20. Jim Lassiter, correo electrónico personal a Jim Egli titulado "Re: Preguntas" Este fue un mensaje de correo electrónico privado a Jim Egli de Jim Lassiter, el 16 de junio de 1999.

21. Dion Yaye Robert, *Cell Group Ministry: One of the Secrets of Church Growth* (*Ministerio de Grupos Celulares: Uno de los Secretos del Crecimiento de la Iglesia*) (Tulsa, Oklahoma: Obras y Misiones Cristianas Internacional, 1997), p. 33.

"En la vida de las ovejas a menudo habrá ataduras que necesitan ser rotas. Estos a veces pueden ser lazos hereditarios demoníacos o alguna forma de demonización por espíritus malignos. La terapia del alma es el proceso de romper las ataduras impías que incluyen actividad inmoral, maldiciones, miedos animistas y culto a los antepasados".[22]

Esta iglesia es conocida por convertir a las personas esclavizadas, en evangelistas apasionados por Jesucristo que inician nuevas iglesias en casa.

IGLESIA ABBALOVE, JAKARTA, INDONESIA

La Iglesia Abbalove comenzó en 1979 cuando un grupo de estudiantes universitarios en Yakarta sintieron el deseo de ser tocados por El Espíritu de Dios. Dios les impulsó a iniciar una iglesia y Eddy Leo, uno de los primeros líderes del equipo, con el tiempo se convirtió en uno de los ancianos y el miembro principal del ministerio apostólico del movimiento. La iglesia comenzó originalmente como una iglesia basada en la comunidad y más tarde se convirtió en una iglesia basada en células después de que el equipo de liderazgo visitara la iglesia de Cho en Corea y la Faith Community Baptist Church (Iglesia Bautista de la Comunidad de Fe) en Singapur.

Desde el principio visualizaron la necesidad de formar a jóvenes para que sirviesen como líderes y cambiaran al país y al mundo. En 2014, la iglesia había crecido a 20.000 personas en los servicios dominicales, y 25.000 en sus 2.000 grupos celulares semanales. Abbalove se ha convertido en once iglesias

---

22. Leslie Brickman, *Preparing the 21st Century Church (Preparando a la Iglesia del Siglo XXI)* (Fairfax, VA: Xulon Press /Editorial Xulon/, 2002), pp. 231-247.

locales, cada una con sus propios ancianos. La Iglesia Abbalove
está creciendo rápidamente a medida que se concentran en los
pueblos y ciudades que no han sido alcanzadas. El contexto de
su iglesia es la mayoría musulmana de Indonesia y su deseo ha
sido bendecir a las personas que aún no han sido alcanzadas
con el amor de Dios.

Abbalove sabe que la célula es fundamental para hacer discípulos que hagan discípulos. Se espera que todos participen en un
grupo celular. Los tres pilares de la iglesia son: las células, los
cultos o servicios, y el discipulado personal. Los tres pilares sólo
pueden establecerse si todo el mundo se está equipando continuamente. La Iglesia Abbalove se ve a sí misma ayudando a las
personas en su travesía, no como si hubiesen llegado a su destino
final. Por la gracia de Dios, la iglesia nunca ha sufrido una división, ya que siempre se han centrado en experimentar a Jesús y
se han asegurado de que Jesús sea el centro, no el ministerio.

IGLESIA DE LA FAMILIA DE DIOS, SOLO, INDONESIA

Obaja Setiawan fue a la escuela secundaria en Indonesia en la
década de 1980. En ese momento, no tenía pelo. Nadie, incluyendo los doctores sabía por qué había perdido su cabello, y
su familia no pudo encontrar ninguna ayuda verdadera. Estaba
tan avergonzado, que dejó la escuela. Sus amigos y familiares
le instaron a visitar médicos brujos y tratar pociones mágicas,
pero nada funcionó. Alguien le sugirió a Jesús. "¿Por qué no?",
pensó. Él oró a Jesús y su cabello comenzó a crecer de nuevo.
Cuando se le preguntó sobre el nuevo crecimiento, él respondió: "Debe ser la medicina". El pelo desapareció, y Obaja
rápidamente se dio cuenta que había negado a Jesús y oró de
nuevo por misericordia. Dios respondió y hoy Obaja tiene una
cabeza llena de cabello negro.

Este milagro impactó a Obaja tan profundamente que él prometió a Dios que le serviría todos los días de su vida. Y él le
sirvió a Dios como un exitoso hombre de negocios, ministrando activamente en su iglesia como un laico y apoyando
financieramente. Pero en septiembre de 1989, Dios llamó
a Obaja para que comenzara su propia iglesia. No se sentía
preparado porque su formación empresarial no había incluido
educación en el seminario. Sin embargo, él obedeció y comenzó
un grupo celular que se multiplicó hasta incluir unas 20.000
personas en 2010.[23]

El pastor Obaja ha llevado su sencillo mensaje de fe del poder
de Dios en la debilidad. A lo largo de su ministerio, ha creído
que Dios obra lo imposible en débiles vasijas humanas, incluso
en un área donde el ochenta y ocho por ciento de los doscientos cincuenta millones de personas son musulmanes.

En 1999, viajó hasta Bogotá, Colombia con Eddy Leo para
aprender acerca de la estrategia del G-12 en una iglesia basada
en células llamada la International Charismatic Mission
(Misión Carismática Internacional). Obaja no podía hablar
inglés o español, y puesto que la conferencia no fue traducida
a su lengua materna, no entendió casi nada de lo que se dijo
en la conferencia de Bogotá de una semana. Sin embargo, sí
comprendió una frase: "Cualquiera puede ser un líder celular
fructífero". Él vio claramente cómo Dios quería que formara
a toda su congregación para ser ministros en lugar de oyentes.

---

23. The Family of God Church (La Iglesia de la Familia de Dios) (GBI);
Ubicación: Solo, Indonesia; Tamaño: 20.000; Pastor General: Obaja Tanto
Setiawan; Antecedentes: GBI está afiliada a la Church of God (Iglesia de
Dios),y se inició en el año 1989. Ahora, además de su ubicación principal,
la iglesia tiene cincuenta nuevas iglesias y 1.500 grupos celulares; Sitio web:
www.gbika.org

Su sueño se hizo realidad. A menudo da testimonio de personas analfabetas que conducen a otras a Cristo a través del ministerio celular, del discipulado, y de la preparación para que éstas dirijan sus propios grupos celulares. Obaja ha visto innumerables pobres conductores de *rickshaw* (carretillas), desesperados y sin educación, convertirse en fervientes evangelistas de Cristo, que dirigen nuevos grupos celulares. En la iglesia, es costumbre pedirle a los líderes de células más pobres y vulnerables, que den testimonio de lo que Dios ha hecho en sus células a través de la conversión y la multiplicación. De esta manera, GBI anima a todos a que suban a la plataforma, se involucren en un grupo celular, y eventualmente dirijan su propia célula. Y GBI tiene un gran proceso de capacitación para ayudar a los líderes celulares potenciales a tener éxito. Su entrenamiento de discipulado incluye un retiro espiritual, un seminario, y tres cursos bíblicos que cada persona debe tomar para prepararse para liderar su propio grupo celular. Y lo que es sorprendente es la ubicación de esta iglesia, una zona dominada por musulmanes en Java, Indonesia.

GBI ha impulsado a muchas iglesias a mirar más allá de lo que parecía ser el "líder nato" y ver el poder de Dios en los débiles y humildes. GBI ha demostrado cómo Dios hace lo extraordinario a través de la gente débil y ordinaria.

FRATERNIDAD DE LA GRACIA Y CCMN, HONG KONG

Ben Wong fundó la Iglesia de la Gracia en 1987. Wong siempre tuvo un corazón para el discipulado, pero en 1989, leyó *Successful Home Cell Groups (Exitosos Grupos Celulares en las Casas)* de Cho y se dio cuenta que la forma del Nuevo Testamento para hacer discípulos se llevó a cabo en grupos celulares. Ese mismo año, treinta personas de la iglesia visitaron a Ralph Neighbour en

Singapur, y todos leyeron el libro de Neighbour, *The Shepherd's Guidebook (La Guía del Pastor)*. Neighbour ayudó a modificar la visión de Wong y la iglesia comenzó a crecer a través del ministerio celular, alcanzando a unas 2000 personas para el año 2006.

Wong no estaba satisfecho sólo con hacer crecer su propia iglesia más y más. Él tuvo la visión de compartir la visión celular con otros pastores de la ciudad, y comenzaron a celebrar conferencias juntos compartiendo a los conferencistas y la información. Wong, junto con un misionero de Nueva Zelanda, Neville Chamberlain, se sintió obligado a conectar grupos celulares con misiones en todo el mundo, al igual que los moravos habían hecho 275 años antes. The Cell Church Missions Network (La Red de Misiones de Iglesias Celulares) nació como una forma de compartir recursos con otras iglesias celulares afines y promover misiones en todo el mundo.

The Cell Church Missions Network (La Red de Misiones de Iglesias Celulares) se ocupa principalmente de la movilización de los miembros de iglesias celulares para terminar la Gran Comisión. Ellos creen que los que han llevado y multiplicado grupos celulares son los mejores misioneros para penetrar en las culturas que no han sido alcanzadas debido a que ya han experimentado un ministerio fructífero en su propia cultura. El tema de CCMN es "Sin gloria y sin control". CCMN ha enviado unos 175 misioneros entre 1997 y 2014 y ha dado más de 100 conferencias. Los misioneros CCMN trabajan en trece campos, entre ellos, Macao, China, Japón, Tailandia, Bangladesh, India, Camboya, Indonesia, Filipinas, Pakistán, Turquía, África del Norte y Oriente Medio.[24]

---

24. "100 conferencias" se refiere a unas trece cumbres de CCMN, aproximadamente treinta misioneros y conferencias internacionales, y a otras sesenta, incluyendo conferencias de formación regionales y nacionales.

VIENTOS DE CAMBIO EN SUDAMÉRICA

Dos iglesias celulares de América Latina tomaron principios de la Yoido Full Gospel Church (Iglesia del Evangelio Completo de Yoido) y luego adaptaron estos principios a la estrategia de iglesia celular que era más efectiva en su propio contexto. Establecieron un camino a seguir para muchos.

IGLESIA ELIM, EL SALVADOR

Iglesia Elim se encuentra en la ciudad de San Salvador. De los casi siete millones de salvadoreños en el país, el ochenta y tres por ciento son católicos; sin embargo, se estima que un millón son evangélicos protestantes, y este número está creciendo con la ayuda de una sencilla, pero eficiente iglesia llamada Iglesia Elim.[25]

Elim no es una historia de éxito de cuento de hadas. Ha experimentado golpes duros y problemas. La iglesia sobrevivió a una guerra civil que mató a 75.000, y a un terremoto que devastó el país, matando a 100 miembros de Elim. Tal vez la mayor tragedia fue la remoción del pastor fundador debido a una falla moral. Sin embargo, a pesar de estas dificultades, Iglesia Elim ha multiplicado grupos celulares en todo El Salvador y en todo el mundo.

---

25. Tamaño: 118 mil en la iglesia central; (11.000 células); Pastor General: Mario Vega; Antecedentes: Elim fue fundada en 1977 y es parte de un movimiento no denominacional llamado Elim Internacional. La iglesia ahora tiene 160 iglesias en todo el mundo, y su incremento anual en San Salvador atrae a unas 2.000 personas; Sitio web: elim.org.sv. La primera vez que visité la iglesia en 1996, al instante vi cómo Dios había creado una nueva cultura en Elim, muy diferente de las comunidades latinas en la región. Elim está muy organizada, viendo el orden maravilloso de Dios en las Escrituras y creyendo que Dios quiere que midan con exactitud lo que está pasando en medio de ellos.

El crecimiento de Elim se le puede atribuir a su pasión por Jesús, su persistencia en los fundamentos de la iglesia de grupo celular, y su penetración evangelística que multiplica células por toda la ciudad. El objetivo principal de Elim es penetrar en la ciudad a través de la multiplicación de los grupos celulares. En 2013, unas 118.000 personas asistían a los 11,000 grupos celulares de la iglesia. Esos mismos grupos celulares alquilaban autobuses urbanos para viajar juntos a los cultos semanales para escuchar la Palabra de Dios.

Elim define a la célula como un grupo de entre tres y quince adultos que se reúnen semanalmente fuera del edificio de la iglesia con el propósito de la evangelización, la comunidad y el crecimiento espiritual con el objetivo de multiplicarse. La mayoría de las células de Elim están orientadas a la familia (una mezcla de hombres, mujeres, solteros, entre otros.), pero también tienen células de mujeres, de jóvenes, y de niños. Las células se organizan geográficamente, de modo que cada grupo se multiplique dentro de su propia zona geográfica.

Las células de Elim comenzaron en 1986, pero fue un largo proceso de fracaso, reagrupamiento, y perfeccionamiento de su sistema celular. Siguieron adelante para mejorar su ministerio celular hasta que funcionó. Dios ha usado a Elim para construir una iglesia sin muros que penetra en todos los rincones de la comunidad y levanta a trabajadores para la cosecha y así continuar el proceso.[26]

---

26. Para conocer más sobre Iglesia Elim, lea el libro de Joel Comiskey's *Passion and Persistence: How the Elim Church's Cell Groups Penetrated an Entire City for Jesus* (Pasión y Persistencia: Cómo los Grupos Celulares de Iglesia Elim Penetraron en Toda la Ciudad Para Jesús (Houston, TX: Touch Publications, 2004).

VIAJE A KOREA

Sergio Solórzano, nacido en Guatemala, llegó a El Salvador para iniciar una Iglesia Misión Cristiana Elim, una denominación evangélica de base que se inició en Guatemala. [27] Solórzano inició la iglesia en 1977 en una casa alquilada con nueve personas. La iglesia creció rápidamente y en 1981 había tres mil personas que asistían a la iglesia central. En 1985, la iglesia había plantado algunas setenta iglesias filiales en todo el país, pero la asistencia a la iglesia central se había estancado.

Debido a este estancamiento, en 1985, el Pastor Solórzano visitó la iglesia de David Yonggi Cho en Corea. Regresó convencido que el ministerio del grupo celular revolucionaría Elim. Convocó a los pastores de las veinticinco iglesias filiales alrededor de San Salvador y les pidió que cerraran sus iglesias y se le unieran para formar una enorme iglesia celular en San Salvador. En 1991, seis años más tarde, la asistencia a los grupos celulares había crecido a cincuenta y siete mil con una gran proporción asistiendo a los cultos de celebración el domingo. [28] En 1996, se le pidió a Sergio Solórzano la renuncia de la iglesia central debido a su fracaso moral, y el equipo de liderazgo le pidió a Mario Vega dirigir Elim San Salvador.

---

27. Iglesia Elim de El Salvador ya no reconoce la iglesia madre o central en Guatemala. Elim El Salvador afirma que la iglesia madre en Guatemala ya no cree en la Trinidad y enseña otras doctrinas erradas. Curiosamente, Elim El Salvador ahora envía misioneros a Guatemala para plantar una nueva clase de iglesias Elim. También hay que señalar que Sergio Solórzano ya no es el pastor principal en Elim debido a su fracaso moral, Mario Vega es el nuevo pastor principal.

28. El edificio actual de la iglesia se encuentra a menos de un kilómetro del primer lugar donde se reunieron unas 1977 personas, el cual se encuentra a unas diez millas del centro de San Salvador.

Mario Vega ya estaba en Elim en 1977, cuando la iglesia comenzó. Él dejó la iglesia central en San Salvador el 14 de abril de 1980, para ayudar a una pequeña Iglesia Elim que batallaba en Santa Ana, un Departamento de El Salvador. Bajo su liderazgo, Elim Santa Ana creció a un aproximado de 10.000 personas (asistencia celular promedio).

Desde que Mario asumió el liderazgo de Elim San Salvador en 1997, la iglesia continuó creciendo a 118.000 personas en 11.000 grupos celulares. El pastor Mario está muy entusiasmado con lo que Dios está haciendo a través de Elim y audazmente promueve lo que ha funcionado para ellos. Sin embargo, está consciente que la copia textual de un modelo rara vez funciona. La Iglesia Elim, de hecho, nunca copió exactamente el modelo celular original de Cho. Más bien, han adaptado el modelo de la iglesia del grupo celular de Corea a las circunstancias únicas de El Salvador.

CARACTERÍSTICAS ÚNICAS DE ELIM

En toda América Latina Iglesia Elim es conocida por la multiplicación de grupos celulares fuertes. Algunas de las razones por la fortaleza en sus grupos celulares son:

Ministerio de equipo. Cada célula tiene un equipo que consiste en el líder, el asistente, el anfitrión, el tesorero, el secretario y los miembros en general. El objetivo principal del líder de la célula es formar este equipo medular (núcleo). La Iglesia Elim está convencida que el éxito del grupo celular depende del núcleo.

Cada equipo celular se reúne semanalmente para planificar, orar, soñar, y actuar. Después de un tiempo de edificación, los miembros del equipo planifican la reunión celular normal de la noche del sábado. Deciden quién visitará a los miembros descarriados, alcanzará a nuevas personas, y orará por los necesitados.

Tener dos reuniones separadas (una para la planificación y la otra normal para la célula) es la principal distinción entre el sistema celular de Elim y el de otras iglesias celulares.

Seguimiento estadístico. La Iglesia Elim es extremadamente organizada, al ver el maravilloso orden de Dios en las Escrituras. Ellos creen que Dios quiere que midan con exactitud lo que está pasando en medio de ellos. Todos los 90 pastores que forman parte de este staff en Elim, por ejemplo, pueden decirte el martes por la mañana cuáles son los datos estadísticos de la semana anterior: asistencia, conversiones, bautismos, las personas que fueron visitadas, y los capacitados. Y todos estos números son exactos.

Las estadísticas exactas son importantes en Elim porque miden el progreso hacia el objetivo de penetrar en su ciudad para Jesús. Le ayuda a cada líder a saber dónde están parados, y lo que necesitan mejorar para alcanzar de manera más eficaz a toda la ciudad para Jesús. [29] El seguimiento estadístico de todas las reuniones les da a los pastores y supervisores un informe de avance de cada célula, y motiva a los líderes a seguir alcanzando a otros. Además, el sistema de Jetro de fácil funcionamiento ofrece ayuda y capacitación para los líderes de células.

Evangelismo de Amistad. La forma más eficaz de alcance celular en Elim es el evangelismo de la amistad. Los líderes instruyen a sus grupos para hacer amigos, ganar su confianza, y luego invitarlos a la reunión. La meta es que aquellos amigos reciban

---

29. Elim no tenía prácticamente ninguna influencia misionera extranjera. Ni fue capacitado el Pastor Sergio Solórzano en los Estados Unidos o Europa.

a Cristo y se conviertan en un discípulo a través del ministerio celular.

Josefina López es un buen ejemplo de este evangelismo de amistad. Ella fue testigo de Jehová por siete años antes de convertirse al cristianismo a través del amor y la amistad de los miembros de la célula que casualmente se reunía al lado de su casa (hay aproximadamente 80.000 Testigos de Jehová en El Salvador). Sus vecinos se hicieron sus amigos y amorosamente la invitaron a su grupo, pero Josefina se negaba, manteniéndose fiel al llamado de su culto. La célula se multiplicó y se formó otra abajo de su calle. Luego esta se multiplicó nuevamente— esta vez reuniéndose detrás de su casa. Los vecinos de las tres células trataron de amar y servir a Josefina, invitándola a sus grupos, pero ella consiguió resistirse. Ella, sin embargo, se dio cuenta de la alegría, los cantos vibrantes, y especialmente de sus vidas cambiadas. Finalmente, Josefina decidió asistir a la célula detrás de su casa, con la excusa de querer probar el postre. Dios usó al líder para presentar con claridad el mensaje del evangelio, y el Espíritu Santo hizo el resto. Dios transformó a Josefina y su lucha con la ira se desvaneció. Cristo le ayudó a hablar suavemente a sus hijos y a respetar al padre de estos. Pronto fue bautizada. A sólo quince días después de su conversión, Josefina abrió su casa para acoger una nueva célula, que se ha multiplicado cuatro veces.

Elim ha penetrando en toda la ciudad de San Salvador con el evangelio, principalmente a través del evangelismo de la amistad y la multiplicación de células madre-hija.[30]

---

30. Si un área que sea un objetivo no se puede alcanzar fácilmente multiplicando un grupo, Elim se ha dado cuenta que a menudo es mejor buscar a alguien en esa zona para abrir su casa para plantar una célula y luego proporcionar un líder capacitado para iniciar un nuevo grupo.

MISIÓN CARISMÁTICA INTERNACIONAL, BOGOTA, COLOMBIA

Hoy en día, la mayoría de las personas asocian a Colombia con la guerra entre la guerrilla, con adictos a las drogas, y la oscuridad espiritual. Ellos no saben que en medio de la oscuridad, Dios está edificando su iglesia. Un misionero de Colombia dijo: "Sin los problemas de seguridad, no habría la urgencia de hacer la tarea".[31] La Misión Carismática Internacional no es la única iglesia creciendo en Colombia, pero es una iglesia celular líder que en 1996 había crecido a aproximadamente 10.000 células. César Castellanos, comentó: "Hemos crecido tanto que ya ni siquiera contamos a las personas—sólo a los grupos celulares".[32]

A finales de 1982, César Castellanos, un joven pastor, desilusionado en Colombia, renunció a su ministerio pastoral. Al reflexionar sobre esa experiencia en una entrevista en enero de 1998, Castellanos dijo:

Yo había llegado a un momento crucial en mi vida donde a pesar de que estaba pastoreando no me sentía satisfecho con lo que estaba haciendo. Por eso decidí que era mejor renunciar a ser pastor, y estar quieto, esperando que Dios me hablara. Cuatro meses después de haber renunciado a esa iglesia Dios me dio un mensaje que transformó mi vida.

---

31. Steve Irvin, un amigo personal, me hizo esta declaración. Fue un misionero en Colombia por más de veinte años. Steve, de hecho, alimentó mi visión del grupo pequeño dándome un manual sobre grupos pequeños en 1991 en Quito, Ecuador.

32. César Castellanos, *Sueña y Ganarás el Mundo*, 87.

Después de este período de cuatro meses de buscar a Dios, Castellanos recibió una visión que cambió el rumbo de su vida. Haciendo un recuento de esa experiencia Castellanos dijo que Dios le había dicho lo siguiente:

> Sueña con una iglesia muy grande, porque los sueños son el lenguaje de mi Espíritu. Porque las personas en la iglesia que pastorearás serán tan numerosas como las estrellas del cielo y como la arena del mar, la multitud no se podrá contar. [33]

En respuesta a esa visión en febrero de 1983, la Misión Carismática Internacional (MCI) nació en Bogotá, Colombia. A pesar que Castellanos nunca antes había pastoreado una iglesia de más de 120 personas, él sabía por la visión que Dios le había dado, que ahora él iba a dirigir una iglesia con una innumerable multitud de personas.

VIAJE A KOREA

El viaje del Pastor César a Corea en 1986 le proporcionó principios fundamentales para el establecimiento de un sistema de la iglesia celular. Él y su esposa Claudia regresaron transformados por el potencial de multiplicar grupos celulares. Castellanos siempre creyó en el papel de los grupos pequeños, pero en 1986, captó la necesidad de tener un sistema de iglesia celular que apoyara el crecimiento de los grupos pequeños.

Al tener sólo un modelo a seguir, la MCI copió el sistema de Cho en su totalidad. El pastor César organizó a sus grupos

---

33. Joel Comiskey, *Home Cell Group Explosion: How Your Small Group Can Grow and Multiply(Explosión de Grupos Celulares en los Hogares: Cómo puede Crecer tu Grupo Pequeño y Multiplicarse)* (Houston, TX: Publicaciones Touch, 1998).

pequeños geográficamente por todo Bogotá. Al reflexionar de nuevo, reconoce que el primer sistema necesitaba ajustes. Al copiar todo el modelo, falló en adaptarlo a su propio contexto cultural. La MCI cojeó desde 1986 hasta 1991, sintiendo que hacía falta algo. La iglesia creció a cerca de setenta células, pero sintieron que Dios quería más para ellos.

TODOS PREPARADOS PARA MINISTRAR

Castellanos se frustró con la metodología celular de Cho porque le tomó demasiado tiempo producir líderes de células —dos años completos. Castellanos se percató que algunas de las personas que iniciaron el proceso de equipamiento realmente completaron el entrenamiento y los que así lo hicieron habían perdido sus amigos no cristianos debido al largo tiempo que había tomado completar el curso. Castellanos sintió que Dios le había permitido un gran avance. Él le dijo a Dios: "Señor, necesito algo que me ayude a acelerar el propósito". Él sintió que Dios que le decía: "Voy a darte la habilidad de formar rápidamente a las personas".[34]

Castellanos atribuye al ejemplo de Jesús de discipular a doce personas como la inspiración bíblica para este método. Algunas de las ideas que Castellanos implementó fueron:

1. Un proceso de "consolidación" para discipular a los nuevos creyentes a los que casi de inmediato los envió a un fin de semana de retiro "Encuentro" para ayudarles a ser liberados de la esclavitud espiritual y ser llenos

---

34. Para mayor información, lea, Joel Comiskey *Groups of Twelve: A New Way to Mobilize Leaders and Multiply Groups in Your Church(Grupo de los Doce: Una Nueva Manera de Movilizar a los Líderes y Multiplicar Grupos en tu Iglesia)* (Editorial Moreno Valley, CA: CCS, 1999).

del Espíritu Santo. Este sistema de discipulado equipa a cada miembro de la célula para iniciar su propio grupo celular durante su primer año de haber venido a Cristo permaneciendo siempre en su célula madre.

2. Un énfasis en la multiplicación de grupos celulares homogéneos dirigidos a poblaciones específicas, como hombres, mujeres, jóvenes, profesionales y niños.

3. Un sistema de supervisión que tiene líderes de células en "grupos de doce" donde se reúnen y son discipulados semanalmente. Los líderes de los grupos de doce también son miembros de otro grupo de doce conducido por otra persona.

La metodología del G-12 ahora se está implementando con muchas variaciones en iglesias celulares en varias partes del mundo. La difusión del método G-12 ha sido promovido por las grandes conferencias anuales que la Iglesia MCI tiene, y por las conferencias internacionales que Castellanos ha dirigido en los Estados Unidos y Europa.[35]

35. Jim Egli, "What Do I Do with the G-12 Model? Insights from Those Who Have Begun the Journey," *CellChurch* (Volume 7, Number 4, Fall, 1998), ("¿Qué hago con el Modelo G-12? Persepciones de Aquellos que han Iniciado la Travesía", *Iglesia Celular)* p. 26.

PRINCIPIOS CLAVE DEL G-12

Aunque hay muchos principios en los que la MCI enfatiza, parece que son tres los que se destacan por encima de los demás. Ellos son:

Principio #1: Todo el que entra en la iglesia es un líder de célula potencial. El objetivo declarado de la MCI es transformar cada nuevo convertido en un dinámico líder de célula. [36] El Pastor Castellanos aconseja a sus líderes de células imaginarse a cada miembro de la célula como a un futuro líder de célula. No importa que tan aislado o desquebrajado esté a causa del pecado, Castellanos cree que Dios es todopoderoso y capaz de hacer algo hermoso de cada persona.

Algunos pastores y líderes creen que sólo aquellos que tienen el don de evangelismo o el don de liderazgo son capaces de dirigir un grupo celular. La meta es descubrir "el talento" dentro de la congregación y luego entrenarlos para dirigir grupos celulares. Un pastor, lleno de audacia por lo que Dios estaba haciendo en MCI dijo: "Ya no hablamos de 'miembros de la célula', sino de aprendices a convertirse en líderes de células". [37]

Principio Central #2: Se espera que todos los creyentes entren en el proceso de equipamiento para líder de célula. El MCI pide a todos entrar en el proceso de equipamiento para eventualmente convertirse en un líder de célula (la pista de entrenamiento incluye un retiro de tres días y formación en

---

36. Este punto lo repiten muchas veces los que se encuentran en altos liderazgos—no sólo César Castellanos.

37. Harold F. Weitsz, *Quest for the Perfect Pastoral System(Busqueda del Sistema Pastoral Perfecto)* (Little Falls Christian Centre, Little Falls, Roodepoort, Sudafrica), p. 4.

el aula). Tan pronto como un nuevo convertido comienza a asistir a MCI, él o ella es colocado en el camino de formación que termina en el liderazgo celular. El involucramiento en MCI significa entrar en la pista de equipamiento.

Principio Central #3: Cada líder es un supervisor potencial. El modelo G-12 pide a cada líder de la célula madre supervisar a los nuevos líderes que vienen de la célula madre. Los supervisores no son nombrados en el modelo G-12. Nadie está esperando un "llamado" que venga de arriba para convertirse en un supervisor. [38]

El sistema G-12 llega hasta la motivación personal de cada líder individual. Todos los líderes energéticos, emprendedores, pueden subir tan alto como su impulso los lleve. Pueden supervisar (discipular) a tantos nuevos líderes como su tiempo y su talento lo permitan.

G-12 EXCESOS E INQUIETUDES

Mientras que la MCI añadía innovación al movimiento de la iglesia celular en todo el mundo, esta comenzó a promover la superioridad de su propio modelo, pidiéndole a las iglesias adoptar el modelo MCI en su totalidad, en lugar de adaptar la estrategia celular a cada contexto—así como ellos mismos

---

38. En el modelo celular original fundado por David Cho, cuando se formaban cinco células, se designaba a un supervisor para rotar entre las cinco celdas. Se le pedía al supervisor nombrado que dejara de dirigir su grupo celular con el fin de que atendiera cinco grupos. Cuando surgían cinco supervisores (cada uno sobre más de cinco células), un pastor de zona era nombrado para cuidar de esos supervisores. Este proceso de nombramientos continuó hacía arriba hasta el cargo de pastor de distrito quien cuidaba a los pastores de zona. Nadie ascendía más alto a menos que él o ella recibiera una invitación para asumir el cargo.

adaptaron el modelo de Cho a su propio contexto. He incluido algunos de esos excesos e inquietudes en mi sitio web. [39]

MOVIMIENTO BASADO EN CÉLULAS EN BRASIL

Brasil es un país único. Puede alardear de tener la mayor selva tropical del mundo, enormes regiones desérticas, y un sin fín de playas. También hay una amplia variedad de tradiciones y patrones culturales. Brasil es también una tierra donde el Espíritu de Dios se está moviendo de una manera única. Y parte de la *obra del reino especial* de Dios en Brasil es el rápido crecimiento de las iglesias celulares. Neville Chamberlain escribe, "denominaciones enteras, como los bautistas y las Asambleas de Dios, están decidiendo hacer la transición de sus iglesias— cientos de ellos— a células. . ."[40]

IGLESIA VID (IGREJA VIDEIRA)

La Iglesia Vid comenzó en 1999 con un grupo de sesenta creyentes en la ciudad brasileña de Goiania. Desde entonces la iglesia ha crecido a una red de 800 iglesias y la iglesia madre tiene unos 50.000 creyentes adultos y 5.000 grupos celulares. Aluízio da Silvia es el pastor principal de la iglesia madre, que él co-fundó con Marcelo Almeida, que ahora supervisa las iglesias Videira en Europa, África, América del Sur y del Norte.

---

39. En el 2002 escribí acerca de los excesos del movimiento G-12, el sólo ha empeorado con el tiempo. Puedes encontrar estos comentarios aquí: http://www.joelcomiskeygroup.com/articles/coaching/concernsG12.htm

40. Neville Chamberlin, Cell Church Missions Network (Red de Misiones de Iglesias Celulares), Resumen de Noticias #54. Received 6/16/2000.

En 1999, Marcia, la esposa de Aluízio, oró y ayunó por el propósito de Dios y el diseño de su propio ministerio en la iglesia. Ella sentía como Dios la llamaba para ministrar a los niños y lo que Dios quería que hiciera a través de los grupos celulares. Ella recibió una profecía ese mismo año, diciéndole que siguiera la dirección de Dios y que iba a darle un nuevo camino a seguir. Marcia abrió su primera célula de niños y Dios prosperó su ministerio, ayudando al movimiento Videira a multiplicarse a 10.000 grupos de células de niños con 100.000 niños que asisten a estos grupos celulares en todo el mundo. En la iglesia madre, hay unos 2.000 grupos celulares de niños con 20.000 personas que asisten a ellos.

IGREJA DA PAZ (IGLESIA DE LA PAZ)

Lucas Huber, un niño misionero norteamericano nacido y criado en Brasil, comenzó la Iglesia de la Paz en 1976 cuando vino a Santarem, una ciudad en el norte de Brasil. Lucas murió en un accidente de avión en 1994, mientras ministraba a los pueblos tribales en el norte de Brasil. Su hermano menor, Abe Huber, se hizo cargo de la Iglesia de la Paz e hizo la transición de las iglesias de la Paz para convertirse en iglesias celulares y comenzó a difundir la visión de plantación de iglesias celulares.

El objetivo es que cada persona en la iglesia plante un grupo celular evangelístico (Igreja da Paz define sus grupos celulares de la misma manera que Elim define un grupo celular), lo multiplique, e incluso que plante una Iglesia de la Paz. Este "esfuerzo" ha dado lugar a la plantación de cientos de iglesias en todo Brasil

Una de las innovaciones de la Iglesia de la Paz es su énfasis en las dos iglesias, en la grande y en la pequeña. Huber se dio cuenta que se necesitan de todo tipo para hacer el trabajo. En el 2014, la iglesia madre en Santarem tenía 60.000 personas en más de 7.000 grupos celulares y 400 iglesias de la Paz en la región. En el 2006, la Iglesia de la Paz inició otro movimiento de plantación de iglesias en la parte noroeste de Brasil. Esta nueva iniciativa crecido hasta aproximadamente ochenta iglesias con la iglesia madre en Fortaleza con un número de 7.500 personas y 1.000 células.

La Iglesia de la Paz hace énfasis en el discipulado uno-por-uno. Él ha integrado el discipulado uno-por-uno en el proceso de capacitación de la iglesia. A cada persona que llega a un culto de celebración o a un grupo celular se le asigna un mentor que ayuda a uno-por-uno. Todo el proceso se llama MDA- Micro Discipleship Strategy (Estrategia de Micro Discipulado).

ROBERT LAY Y EL CRECIMIENTO LENTO Y ESTABLE

Muchos han leído la vieja historia Inglesa de la liebre (conejo) y la tortuga (tortuga), que es una de las fábulas de Esopo. En la historia, el conejo ridiculizó a la tortuga por tener pies cortos y un ritmo más lento. La tortuga respondió: "Aunque seas veloz como el viento, yo te ganaré en una carrera". El conejo aceptó una carrera, creyendo que la tortuga nunca podría ganar. Los dos comenzaron la carrera juntos, y la tortuga nunca se detuvo, siguiendo un ritmo lento pero constante hasta el final del curso. El conejo, acostado en el camino, se quedó dormido. Al fin después de despertar, y moviéndose tan rápido como pudo, se dio cuenta que la tortuga ya había terminado y ganado la carrera.

Esta historia se ha cumplido en la iglesia celular de Brasil. Algunos modelos celulares, como el conejo, entraron en Brasil y ofrecieron un rápido crecimiento y la promesa de números rápidos. Muchas iglesias siguieron estos modelos en busca del crecimiento indoloro, milagroso y rápido. Por ejemplo, el modelo G-12 ingresó a Brasil como una tormenta a principios del 2000. Muchos saltaron a bordo del movimiento G-12, sólo para luego quedar desanimados y desilusionados. Buscando un rápido crecimiento, estos pastores abandonaron el lento crecimiento sostenido basado en los principios celulares, como los principios adoptados por Robert Lay y el *Ministerio Igreja em Células* (Ministerio de Iglesias basadas en células).

Ningún ministerio ha tenido un mayor impacto en recursos para la iglesia brasileña como el ministerio de Robert Lay. El Pastor Robert Lay entró en contacto con la visión de la iglesia celular en la década de 1980, mientras obtenía un título de maestría en los Estados Unidos. Dios encendió una pasión en su vida por hacer discípulos a través del ministerio de casa en casa del Nuevo Testamento. Regresó a Brasil y exitosamente introdujo estos conceptos de células en su iglesia, la Iglesia Hermanos Menonitas de Curitiba (Estado de Paraná, Brasil).

Después de establecer el ministerio celular en su propia iglesia, Dios llamó a Robert a difundir esta visión para bendecir a otras iglesias en Brasil. Él se convirtió en el representante oficial de TOUCH (TOQUE) [41] en Brasil. Su organización comenzó a enseñar cuatro diferentes módulos sobre iglesias celulares en el idioma portugués. Estos módulos (adaptados del libro de Neighbour *El Año de la Transición)* enseñaron a las iglesias cómo hacer la transición a la iglesia celular. El ministerio de Lay también tradujo y publicó literatura de la iglesia celular en portugués.

---

41. TOUCH (TOQUE) es un recurso del ministerio celular establecido por primera vez por Ralph Neighbour en 1990s in Houston, Texas.

Desde su creación en 1997, el propósito del Ministerio Igreja em Células fue siempre enseñar valores, principios, y trabajar con una red de pastores y líderes para ayudarles en su viaje hacia la iglesia celular. Algunos criticaron el ministerio de Robert Lay por ser demasiado "como-tortuga" Ellos sentían que él y su ministerio enfatizaba demasiado en la teología de la iglesia celular, en los valores, empezando con un prototipo, y haciendo el cambio de transición de una manera lenta y constante.

Así que ¿Cuáles son los resultados? Desde la formación inicial en 1998, el *Ministerio Igreja em Células* ha capacitado a más de dieciséis mil pastores y líderes en los principios y valores de la iglesia celular. Después de muchos años de enseñar consistentemente los valores y principios, ahora hay grandes iglesias celulares sanas de muchas, muchas denominaciones en Brasil. Además de la enseñanza de los módulos, el ministerio de Lay ha añadido dos conferencias nacionales, cinco conferencias regionales anuales, y traducido más de setenta libros sobre la iglesia celular al portugués.

Muchas de las más grandes y sanas, iglesias celulares en Brasil han pasado por el proceso de transición y ahora tienen cientos de grupos celulares. El ministerio de recursos del Ministerio *Igreja em Células* ha ayudado a las iglesias a evitar las trampas durante la transición.

La buena noticia es que muchas iglesias que se tomaron el tiempo para estudiar los principios de la iglesia celular y sobre la red, con otros pastores ahora están brillando como modelos para que otros lo sigan. Por otra parte, muchas de las iglesias de "crecimiento rápido" se están dando cuenta que el brillo se desvanece rápidamente en la realidad del ministerio de la iglesia celular en el día a día. Algunas ahora están volviendo a unirse a la red de Robert Lay. El Ministerio como-de-tortuga requiere persistencia a largo plazo, pasión y perseverancia. Es fácil renunciar a lo largo del camino, o subirse al carro de la más grande historia de éxito en un intento por lograr un rápido crecimiento.

Todavía hay muchos obstáculos y dificultades, ya que los brasileños tienden a querer que las cosas sucedan de forma instantánea. Muchas iglesias toman atajos y no se toman el tiempo para construir una base sólida de valores. Sin embargo, muchos más, después de haber perseverado, están brillando como ejemplo de la obra de Dios en las iglesias basadas en células.

ÉNFASIS MUNDIAL EN IGLESIAS CELULARES PEQUEÑAS Y REPRODUCIBLES

En el movimiento de la iglesia celular en todo el mundo, hay un renovado interés en fundar iglesias celulares más pequeñas y más reproducibles. El hecho es que la gran mayoría de los pastores de todo el mundo no están llamados a administrar una gran congregación. Dios simplemente no les ha dado el don para hacerlo. Administrar una gran iglesia de este tipo, implica gestionar detalles que la mayoría de la gente simplemente no está preparada para manejar.

El apóstol Pablo fue el misionero fundador de iglesias, más eficaz del primer siglo. Fundó iglesias sencillas, reproducibles y luego se fue a difundir el evangelio. Podía decir "habiendo comenzado en Jerusalén, he completado la proclamación del evangelio de Cristo por todas partes, hasta la región de Iliria". (Romanos 15:19). Antes del 47 d.C no había iglesias en estas provincias. En el año 57 d.C Pablo proclamó que su trabajo había sido cumplido.

Ben Wong, fundador de la Grace Church (Iglesia de la Gracia), ha dedicado su vida a fundar iglesias celulares reproducibles en todo el mundo. Ben no estaba contento con simplemente hacer crecer su propia iglesia. Se dio cuenta que el ministerio de la Gran Comisión sólo puede lograrse a través de la plantación de iglesias celulares sencillas y reproducible. Ben escribe,

Las iglesias pequeñas comprenden la gran mayoría de las iglesias en el mundo. La mayoría de los pastores se volvieron pastores porque aman a Dios y desean amar a su pueblo. La realidad es que en una pequeña iglesia, esto puede suceder con mayor eficacia. De hecho, para hacer crecer su iglesia a más de 80 personas, el pastor tendrá que ser más administrativo, y es posible que necesite una habilidad que no tiene. Las iglesias grandes necesitan empresarios, y muy pocos pastores son así.[42]

Jimmy Seibert, el pastor fundador de la Antioch Community Church, por sus siglas ACC en inglés, (Iglesia de la Comunidad de Antioquía) en Waco, Texas, se transformó radicalmente a la edad de diecisiete años. Empezó pequeños grupos en el campus de la Universidad de Baylor, los cuales eventualmente alcanzaron a seiscientos alumnos en cuatro campus. Él y algunos de los estudiantes escribieron un libro llamado *Reaching College Students through Cells* (*Alcanzando Estudiantes Universitarios a través de las Células*). En 1999 Jimmy comenzó la ACC.

La ACC nunca se ha contentado con hacer crecer a una iglesia más y más. Sin embargo, a medida que la iglesia central se ha ido entregando, no ha dejado de crecer en los últimos años. Al

---

42. Joel Comiskey, Sam Scaggs, Ben Wong, *You Can Coach (Usted Puede Supervisar)* (Moreno Valley: CA: Publicaciones CCS, 2010), pp. 70-71.

igual que la iglesia del Nuevo Testamento, Dios los ha llamado a convertirse en un movimiento de plantación de iglesias. A partir de 2010, la ACC ha enviado a cuarenta equipos de plantación de iglesias por todo el mundo (a veinticuatro naciones). También cuentan con un personal de apoyo misionero de 450 miembros de su propia iglesia.

Seibert cree que las iglesias tienen que ofrecer a su gente una visión práctica- misionera para alcanzar el mundo. Como pastor de universidad, se dio cuenta de las organizaciones para-eclesiásticas estaban a menudo más centradas en las misiones que en la iglesia. "El plan de Dios es que la iglesia ofrezca una visión mundial. Los jóvenes ansían entregarse a una visión que cambie al mundo", dijo Jimmy.

La ACC "sopla" el principio de la multiplicación a sus grupos, líderes, iglesias y misioneros. Cada año la ACC ofrece ya sea una conferencia de misiones, o una conferencia de plantación de iglesias en forma rotativa. La Iglesia de la Comunidad de Antioquía cree y enseña la necesidad del quebrantamiento y la llenura del Espíritu Santo, que da lugar a la obediencia radical.

Bob Roberts, Jr., pastor general de la Northwood Church (Iglesia de Northwood) en Texas, ha fundado más de cien iglesias. En su libro, *The Multiplying Church (La Iglesia en Multiplicación)*, escribe:

> En más de una ocasión, me he encontrado en un grupo de pastores de mega-iglesias que hacen una declaración como esta: "Necesitamos socios para iniciar algunas iglesias importantes; no necesitamos desperdiciar nuestro tiempo en estas pequeñas iglesias de cien o doscientos". ¡Ellos no lo entienden! Yo trato de educarlos, pero, la mayoría de las veces, ha sido en vano. Cuando hacen una declaración como esa, fallan

en dos aspectos. En primer lugar, en que no conocen su historia. Cuando la fe se ha disparado, nunca ha sido debido a la multiplicación de las mega-iglesias, sino de las iglesias más pequeñas de 50 a 200. . . En segundo lugar, en que no entienden la naturaleza de los movimientos. Los movimientos son personales y virales. Cuando han surgido movimientos, no ha sido debido a las grandes iglesias, sino a las pequeñas.[43]

Jesús, viendo a las necesidades increíbles a su alrededor y sobre todo los que estaban indefensos y hostigados y con necesidad de un pastor, dijo a sus discípulos: "La cosecha es abundante, pero son pocos los obreros —les dijo a sus discípulos—. Pídanle, por tanto, al Señor de la cosecha que envíe obreros a su campo". (Mateo 9:37-38).

En mis viajes por el mundo, apasionadamente suplico junto con las iglesias celulares más grandes, escuchar el llamado de Dios para las misiones. Me encantaría ver a los líderes que han multiplicado células y ahora las supervisan, considerar convertirse en fundadores de iglesias misioneras en todo el mundo. Los pastores son la clave para la liberación de esas personas. Algunos de estos pastores de multiplicación fundarán iglesias cerca, en la misma ciudad, estado o país. Otros serán misioneros transculturales que fundarán iglesias celulares en costas lejanas. Los mejores plantadores de iglesias son los que han multiplicado grupos celulares y han supervisado a nuevos líderes. Poseen la experiencia vital y necesaria para fundar una iglesia.

43. Bob Roberts, Jr., *The Multiplying Church: The New Math for Starting New Churches(La Iglesia en Multiplicación:La Nueva Fórmula para comenzar Nuevas Iglesias)* (Grand Rapids /Los Grandes Rápidos/, MI: Zondervan, 2008), p. 65.

LECCIONES APRENDIDAS

- El movimiento de la iglesia celular en todo el mundo se encuentra en los hombros de los cimientos de grupos pequeños anteriores. Cada movimiento de los grupos pequeños en la historia ha ofrecido principios y perspectivas clave para una mejor manera de ministrar.

- Las iglesias celulares obtienen su fuerza del cristianismo del Nuevo Testamento y descubren su motivación y su impulso interior en los principios del Nuevo Testamento.

- Más allá de la sólida base bíblica para el ministerio celular, las iglesias celulares se basan en principios comunes: la definición holística de una célula, las células como la base de la iglesia, la visión de liderazgo que viene del pastor principal y del equipo de liderazgo, en el poder de la oración.

- Existe el peligro de seguir un modelo y luego de concluir que es el único modelo verdadero.

- El movimiento de la iglesia celular hoy en día se está inclinando cada vez más hacia la plantación de iglesias celulares sencillas y reproducibles, en lugar de enfatizar en hacer crecer una iglesia de tamaño enorme. Tanto grandes iglesias celulares como iglesias celulares pequeñas y reproducibles deben coexistir.

Y DESDE AQUÍ ¿HACIA DÓNDE VAMOS?

Los pequeños grupos, células y las casas iglesias-cualquiera que sea su nombre, han jugado un papel vital en la iglesia de Cristo en los últimos 2000 años. Hemos visto puntos altos y puntos bajos, pero Dios ha usado el ministerio de grupos pequeños como su principal forma de discipular a la gente, puesto que Cristo hizo discípulos en su propio grupo de doce.

Uno de los temas que vemos repetidamente en la historia de los grupos pequeños es el anhelo de volver a un período de tiempo más bíblico y sencillo, cuando la iglesia no estaba tan cargada por la tradición, la jerarquía, y capas de estructura. Vemos un fuerte impulso en la historia de la iglesia para volver a las redes de las iglesias caseras simples y reproducibles. Este anhelo innato de una iglesia descentralizada y purificada es guiado por el mismo Jesús, quien comenzó la iglesia primitiva en los hogares y envió a sus propios discípulos en las casas para hacer más discípulos.

Movimientos de grupos pequeños, como los Valdenses, Lollards, Conventículos Puritanos, Pietismo, Pequeños grupos de Bucer, e incluso clases de Wesley apuntan al cristianismo primitivo como su ideal. Ellos no estaban contentos con la iglesia como status quo. Por el contrario, se sintieron obligados a hacer discípulos como Jesús y usar la casa como el lugar más bíblico para hacerlo.

Estos movimientos, por lo tanto, nos recuerdan el momento en la historia de la iglesia cuando el Espíritu de Dios se movía poderosamente a través de una red simple y reproducible de iglesias en casas. La iglesia con el tiempo ha tendido a añadir estructuras y jerarquías no bíblicas e innecesarias que estos movimientos de grupos pequeños trataban de derribar en su afán por volver a una realidad más simple y bíblica. Doctrina, y no sólo a pequeños grupos, era una prerrogativa fundamental. A la vez, los grupos pequeños ayudaron al pueblo de Dios para aplicar esa doctrina con eficacia.

La historia de los grupos pequeños, por lo tanto, nos muestra que Dios quería iniciar las primeras iglesias de una manera simple, reproducible. Y él está tomando su iglesia de nuevo a ese mismo patrón en la actualidad. Los pequeños grupos y movimientos de iglesias en casas están floreciendo en lugares como América Latina, Brasil, Sudáfrica, Singapur, Corea y Rusia. Sin embargo, en muchos lugares, se tardará mucho más tiempo, antes de que la innovación gane una amplia aceptación.

En su libro excepcional, *Difusión de Innovaciones,* comunicación estudiosa, Everett Rogers, señala que los estudios de difusión han demostrado consistentemente un patrón de S-Curve.[1] Un éxito de la innovación siempre empieza lentamente, pero llega a un punto de masa crítica, cuando la difusión se acelera rápidamente. A veces, el lapso de tiempo entre el comienzo de la innovación y su difusión rápida es años, décadas e incluso siglos.

Una de las realidades más significativas que apuntan a la necesidad de la iglesia basada en células es la época en la que vivimos. Los sociólogos y los historiadores han señalado que el mundo del siglo XXI se parecerá mucho al del primer siglo. Será un momento de rápida urbanización, de decadencia moral y de aumento del pluralismo religioso. Muchas iglesias y cristianos están asustados por este escenario. Sin embargo, éste es justo el tipo de ambiente en el que la iglesia primitiva prosperó, al extenderse de casa en casa en todo el Imperio Romano.

Dios está transformando la iglesia en una tremenda conmoción, pero es importante recordar que Jesús es la cabeza de la iglesia, está controlando todas las cosas, y los grupos pequeños son una parte de su despertar divino. Debemos prestar atención a las palabras que hacen eco a través de los primeros capítulos del libro de Apocalipsis: "El que tiene oídos, oiga lo que el Espíritu dice a las iglesias".

---

1. Everett Rogers, *Diffusion of Innovations,* Fourth Edition. (New York: Free Press, 1995), p. 322.

RECURSOS POR
JOEL COMISKEY

Se puede conseguir todos los libros
listados de *"Joel Comiskey Group"*
llamando al 1-888-511-9995
por hacer un pedido por Internet en
www.joelcomiskeygroup.com

Como dirigir un grupo celular con éxito:
para que las personas quieran regresar

¿Anhela la gente regresar a vuestras reuniones de grupo cada semana? ¿Os divertís y experimentáis gozo durante vuestras reuniones? ¿Participan todos en la discusión y el ministerio? Tú puedes dirigir una buena reunión de célula, una que transforma vidas y es dinámica. La mayoría no se da cuenta que puede crear un ambiente lleno del Señor porque no sabe cómo. Aquí se comparte el secreto. Esta guía te mostrará cómo:

- Prepararte espiritualmente para escuchar a Dios durante la reunión
- Estructurar la reunión para que fluya
- Animar a las personas en el grupo a participar y compartir abiertamente sus vidas
- Compartir tu vida con otros del grupo
- Crear preguntas estimulantes
- Escuchar eficazmente para descubrir lo que pasa en la vida de otros
- Animar y edificar a los demás miembros del grupo
- Abrir el grupo para recibir a los no-cristianos
- Tomar en cuenta los detalles que crean un ambiente acogedor.

Al poner en práctica estas ideas, probabas a través del tiempo, vuestras reuniones de grupo llegarán a ser lo más importante de la semana para los miembros. Van a regresar a casa queriendo más y van a regresar cada semana trayendo a personas nuevas con ellos. 140 páginas.

La explosión de los grupos celulares
en los hogares; Cómo su grupo pequeño
puede crecer y multiplicarse

Este libro cristaliza las conclusiones del autor en unas 18 áreas de investigación, basadas en un cuestionario meticuloso que dio a líderes de iglesias celulares en ocho países alrededor del mundo— lugares que él personalmente visitó para la investigación. Las notas detalladas al fin del libro ofrecen al estudiante del crecimiento de la iglesia celular una rica mina a seguir explorando. Lo atractivo de este libro es que no sólo resume los resultados de su encuesta en una forma muy convincente sino que sigue analizando, en capítulos separados, muchos de los resultados de una manera práctica. Se espera que un líder de célula en una iglesia, una persona haciendo sus prácticas o un miembro de célula, al completar la lectura de este libro fácil de leer, ponga sus prioridades/valores muy claros y listos para seguirlos. Si eres pastor o líder de un grupo pequeño, ¡deberías devorar este libro! Te animará y te dará pasos prácticos y sencillos para guiar un grupo pequeño en su vida y crecimiento dinámicos. 175 páginas.

Una cita con el Rey:

Ideas para arrancar tu vida devocional

Con agendas llenas y largas listas de cosas por hacer, muchas veces la gente pone en espera la meta más importante de la vida: construir una relación íntima con Dios. Muchas veces los creyentes quieren seguir esta meta pero no saben como hacerlo. Se sienten frustrados o culpables cuando sus esfuerzos para tener un tiempo devocional personal parecen vacíos y sin fruto. Con un estilo amable y una manera de escribir que da ánimo, Joel Comiskey guía a los lectores sobre cómo tener una cita diaria con el Rey y convertirlo en un tiempo emocionante que tienes ganas de cumplir.

Primero, con instrucciones paso-a-paso de cómo pasar tiempo con Dios e ideas prácticas para experimentarlo con más plenitud, este libro contesta la pregunta, "¿Dónde debo comenzar?". Segundo, destaca los beneficios de pasar tiempo con Dios, incluyendo el gozo, la victoria sobre el pecado y la dirección espiritual. El libro ayudará a los cristianos a hacer la conexión con los recursos de Dios en forma diaria para que, aún en medio de muchos quehaceres, puedan caminar con él en intimidad y abundancia. 175 páginas.

Recoged la cosecha; Como el sistema de grupos pequeños puede hacer crecer su iglesia

¿Habéis tratado de tener grupos pequeños y habéis encontrado una barrera? ¿Os habéis preguntado por qué vuestros grupos no producen el fruto prometido? ¿Estáis tratando de hacer que vuestros grupos pequeños sean más efectivos? El Dr. Joel Comiskey, pastor y especialista de iglesias celulares, estudió las iglesias celulares más exitosas del mundo para determinar por qué crecen. La clave: han adoptado principios específicos. En cambio, iglesias que no adoptan estos principios tienen problemas con sus grupos y por eso no crecen. Iglesias celulares tienen éxito no porque tengan grupos pequeños sino porque los apoyan. En este libro descubriréis cómo trabajan estos sistemas. 246 páginas.

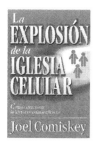

La Explosión de la Iglesia Celular: Cómo Estructurar la Iglesia en Células Eficaces (Editorial Clie, 2004)

Este libro se encuentra sólo en español y contiene la investigación de Joel Comiskey de ocho de las iglesias celulares más grandes del mundo, cinco de las cuales están en Latinoamérica. Detalla cómo hacer la transición de una iglesia tradicional a la estructura de una iglesia celular y muchas otras perspicacias, incluyendo cómo mantener la historia de una iglesia celular, cómo organizar vuestra iglesia para que sea una iglesia de oración, los principios más importantes de la iglesia celular, y cómo levantar un ejército de líderes celulares. 236 páginas.

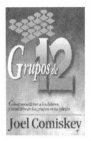

Grupos de doce; *Una manera nueva de movilizar a los líderes y multiplicar los grupos en tu iglesia*

Este libro aclara la confusión del modelo de Grupos de 12. Joel estudió a profundidad la iglesia Misión Carismática Internacional de Bogotá, Colombia y otras iglesias G12 para extraer los principios sencillos que G12 tiene para ofrecer a vuestras iglesias. Este libro también contrasta el modelo G12 con el clásico 5x5 y muestra lo que podéis hacer con este nuevo modelo de ministerio. A través de la investigación en el terreno, el estudio de casos internacionales y la experiencia práctica, Joel Comiskey traza los principios del G12 que vuestra iglesia puede ocupar hoy. 182 páginas.

De doce a tres: *Cómo aplicar los principios G12 a tu iglesia*
El concepto de Grupos de 12 comenzó en Bogotá, Colombia, pero ahora se ha extendido por todo el mundo. Joel Comiskey ha pasado años investigando la estructura G12 y los principios que la sostienen. Este libro se enfoca en la aplicación de los principios en vez de la adopción del modelo entero. Traza los principios y provee una aplicación modificada que Joel llama G12.3. Esta propuesta presenta un modelo que se puede adaptar a diferentes contextos de la iglesia.

La sección final ilustra como implementar el G12.3 en diferentes tipos de iglesias, incluyendo plantaciones de iglesias, iglesias pequeñas, iglesias grandes e iglesias que ya tienen células. 178 paginas.

Explosión de liderazgo; *Multiplicando líderes de células para recoger la cosecha*

Algunos han dicho que grupos celulares son semilleros de líderes. Sin embargo, a veces, aún los mejores grupos celulares tienen escasez de líderes. Esta escasez impide el crecimiento y no se recoge mucho de la cosecha. Joel Comiskey ha descubierto por qué algunas iglesias son mejores que otras en levantar nuevos líderes celulares. Estas iglesias hacen más que orar y esperar nuevos lideres. Tienen una estrategia intencional, un plan para equipar rápidamente a cuantos nuevos líderes les sea posible. En este libro descubriréis los principios basados de estos modelos para que podáis aplicarlos. 202 páginas.

Elim; *Cómo los grupos celulares de Elim penetraron una ciudad entera para Jesús*

Este libro describe como la Iglesia Elim en San Salvador creció de un grupo pequeño a 116.000 personas en 10.000 grupos celulares. Comiskey toma los principios de Elim y los aplica a iglesias en Norteamérica y en todo el mundo. 158 páginas.

Cómo ser un excelente asesor de grupos celulares;
Perspicacia práctica para apoyar y dar mentoría a lideres de
grupos celulares
La investigación ha comprobado que el factor que más contribuye al éxito de
una célula es la calidad de mentoría que se provee a los lideres de grupos
celulares. Muchos sirven como entrenadores, pero no entienden plenamente
qué deben hacer en este trabajo. Joel Comiskey ha identificado siete hábitos
de los grandes mentores de grupos celulares. Éstos incluyen: Animando al
líder del grupo celular, Cuidando de los aspectos múltiples de la vida del
líder, Desarrollando el líder de célula en varios aspectos del liderazgo,
Discerniendo estrategias con el líder celular para crear un plan, Desafiando el líder celular a crecer.
En la sección uno, se traza las perspicacias prácticas de cómo desarrollar estos siete hábitos. La
sección dos detalla cómo pulir las destrezas del mentor con instrucciones para diagnosticar los
problemas de un grupo celular. Este libro te preparará para ser un buen mentor de grupos celulares,
uno que asesora, apoya y guía a lideres de grupos celulares hacia un gran ministerio. 139 páginas.

Cinco libros de capacitación

Los cinco libros de capacitación son diseñados a entrenar a un creyente desde su conversión hasta
poder liderar su propia célula. Cada uno de estos cinco libros contiene ocho lecciones. Cada lección tiene
actividades interactivas que ayuda al creyente reflexionar sobre la lección de una manera personal y práctica.

Vive comienza el entrenamiento con las doctrinas básicas de la fe, incluyendo el baptismo y la santa cena.

Encuentro guie un creyente a recibir libertad de hábitos pecaminosos. Puede usar este libro uno por un
o en un grupo.

Crece explica cómo tener diariamente un tiempo devocional, para conocer a Cristo más íntimamente y
crecer en madurez.

Comparte ofrece una visión práctica para ayudar a un creyente comunicar el evangelio con los que no son
cristianos. Este libro tiene dos capítulos sobre evangelización a través de la celula.

Dirige prepare a un cristiano a facilitar una célula efectiva. Este libro será bueno para los que forman parte
de un equipo de liderazgo en una célula.

El Discípulo Relacional: *Como Dios Usa La Comunidad para Formar a los Discípulos de Jesús*

Jesús vivió con sus discípulos por tres años enseñándoles lecciones de vida en grupo. Luego de tres años les mandó que "fueran e hicieran lo mismo" (Mateo 28:18-20). Jesús discipuló a sus seguidores por medio de relaciones interpersonales—y espera que nosotros hagamos lo mismo. A lo largo de las Escrituras encontramos abundantes exhortaciones a servirnos unos a otros. Este libro le mostrará cómo hacerlo. La vida de aislamiento de la cultura occidental de hoy crea un deseo por vivir en comunidad y el mundo entero anhela ver discípulos relacionales en acción. Este libro alentará a los seguidores de Cristo a permitir que Dios use las relaciones naturales de la vida: familia, amigos, compañeros de trabajo, células, iglesia y misiones para moldearlos como discípulos relaciones.

El Grupo Celular Lleno del Espíritu: *Haz Que Tu Grupo Experimente Los Dones Espirituales*

El centro de atención de muchos grupos celulares hoy en día ha pasado de ser una transformación dirigida por el Espíritu a ser simplemente un estudio bíblico. Pero utilizar los dones espirituales de todos los miembros del grupo es vital para la eficacia del grupo. Con una perspectiva nacida de la experiencia de más de veinte años en el ministerio de grupos celulares, Joel Comiskey explica cómo tanto los líderes como los participantes pueden ser formados sobrenaturalmente para tratar temas de la vida real. Pon estos principios en práctica y ¡tu grupo celular nunca será el mismo!

Mitos y Verdades de la Iglesia Celular: *Principios Claves que Construyen o Destruyen un Ministerio Celular*

La mayor parte del movimiento de la iglesia celular de hoy en día es dinámico, positivo y aplicable. Como ocurre con la mayoría de los esfuerzos, los errores y las falsas suposiciones también surgen para destruir un movimiento que es en realidad sano. Algunas veces estos falsos conceptos han hecho que la iglesia se extravíe por completo. En otras ocasiones condujeron al pastor y a la iglesia por un callejón sin salida y hacia un ministerio infructuoso. Sin tener en cuenta cómo se generaron los mitos, estos tuvieron un efecto escalofriante en el ministerio de la iglesia. En este libro, Joel Comiskey aborda estos errores y suposiciones falsas, ayudando a pastores y líderes a desenredar las madejas del legalismo que se han escabullido dentro del movimiento de la iglesia celular. Joel luego dirige a los lectores a aplicar principios bíblicos probados a través del tiempo, los cuales los conducirán hacia un ministerio celular fructífero.

Fundamentos Bíblicos para la Iglesia Basada en Células
Percepciones del Nuevo Testamento para la Iglesia del Siglo Veintiuno

¿Por qué la iglesia celular? ¿Es porque la iglesia de David Cho es una iglesia celular y sucede que es la iglesia más grande en la historia del cristianismo? ¿Es porque la iglesia celular es la estrategia que muchas "grandes" iglesias están usando? La verdad es que la Biblia es el único fundamento sólido para cualquier cosa que hagamos. Sin un fundamento bíblico, no tenemos un fuerte apuntalamiento en el que podamos colgar nuestro ministerio y filosofía. En Fundamentos Bíblicos para la Iglesia Basada en Células, el Dr. Comiskey establece la base bíblica para el ministerio de grupos pequeños. Comiskey primero examina la comunidad dentro de la Trinidad y la estructura familiar del grupo pequeño en el Antiguo Testamento. Luego explora cómo Jesús implementó la nueva familia de Dios a través de las comunidades estrechamente unidas que encontramos en las iglesias en las casas. Comiskey luego cubre ampliamente cómo la iglesia primitiva se reunía en las casas, levantó liderazgos desde el interior y reunió a las iglesias en las casas para celebrar. El libro concluye exponiendo cómo las iglesias pueden aplicar de manera práctica los principios bíblicos encontrados en este libro.

93623377R00179

Made in the USA
Middletown, DE
15 October 2018